Paranoia

Paranoia

Renata Udler Cromberg

coleção clínica psicanalítica

Artesã

Paranoia
4ª edição

DIRETOR
Alcebino Santana

DIREÇÃO DE ARTE
Tiago Rabello

REVISÃO
Luciano Torres

CAPA
Karol Oliveira

DIAGRAMAÇÃO
Conrado Esteves

C945 Cromberg, Renata Udler

Paranoia / Renata Udler Cromberg. 4. ed. – Belo Horizonte : Artesã, 2022. – (Clínica psicanalítica).

284 p. ; 21 cm.

ISBN: 978-85-7074-052-6

1. Paranoia. 2. Psiquiatria. 3. Medicina. I. Título.

CDU 616.89

Catalogação: Aline M. Sima CRB-6/2645

IMPRESSO NO BRASIL
Printed in Brazil

(31)2511-2040 (31)99403-2227
www.artesaeditora.com.br
Rua Rio Pomba 455, Carlos Prates - Cep: 30720-290 | Belo Horizonte - MG
/artesaeditora

Agradecimentos

A Flávio Carvalho Ferraz, pela generosidade e confiança.

A Luís Carlos Menezes, en (através do) fim... pela fecunda capacidade de escuta.

A Decio Gurfinkel, pelo estímulo constante e inabalável confiança.

A minhas filhas Carla, Roberta e Julia, pelo apoio e paciência.

A meu pai Salvador e a minha mãe Maria pela aposta na força de viver.

A meus irmãos Iva, Valter e Mônica, e também Maria Cláudia e Silvio, pela parceria nos momentos difíceis.

A meus analisandos e supervisionandos, sem os quais este livro não faria sentido, pelo privilégio de acompanhá-los.

Prefácio

Um destino para o ódio: a paranoia[1]

Este livro de Renata Cromberg faz parte de uma série coordenada por Flávio Carvalho Ferraz para Editora Artesã. O intuito da coleção é constituir uma biblioteca de introdução às diferentes categorias da psicopatologia, tais como surgem sob a ótica psicanalítica. A própria possibilidade de publicar este gênero de trabalhos, a meu ver, é um testemunho eloquente da qualidade clínica e teórica já atingida pela Psicanálise em nosso país. Hoje, uma editora como a Artesã pode dar guarida a uma proposta deste gênero, certamente ambiciosa, mas que vem sendo realizada sem dificuldades – e com livros de ótima qualidade, como este que Renata redigiu.

Pois se trata de um livro excelente, indispensável a partir de agora a quem quer que se interesse pelo tema.

1 Este texto foi publicado sob forma de resenha na revista Percurso, ano XIV, nº, 1º semestre de 2001.

A psicanalista efetuou uma notável pesquisa pelos campos da Psiquiatria e da Psicanálise, e realizou um monumental trabalho de síntese com o produto destas investigações. O resultado é um livro de clareza exemplar, bem balanceado em seus capítulos, burilado com esmero no que se refere à qualidade da prosa, à precisão das referências e à sequência da exposição. Acrescente-se a isso um capítulo final sobre a função do ódio, baseado em reflexões pessoais e em atendimentos conduzidos com sensibilidade, e ter-se-á uma ideia da riqueza que se oculta sob o despretensioso título do livro.

Ele se apresenta dividido em quatro capítulos: a emergência da paranoia como psicopatologia, as ideias de Freud a seu respeito, a contribuição de alguns autores pós-freudianos, e o ensaio de conclusão sobre o ódio. No primeiro capítulo, a autora narra o trajeto da noção de paranoia desde sua formulação por Hipócrates até os mais recentes tratados, o DSM-IV de 1994 e a CID (Classificação Internacional das Doenças, na parte referente às doenças mentais). Começando por rastrear os usos não técnicos da palavra ("tal coisa me deixou paranoico"), vemos em algumas páginas se constituir o conceito de loucura – através das análises de Michel Foucault – e dela se destacar, com Kahlbaum (1863), a síndrome de paranoia, cujos elementos serão refinados por Kraepelin, Kretschmer e outros, até chegar aos dias de hoje. O item "Uma Visão Crítica" retoma observações de Márcio Peter de Souza Leite e de Mário Eduardo Costa Pereira sobre os critérios da atual classificação das doenças mentais no DSM-IV, ressaltando o caráter operatório e descritivo destas concepções: frente a elas, o psicanalista se interroga sobre "o lugar do sujeito do desejo nesta concepção da mente", que o localiza sem pestanejar "nas entranhas do neurônio". Esta diferença nas questões que subjazem ao conceito de paranoia – e na verdade a toda a concepção do que é o homem e de como funciona o seu espírito – é crucial para situar a ótica psicanalítica: a esta, não interessa apenas a conduta, mas, sobretudo, a "posição subjetiva diante do sintoma". E esta postura deve ser mantida, ainda que, como assinala Mário Eduardo Costa Pereira, ela se oponha às tendências predominantes da cultura contemporânea. A psicanálise é por natureza, como diria Nietzsche, *unzeitgemässig* (não conforme aos padrões da época).

Apoiando-se em André Green e nos verbetes do *Vocabulário* de Laplanche e Pontalis, a autora traça então um quadro geral da psicopatologia psicanalítica, no qual virá se incluir a paranoia. Após esta geografia das perturbações da mente, vem a história da sua constituição: o segundo capítulo segue de perto os meandros do trabalho de Freud com esta noção, começando com os manuscritos H e K enviados a Fliess e passando pelo *Caso Schreber*, pelo texto sobre o narcisismo, pelo *Homem dos Lobos* e pelos artigos dos anos vinte, até chegar ao artigo inacabado sobre a cisão do ego no processo de defesa, que Freud não chegou a publicar e que foi descoberto entre as anotações por ele deixadas sobre sua mesa de trabalho.

Aqui temos mais do que um estudo meramente histórico: Renata percorre a obra de Freud com o olhar de uma analista, ressaltando o constante entrelaçamento entre a teoria e a clínica, e focalizando entre outros um ponto pouco destacado – a saber, a influência que teve o exame da paranoia sobre as últimas ideias freudianas acerca do feminino. O leitor que se inicia no estudo de Freud tem aqui uma excelente apresentação do seu pensamento e dos vínculos que vão se estabelecendo entre as diferentes áreas da teoria – por exemplo, a constituição libidinal do ego na dimensão narcísica, o problema da relação com a realidade, as difíceis questões do manejo da transferência com pacientes paranoicos, etc. Também comparecem autores pós-freudianos que ocuparam com os escritos do fundador, como Ruth Mack Brunswick e Serge Leclaire, os quais retomaram o caso do *Homem dos Lobos* (a primeira, aliás, não só como teórica, mas também como terapeuta, no episódio psicótico que Sergei Pankeieff viveu na década de vinte).

Esta última parte do capítulo II prepara o III, que focalizará a contribuição de outros analistas ao problema da paranoia. Cada seção contém um pequeno resumo biográfico do autor, e situa o que disse sobre o tema no conjunto do seu pensamento. Assim, vemos como se organiza o problema para Ferenczi, ainda na época em que Freud vivia: para Lacan, para Piera Aulagnier e para Pierre Fédida, na tradição francesa; e para Melanie Klein e Winnicott, na tradição inglesa. O amplo conhecimento destes autores tão diversos entre si permite a Renata guiar com mão segura o leitor pelas questões com que cada um deles aborda a paranoia, num movimento de vaivém em que a teoria geral que propõem explica como definem esta patologia, enquanto esta mesma concepção ilustra o teor geral do pensamento do autor.

Para dar um exemplo, a seção sobre Piera Aulagnier apresenta de modo claro e preciso os pontos de vista desta autora sobre o psiquismo em geral, como pano de fundo para o estudo do delírio, das pré-condições familiares que favorecem a eclosão da paranoia, para a construção das defesas que culminam na "técnica delirante primária", e assim por diante. O mesmo procedimento é empregado para apresentar Lacan, Klein, Winnicott e outros psicanalistas que se debruçam sobre este enigmático destino do conflito pulsional. Merece destaque especial a seção sobre

Winnicott, onde Renata expõe com cuidado as concepções do analista inglês e mostra de que modo, embora não habitualmente lembradas no contexto do tema, elas podem dar conta de certas particularidades do trabalho com pacientes deste tipo.

Mas é o capítulo final, "Algumas observações sobre a função do ódio", que reserva ao leitor a melhor surpresa do livro. Aqui Renata já não fala como professora nem como historiadora das ideias, mas como analista, e isto logo na abertura, evocando a dança hindu "odissi" e o modo pelo qual esta expressa a agressividade frente à mãe-Terra. Trata-se aqui do uso fecundo de uma referência pessoal – o interesse pela dança – como instrumento para compreender o sentido de uma manifestação cultural, mas também como via de acesso a um dos sentimentos mais profundos e mais complexos de que é capaz o ser humano – o ódio. "O ódio é esta tormenta que de alguma forma, em muitos momentos e em várias circunstâncias, está presente na vida psíquica de todos os seres humanos", escreve ela.

Vem então o relato do trabalho com Clélia, uma paciente que parece tirada das páginas de Melanie Klein, e de como o ódio nela contribuiu para estruturar um modo paranoico de funcionamento, cujas consequências em sua vida psíquica só podem ser qualificadas de devastadoras. Neste capítulo, tudo o que se leu nas duzentas páginas precedentes ganha vivacidade e corpo, pois é no emaranhado das paixões concretas que se desenha o percurso dos conceitos. Clínica psicanalítica da melhor qualidade! O raciocínio preciso junta-se aqui à sensibilidade para o outro e para os impasses do trabalho com este gênero de pacientes, dando origem a um texto que pulsa e que comove o leitor. Nele vamos encontrar observações agudas sobre coisas tão paradoxais como o “intenso prazer de odiar a mãe”, tal como exemplificado pelas vivências de um outro paciente, este anônimo. O capítulo culmina com um estudo da contribuição de Winnicott para a psicanálise como trabalho terapêutico, no qual se percebe toda a admiração da autora pelo autor inglês.

Para concluir: o livro de Renata é um instrumento de trabalho de primeira ordem, e uma valiosa reflexão sobre a essência do fazer psicanalítico, bem como sobre o papel que a Psicanálise pode e deve exercer no plano da sociedade. Como afirmam as palavras finais da autora: “que pelo menos possamos estar abertos, em nós mesmos, ao automatismo de nosso narcisismo, na luta contra a reprodução incessante da violência e do mal”. Violência e mal que tiveram, na paranoia de dirigentes políticos, de Hitler até Milosevic e o Taleban, um papel tão relevante na história do século em que nascemos.

Renato Mezan

1
A emergência da paranoia como psicopatologia: as nosografias psiquiátrica e psicanalítica

"...o paranoico poderia ser esse vestígio psicopatológico que ainda testemunha que a pessoa é um produto da violência e nada esquece da hostilidade originária e nem da ameaça que representa a presença do outro pelo simples fato de sua existência."

Pierre Fédida, 1996

É comum ouvirmos hoje a expressão, sobretudo em jovens, "estou na nóia" ou que alguma coisa "me deixou paranoico" ou mesmo o xingamento "você está paranoica(o)". Apesar da diversidade das situações em que são usadas estas expressões, elas sempre se referem a situações nas quais a pessoa que as usa se refere à sensação forte de desconfiança ou perseguição, provocando pensamentos ou reações de alerta, ataque agressivo ou fuga. Às vezes, sensações corretas que a verificação perceptiva confirma, mas mais frequentemente quando o termo é usado, são para se referir a pensamento errôneo, insensato, exagerado, que aumenta indícios ou sinais. Geralmente está relacionado a um ataque hostil que se imagina que venha de fora ou a um castigo por alguma infração cometida, na maioria das vezes um pensamento ou ato hostil ou o que se imagina ser uma infração sexual.

Chamam-se também de paranoicos os líderes militares, políticos ou religiosos que exercem seu poder centrados numa ideologia que criam a partir de convicções fanáticas e irredutíveis, que hierarquizam de maneira rígida o povo que a eles se submete, elegendo um setor da sociedade, geralmente uma minoria racial, sexual, étnica, religiosa, como bode expiatório, lugar de perigo, de ameaça, lugar para onde é dirigido todo o ódio coletivo, que eles canalizam muitas vezes por meio de uma violência institucionalizada com requintes de crueldade. Hitler, os judeus, homossexuais, comunistas, ciganos e os campos de concentração, Stalin e os judeus, os não- comunistas e os campos de concentração etc. são exemplos.

Estes vestígios na linguagem falam daquilo que a epígrafe acima aponta, que o quadro psicopatológico da paranoia exacerba o que está presente como basilar e potencial em cada ser humano, embora fora da consciência na maioria das vezes, e na ideia de que a violência é constitutiva da civilização, embora esta pretenda eliminá-la. O outro como ameaça potencial e virtual que desnuda nossa agressividade sempre pronta a entrar em ação, embora tudo se faça para eliminá-la.

Além disso, esta incorporação do termo *paranoia* à linguagem em múltiplos sentidos aponta para uma falta de clareza no uso do termo paranoia, que não é novo. Para os Gregos, o termo *paranoia* significava ao lado do *self*, ou de si. "*Para*" — ao lado de, fora e "*noia*" — de si. Daí a ideia de "fora de si" associada à loucura. Hipócrates usou o termo *paranoia* aplicado a delírio com febre alta e outros escritores para descrever condições demenciais e de loucura, desregramento. Mas o seu significado não claro de pensamento errôneo e insensato levou a que o termo caísse em desuso até o século XIX, quando é recuperado pela nascente ciência médico-psiquiátrica, ligado a delírio e demência novamente, mas agora como nomeação de um quadro psicopatológico obtido por meio de uma descrição dos fenômenos de loucura.

Isto acontece com a verdadeira revolução no campo amplo do conhecimento feita pelo filósofo Immanuel Kant no final do século XIX. Ao afirmar que não podemos conhecer, no sentido do entendimento feito pelo pensamento, a essência, o "numenom" das coisas — a coisa em si — e sim somente a maneira como elas aparecem, os "fe-numenom"— os fenômenos — Kant tornou possível a criação da ciência, do saber liberado de qualquer fundamento metafísico e separado da filosofia, que fez emergir não só o campo novo da epistemologia, estudo das condições do saber, mas várias ciências, entre elas a psiquiatria como ramo da medicina. A loucura passa, então, a ser observada e descrita com o máximo detalhe, as observações servindo a diferenciações diagnósticas, base da criação de sistematizações das observações que privilegiam as regularidades e repetições dos sintomas, com classificações e nomeações a partir delas. O diagnóstico, então, passa a estar associado muito mais à acurada e detalhada observação dos sintomas do que às causas, estas sempre ignoradas ou obscuras e incertas. Ainda hoje, por mais que tenham mudado as formas de categorização psiquiátrica, em base a novas definições e novas descobertas como as dos neurotransmissores, bem como do deciframento do código genético, a observação acurada dos sintomas é o ponto principal para um enquadramento diagnóstico que visa à medicação adequada e que somente secundariamente está preocupado com causas não orgânicas ou genéticas. Estas são, em geral, colocadas como hipóteses de várias correntes psicológicas, nas quais a psicanálise é apenas uma entre elas, ainda que, do início até a metade do século XX, tenha influenciado bastante as definições dos quadros psicopatológicos, a partir das suas características específicas e das hipóteses etiológicas que formulava.

Curiosa a semelhança entre esta nova maneira de entender o mundo baseada no fenômeno, no que aparece, nas formas que a coisa em si se expressa e, a paranoia, enquanto saber paralelo, algo que está ao lado do si, do núcleo. Entendemos, então, o que Freud afirma no final de seu livro sobre o estudo da paranoia de Daniel Schreber, de que talvez haja mais delírio em nossa teoria e mais verdade no delírio do que se poderia imaginar. Se é talvez exagerado afirmar que toda teoria é um delírio compartilhado, ou seja, aceito por convenções simbólicas, pois nenhuma pode pretender chegar à verdade sobre a realidade, o fato é que, desde Kant, o saber teórico, fruto de reflexão, é interpretação da realidade, sendo possíveis várias interpretações, e que a paranoia é uma doença da interpretação, que se cristaliza como certeza e verdade únicas e que ganha expressão no delírio.

A loucura

A partir da obra de Michel Foucault, pode-se negar a loucura como sendo natural ao homem ou decorrente do uso da razão. Para ele, sua causa é cultural, é um fato da cultura que a define. Assistimos aí a uma relativização do termo loucura, que só poderia ser definido para uma determinada época, com parâmetros culturais. Portanto, a loucura não esteve sempre no domínio da medicina e da psiquiatria ou da psicanálise. Além disso, os próprios campos da medicina e da psiquiatria ficaram transformados quando a loucura neles entrou, transformando-se em "doença mental". Katz (1994), examinando a loucura enquanto questão, tenta entender como ela deixa de ser categoria ampla, apropriável por vários modos de saber e instrumentos de apreensão e controle para se tornar especialmente categoria (e objeto) psiquiátrica e médica. Há uma produção teórica e institucional de loucura nos saberes psiquiátricos, e não apenas uma elaboração teórica.

A loucura profética, a mania, já é descrita por Homero, na Grécia Antiga, atribuindo-se até hoje a ela um sentido de sabedoria oracular e mística. A loucura ritual ou dionisíaca é outra manifestação de loucura entre os gregos, que deu origem aos carnavais, que traria a ideia de que é necessário se liberar das forças "subterrâneas" (instintivas) da natureza para não enlouquecer. Haveria ainda a loucura amorosa e poética, na Grécia de Sócrates. Mas "em qualquer uma delas a loucura denotava o caráter exterior deste saber que se expressava pelo sujeito, ora pela manifestação do *daimon*, ora por oráculos, ora por inspiração das musas. E essa manifestação do "outro", que constituiria a fonte da mania, por ser detentora de uma verdade que se revelaria desta maneira, seria, por isso, considerada sagrada" (Leite, 2000, p. 157). O cristianismo radicalizou o caráter da exterioridade da loucura, atribuindo sua causa ao *daimon* cristianizado, o demônio, valorizando-a negativamente como fruto do pecado, responsabilizando moralmente o sujeito por ela acometido. Nem mesmo Erasmo de Rotterdam conseguiu mudar essa concepção, restituindo o aspecto de sabedoria à loucura em seu livro *Elogio da Loucura*. A transformação radical da loucura deu-se pouco antes da Revolução Francesa, com Philippe Pinel, ao ser anexada à razão, pois, ao separar o louco do criminoso, afastou-se o aspecto do julgamento moral. Foucault mostra ainda como a loucura é herdeira das imagens e valores de exclusão e temor que tinham sido associados historicamente primeiro à lepra e depois à doença venérea, enquanto figuração da morte. A partir de Pinel, é Hegel quem coloca a loucura como interior à própria razão, o que tornou possível pensá-la como dentro do sujeito e, portanto, possuidora de uma lógica própria. De ser além da razão, ela se torna interior e necessária à razão. Ao passar da desrazão para a doença mental, a loucura pode ser pensada como pertinente a uma subjetividade particular, "loucura de cada um, e não mais loucura universal, dos deuses, mas loucura dos homens" (Leite, 2000, p. 159).

A paranoia dentro da nosografia psiquiátrica

A nosografia é uma nomenclatura decorrente de uma classificação, ou seja, um conjunto de termos particulares para a descrição das doenças em medicina, associada à nosologia, que é o seu estudo.

Karl Ludwig Kahlbaum (1828-1899) descreveu a paranoia, enquanto síndrome, em 1863, num trabalho de diferenciação de patologias. Mas reconheceu também que os sintomas paranoides e os delírios estão presentes como características não específicas de várias doenças médicas e psiquiátricas.

O interesse sobre os transtornos paranoides havia ficado comprometido pela crença disseminada na raridade da paranoia. Para ele, a doença mental paranoide era uma forma de insanidade parcial que ao longo do curso da doença afetou principalmente a área do intelecto. O termo *paranoia* ficou então restrito a uma doença delirante persistente que permanecia imutável ao longo do seu curso, portanto para designar delírios primários, crônicos e sistematizados.

Kraepelin (1915), o grande sistematizador da nosografia psiquiátrica, defendia a existência de três tipos de transtornos paranoides:

1. Paranoia — doença crônica, rara e insidiosa (ele viu dezenove casos em sua carreira) caracterizada por um sistema delirante fixo, ausência de alucinações e falta de deterioração da personalidade. Os tipos de delírios observados incluíam persecutórios, de ciúme, somáticos, grandiosos e hipocondríacos. Sua origem estava em defeitos da capacidade de julgamento, um transtorno de personalidade causado por fatores constitucionais e estresse ambiental.
2. Parafrenia — desenvolveu-se mais tarde o que viria a ser chamado mais tarde de esquizofrenia e que ele denomina demência paranoide ou precoce, e era mais leve, pois, apesar da presença de alucinações especialmente auditivas, não apresentava deterioração mental ou demência.
3. Demências paranoides — semelhantes à paranoia, tinham um início mais precoce e apresentavam, em seu curso, deterioração. Por causa disso, ele as considerava uma forma de demência precoce que surgiu devido a desordens do pensamento, cognição e emoção.

Para ele, também, sintomas paranoides ocorriam numa variedade de doenças médicas e psiquiátricas.

Bleuler também identificou a paranoia, e Freud também é citado, num tratado de psiquiatria recente (Kaplan, 1993), como tendo contribuído na etiologia da paranoia.

Ernst Kretschmer fez uma correlação entre paranoia e personalidade afirmando, em sua teoria da paranoia, que algumas personalidades sensíveis, caracterizadas por traços depressivos, pessimistas e narcisistas, desenvolviam sintomas paranoides agudamente quando experiências importantes ou desencadeantes ocorriam em momentos críticos de sua vida, mas que não desenvolviam esquizofrenia e tinham prognóstico favorável.

A confusão do termo *paranoide* aplicado a características e condutas que poderiam ser consideradas normais, ainda que grandiosas, de ciúme, litigiosas ou hostis, o uso popular e literário que traduz como paranoide a pessoa insana, desconfiada, descrente ou irracionalmente irritável e o dado que as características paranoides, sinais e sintomas estão entre os transtornos mais sérios da medicina e psiquiatria, levou a psiquiatria a clarificar o conceito de paranoide para devolver-lhe a utilidade clínica. Assim:

a) O termo *paranoide* é um constructo clínico utilizado para interpretar observações, e, para utilizá-lo, o clínico deve saber seu significado e saber fazer observações apuradas da conduta potencialmente paranoide.
b) O uso do termo *paranoide* implica um julgamento clínico de conduta psicopatológica. Os sintomas perturbam tanto a pessoa que os apresenta quanto os outros.

c) Podem aparecer em outros transtornos psiquiátricos ou médicos como transtornos neurológicos, metabólicos e endócrinos, do cromossoma sexual, em infecções, em transtornos psiquiátricos, ligados ao uso de álcool ou drogas, agentes tóxicos e farmacológicos.

d) As observações que embasam o julgamento de uma conduta como paranoide são de dois tipos: subjetiva (parte da vivência mental privada do paciente, por exemplo, um delírio) e objetiva (observável como uma forma manifesta de conduta, como litígio, cautela e grandiosidade). Os sintomas subjetivos, que só aparecem na entrevista clínica, são delírios de autorreferência, de perseguição, de grandeza e infidelidade, de amor, de ciúme, de estar sendo enganado, de infestação, de deformação e ideias supervalorizadas. Os sintomas objetivos são: raiva, conduta crítica acusatória, postura defensiva, grandiosidade ou autoimportância excessiva, cautela, evasividade, ódio, hostilidade, mau humor, hipersensibilidade, atenção excessiva a pequenos detalhes, irritabilidade, contrariedade rápida, litigiosidade, obstinação, ressentimento, isolamento, retidão, desconfiança, violência e agressividade. O julgamento de que estes sintomas são paranoides baseia-se em seu aspecto extremista ou inadequação social e na presença de delírios.

e) Os termos *delírio paranoide*, *parafrenia* e *transtornos paranoides* não são mais usados. A terminologia ligada à paranoia acrescenta, além deste termo, *transtornos delirantes*, os adjetivos *paranoico* e *paranoide*, *personalidade* e *síndrome paranoide* (Kaplan, 1993).

DSM e CID

A ideia de que as alterações mentais teriam um estatuto de doença constituiu-se gradualmente em psiquiatria. Seus fundadores, Philippe Pinel (1745-1826) e Esquirol, seu discípulo, baseavam-se na descrição e classificação sistemáticas de grandes "síndromes" psíquicas, na abordagem médica dos fenômenos psicopatológicos, sem que a concepção de doença mental estivesse ainda definida. É com Kraepelin que se consolida a vocação nosológica da psicopatologia, com o discernimento sob bases clínicas das diversas formas de doença mental que teriam o mesmo estatuto das doenças físicas tratadas pela medicina. Com Jaspers (1913), a psicopatologia psiquiátrica se funda sob bases fenomenológicas, tornando-se a busca de intuições categoriais que pudessem traduzir, pelo contato clínico com o doente mental, a experiência efetivamente vivida pelo paciente em seu estado de padecimento psíquico. Seu método fundaria a psicopatologia como disciplina científica e forneceria as bases para o conhecimento psiquiátrico deste século (Pereira, 1999).

Na psiquiatria contemporânea, o manual diagnóstico e estatístico de transtornos mentais, o DSM, é uma peça fundamental, pois ocupa posição hegemônica e organizadora das concepções científicas e mesmo culturais sobre o sofrimento humano (Pereira, 1999). Publicado pela primeira vez em 1952, já teve cinco edições revisadas — o último DSM é o de 2013, e substituiu o DSM IV, de 1994 com revisão em 2000 — e é ponto de partida e chegada para a nosografia psiquiátrica. Inspirado em um pragmatismo radical, o DSM substitui o termo *doença mental* por *transtorno* (*disorder*), algo em desacordo com uma ordem operacionalmente definida.

A partir do DSM-IV, uma nova terminologia psiquiátrica vem sendo utilizada para se referir ao que se conhecia como *paranoia*. É o termo *transtorno delirante*. Até o DSM-III, encontrava-se apenas o transtorno paranoide. A mudança deveu-se a uma tentativa de evitar as ambiguidades do termo *paranoide* e para "enfatizar o fato de que a categoria inclui transtornos nos quais estão presentes outros delírios além de paranoides e de ciúme" (Kaplan, 1993, p. 1106). Assim, o transtorno delirante "é a classificação atual para um grupo de transtornos de causa desconhecida, nos quais o principal sintoma é o delírio" (Kaplan, 1993, p. 1105-6). O delírio é definido como uma crença falsa baseada na inferência incorreta sobre a realidade externa que é firmemente mantida, apesar da crença de quase todas as outras pessoas que constitui prova ou evidência óbvia do contrário. A crença não é comumente aceita por outros membros da cultura ou subcultura da pessoa (por exemplo, não é um objeto de fé religiosa). Quando uma crença falsa envolve um juízo de valor, ela é considerada como delírio apenas quando o julgamento é tão extremo que desafie a credibilidade. A convicção delirante ocorre num *continuum* e pode muitas vezes ser inferida por meio da conduta do indivíduo. Frequentemente é difícil distinguir um delírio de uma ideia supervalorizada. Os delírios são subdivididos de acordo com seu conteúdo: bizarros, de ciúme, erotomaníaco, de grandeza, congruente com o humor, incongruente com o humor, de ser controlado, de referência, persecutório, somático, irradiação de pensamento, inserção de pensamento. É a ocorrência do delírio, sua persistência, seu impacto no comportamento e seu prognóstico que unificam esses transtornos diferentes. O DSM-IV enfatiza a necessidade de se fazer diagnóstico diferencial com esquizofrenia, com transtornos de humor, com transtornos induzidos por substâncias e transtornos mentais devido a uma condição médica geral, antes de definir o diagnóstico de transtorno delirante. Este ainda é difícil de ser percebido, pois uma das características da pessoa que o apresenta é não acreditar que está delirando ou que necessite encaminhamento psiquiátrico e, quando procuram profissionais, buscam advogados a respeito de assuntos litigiosos, médicos especialistas em problemas de saúde e a polícia com queixas de transgressão, perseguição e ameaça, e não os psiquiatras, com queixas de transtornos emocionais. De acordo com o DSM-IV, o diagnóstico de transtorno delirante pode ser feito quando a pessoa apresenta delírios que não sejam bizarros, que digam respeito a situações que podem ocorrer na vida real, por pelo menos um mês e não atribuível a outro transtorno psiquiátrico. Em geral, os delírios são bem sistematizados e se desenvolvem com lógica. Alucinações podem estar presentes de forma secundária. A conduta e resposta emocional frente ao delírio parecem adequadas. O prejuízo do funcionamento ou a deterioração da personalidade são mínimos, quando ocorrem. A conduta, em geral, não é estranha nem bizarra.

Na décima versão da Classificação Internacional das Doenças e Problemas de Saúde Relacionados (CID-10) criaram-se, na parte psiquiátrica, classificações similares ao DSM III-R e IV. Mas para ser feito o diagnóstico de transtorno delirante, os delírios devem estar presentes há pelo menos seis meses. Nas condições de menor duração faz-se o diagnóstico de transtorno psicótico agudo ou transitório.

A partir do DSM-III, houve a separação de um eixo categorial que foi ganhando importância classificatória, que é o de *transtornos da personalidade*. Eles se constituem apenas quando os traços de personalidade são inflexíveis e mal adaptativos e causam prejuízo funcional significativo ou angústia subjetiva. O DSM-IV define como traços de personalidade os padrões duradouros de perceber, relacionar-se e pensar acerca do ambiente e de si próprio exibidos em contextos sociais e pessoais importantes. O transtorno da personalidade paranoide possui os seguintes critérios de diagnóstico: um padrão de desconfiança e suspeita invasivas em relação aos outros, de modo que seus motivos são interpretados como malévolos, que começam no início da idade adulta e se apresentam em uma variedade de contextos, como indicado por pelo menos quatro dos seguintes critérios: 1) Suspeita, sem fundamento suficiente, de estar sendo explorado, maltratado ou enganado pelos outros. 2) Preocupa-se com dúvidas infundadas acerca da lealdade ou confiabilidade de amigos e colegas. 3) Reluta em confiar nos outros por um medo infundado de que essas informações possam ser maldosamente usadas contra si. 4) Interpreta significados ocultos, de caráter humilhante ou ameaçador, em observações ou acontecimentos benignos. Por isso, estão sempre em guarda, vigilantes do comportamento dos outros em busca de evidências de trapaças, motivos ocultos ou malevolência. 5) Guarda rancores persistentes, ou seja, é implacável com insultos, injúrias ou deslizes. Às vezes, são litigiosas. Suas atitudes são intensas, entrincheiradas e fortemente defendidas; culpam os outros por suas dificuldades e resistem a qualquer sugestão de sua própria culpa ou responsabilidade. 6) Percebe ataques a seu caráter ou reputação que não são visíveis pelos outros e reage rapidamente com raiva ou contra-ataque, embora possam manter-se emocionalmente distantes e contidas. 7) Tem suspeitas recorrentes e injustificadas, quanto à fidelidade do cônjuge ou parceiro sexual. 8) Devido à excessiva desconfiança e sensibilidade a ataques percebidos, as pessoas com o transtorno podem ser excessivamente propensas a discussões, sarcásticas, queixosas ou silenciosamente hostis, cautelosas, distantes. Elas tendem a restringir a expressão de emoções afetuosas, têm dificuldade de relaxar e parecem tensas, sérias e vigilantes. 9) Podem funcionar com relativa estabilidade, especialmente se seu trabalho não exigir muita cooperação com outras pessoas; mas podem apresentar dificuldades com figuras de autoridade e em relacionamentos íntimos, que evitam pelo medo de dominação e vulnerabilidade.

A ideação paranoide é comum, especialmente entre refugiados, prisioneiros, idosos e pessoas com problemas auditivos (Kaplan,1993).[2]

Uma visão crítica

Assim como a nosografia psiquiátrica clássica com suas categorias diagnósticas foi utilizada por Freud e seus seguidores, também a nosologia e nosografia freudianas marcariam as classificações diagnósticas psiquiátricas, especialmente no campo das neuroses. Pois Freud, ao constituí-las, rompia com a psiquiatria de sua época, mas, ao mesmo tempo, a mantinha e subvertia (Leite, 2000). "Porém, recentemente, nos anos oitenta, a partir do DSM-III, a influência da psicanálise sobre a psiquiatria sofreu um questionamento que marcou a separação nítida entre os critérios das clínicas psiquiátrica e psicanalítica" (Leite, 2000, p. 142). Esta

2 Não houve alteração significativa do DSM-IV para o DSM-V publicado em 2013. Apenas os delírios bizarros foram acrescentados como categoria a parte.

terceira versão da classificação de distúrbios mentais proposta pela American Psychiatric Association, nascida da psiquiatria universitária norte-americana, conhecida como Escola de St. Louis, trouxe uma nova formalização à classificação das doenças psiquiátricas propondo-se a ser a-teórica, a-histórica e a-doutrinária, composta unicamente por diagnósticos descritivos vistos como totalmente comunicáveis e empiricamente verificáveis, independentemente das condições culturais.[3] O princípio fundamental seria o de não fazer referência às teorias anteriores sobre a etiologia ou patogenia das doenças mentais que não estivessem de acordo com este critério novo que aparecia como "uma língua nova produzida por um novo modelo", a clínica da medicação (Leite, 2000, p. 143). Medicalizar a psiquiatria, retirando-a da influência filosófica, sobretudo da fenomenologia, estabelecendo um critério operacional que preenchesse a ausência de signos patognomônicos e de exames de laboratório. Também "na nova ordem mundial, o discurso lastreado na multiplicação de dividendos tem sido poderoso o suficiente para se fazer ouvir e ensurdecer quase cem anos de investigações das 'manifestações do espírito', como Freud quis que se chamassem os atos falhos, os sintomas, os chistes, etc." (Leite, 2000, p. 140). A psiquiatria atual faz constante referências à tomografia computadorizada, à ressonância magnética, à monitorização cerebral, aos testes de verificação química de patologias, além de mensurações de psicopatologias por meio de escalas e padronizações de investigações psíquicas. A clínica psiquiátrica é atualmente uma clínica da medicação, que, por meio destes instrumentos, transformou esses

3 No DSM-V as questões de formação cultural são consideradas.

critérios em teorias etiológicas. Invade-nos de siglas com pretensões terapêuticas, com antidepressivos baseados em contraditórias observações quanto à presença ou ausência de determinados neurotransmissores, "a atual sede da alma" (Leite, 2000, p. 139). O DSM-III-R, que é o atual DSM-IV, é o principal instrumento dessa maneira de pensar, desta "revolução" nosográfica.

Para o psicanalista, diante deste modelo classificatório, que é o padrão oficial atual da psiquiatria brasileira, impõe-se a pergunta sobre qual o lugar do sujeito do desejo nesta nova concepção da mente que pareceria criar como única verdade possível ao sujeito, "os humores contidos nas entranhas do neurônio" (p. 143). O aparelho psíquico não é uma realidade biológica, neuronal, cerebral. O desejo que está no cerne do humano e das suas produções psíquicas e espirituais subverte a hegemonia da condição biológica humana, que colocaria o homem como mero efeito da regulação de uma engrenagem maquínica, subvertendo o tempo cronológico dos ritmos biológicos pelas novas relações temporais que torna possível, entre passado e futuro, e que aparecem, por exemplo, em manifestações psíquicas, como os sonhos. Assim, o que define o diagnóstico em psicanálise não é a conduta, mas a posição subjetiva diante do sintoma. Um sintoma tem um sentido que é independente das vicissitudes do organismo (Leite, 2000).

Contudo, Pereira (1999) nos alerta que no contexto atual do debate multidisciplinar sobre a psicopatologia "não basta mais repetir à exaustão que o esforço normalizador do DSM conduz à eliminação do sujeito", pois inscreve-se numa lógica objetivante que exclui o sujeito da implicação com seu próprio sofrimento. Apesar de incontestável, tal crítica é parcial e arriscada, pois esquece "dos inegáveis progressos práticos derivados deste tipo de abordagem" (p. 187). O DSM só se propõe a cumprir exigências que estão na perspectiva da racionalidade biomédica. Sua consistência e seus sucessos relativos repousam na objetividade pragmática dos dados produzidos que embasam um sistema classificatório fidedigno dos padecimentos psíquicos, com uma dimensão sanitarista que tem origem na epidemiologia e na medicina social, que visa promover uma organização satisfatória nos investimentos em saúde pública, especificadamente no campo da saúde mental, para balizar a eficácia das terapêuticas numa relação custo-benefício, para que ela possa ser reconhecida no plano oficial. A interpretação psicopatológica e do uso clínico de seus eventuais achados é deixada aos cientistas, clínicos e para a sociedade. "Se isso não ocorre de forma tão transparente na prática e se a influência de fatores econômicos e ideológicos é tão marcante nos usos concretos dados às pesquisas fundadas no DSM, tal fato não pode ser atribuído de forma maniqueísta exclusivamente à psiquiatria operacional, mas também à própria cultura contemporânea e à incapacidade de elaboração de uma resposta crítica suficientemente consistente" (p. 188). Pereira propõe alguns caminhos: um debate baseado em situações clínicas contemporâneas sobre as consequências subjetivas a longo prazo do fato de alterarmos de forma biológica um estado psicopatológico; interlocução e pesquisa sobre a incidência da palavra do médico que apresenta e introduz o fármaco no efeito clínico singular que este pode produzir, introduzindo o "efeito placebo", o efeito antidroga, naqueles que não apresentam o resultado esperado com o uso de certo tratamento farmacológico e que sentem com maior intensidade os efeitos colaterais previstos; o estudo do julgamento de valores e das concepções ideológicas embutidas nas categorias do DSM, como por exemplo a definição de transtorno de personalidade no DSM-IV, que se pretende pragmática e ateórica "Um padrão persistente de experiência interior e de comportamento que desvia marcadamente da cultura do indivíduo" (p. 188). Propõe também que se estude seriamente a combinatória de uma abordagem psicanalítica com uma medicamentosa num mesmo paciente.

A paranoia dentro da nosografia psicanalítica

O campo psicanalítico relativizou muito a diferença entre o normal e o patológico ao lidar com o sofrimento psíquico humano, ocupando-se de coisas ao mesmo tempo simples e complexas, como amor e ódio, prazer e desprazer, dor psíquica, nossos sonhos, atos de fala, fantasias, o desejo e sua regulação, etc. Tem, como fundamento, os destinos da sexualidade humana entendida num sentido amplo como o campo das pulsões, destinos estes que produzem o próprio aparelho psíquico. Assim, tudo o que é considerado como produtor de sintomas pode ser encontrado, em grau maior ou menor, numa disposição diferente, em todos os seres humanos. Isto sempre colocou em questão a necessidade de recorrer a uma nosografia, qual seria sua utilidade e seus limites e produziu um desejo de encontrar um sistema qualificativo puramente psicanalítico. Este questionamento trouxe uma certa má consciência em relação aos pontos de conexão da psicanálise com a psiquiatria.

No entanto, desde os Manuscritos que Freud escreveu a Fliess no final do século passado, existe uma nosografia implícita perfeitamente coerente, cujo objeto é a própria estruturação do campo psicanalítico e da sua clínica. A nosologia freudiana começou utilizando a terminologia psiquiátrica, num olhar que prolongava a observação psiquiátrica. Mas logo criou novas entidades clínicas a partir da criação de novos instrumentos conceituais que permitiam novas distinções e discriminações. Por exemplo, a distinção entre neuroses atuais e psiconeuroses de transferência, logo no início da psicanálise, entre 1894 e 1896, pautada numa etiologia diferente da economia sexual. Nas primeiras, o fator somático era preponderante na criação dos sintomas, enquanto, nas segundas, era o fator psíquico, ligado às marcas de uma história sexual que se transferia para o presente e que determinava a criação dos sintomas. Pelo mesmo motivo conceitual foram criadas novas entidades clínicas, como a neurose obsessiva que, enquanto quadro de entendimento, enriquecia a categoria psiquiátrica existente até então, as obsessões; como a neurose de angústia que ele distingue da neurastenia; a própria distinção entre neuroses atuais, neuroses de transferências e neuroses narcisistas; etc.

Segundo Green (1969), o papel da nosografia psicanalítica é o de pôr em questão a nosografia psiquiátrica, justificando a coerência clínica e metapsicológica dos resultados da ciência psiquiátrica nos seus aspectos mais positivos, impugnando suas construções e recortes artificiais. A psicanálise dá a armação teórica que falta na psiquiatria clínica. As entidades clínicas psicanalíticas não são definidas por elas mesmas, mas umas em relação às outras. A nosografia psicanalítica não é um inventário classificatório de todas as formas possíveis, mas sim a apresentação de tipos ilustrativos de certos modelos que são, sobretudo, cristalizações em torno do complexo de Édipo. Os instrumentos conceituais dos quais se serve são os princípios de realidade, do prazer-desprazer e do Nirvana, a dualidade pulsional (pulsões de vida - pulsões de morte), a tópica (eu, isso, supereu), as mudanças entre libido de objeto e libido narcisista e os mecanismos de defesa e processos de estruturação, recalque, clivagem, introjeção, projeção, etc. O papel de uma nosografia psicanalítica é apenas, e já é bastante se consegue, o de ajudar a compreender melhor a clínica psicanalítica, sem pretender dar a chave explicativa de tudo.

A nosografia psicanalítica se construiu em várias etapas. A partir de 1894 a 1896, Freud distingue entre neuroses atuais (neurastenia e neurose de angústia) e psiconeuroses de transferência (histeria, neurose obsessiva e fobia). Em 1915, acrescenta uma terceira categoria, as psiconeuroses narcísicas, referindo-se às psicoses funcionais, e acrescenta a hipocondria como uma terceira neurose atual. Em 1924, a nosografia muda, sobretudo em relação ao acréscimo de uma quarta categoria, as psicoses, na qual colocará a esquizofrenia e a paranoia, deixando como neurose narcísica o que se conhece como psicose maníaco-depressiva. A nosografia psicanalítica, hoje em dia, tem acrescida a afecção psicossomática como mais uma de suas categorias, no lugar das neuroses atuais, e fez desaparecer a categoria neurose narcísica, incluindo a psicose maníaco-depressiva como uma psicose.

Laplanche e Pontalis (1970) procuraram montar uma nosografia que desse conta dos sintomas, da etiologia quanto aos pontos de vista dos mecanismos, da vida pulsional e da tópica. É a partir da pesquisa em seu *Vocabulário de Psicanálise* que se pode montar o seguinte quadro nosográfico:

1915

Neuroses atuais: sintoma como expressão de um conflito presente/atual pela ausência ou inadequação de satisfação cujo mecanismo de formação é somático.

1. **Neurose de angústia:** sintoma: angústia sem objeto.

   Etiologia: acumulação de uma excitação que se transformaria em sintoma sem mediação psíquica.
2. **Neurastenia:** sintomas: fadiga física, cefaleia, dispepsia, prisão de ventre, parastesias espinais e empobrecimento da atividade sexual.

   Etiologia: funcionamento sexual incapaz de resolver de forma adequada a tensão libidinal (masturbação).
3. **Hipocondria:** sintoma: sensação de doença em um órgão do corpo que não está doente.

   Etiologia: investimento de libido narcisista no órgão

Psiconeuroses: sintoma como expressão simbólica de um conflito infantil cujo mecanismo de formação é psíquico.

A. **Psiconeuroses de transferência:** libido deslocada para objetos reais ou imaginários.

1. **Neurose obsessiva:** sintomas: o conflito psíquico exprime-se por sintomas compulsivos e modo de pensar caracterizado pela ruminação mental, dúvida e escrúpulos que levam à inibição do pensamento e da ação.

   Etiologia:

   - ***do ponto de vista dos mecanismos*:** deslocamento do afeto para representações distantes do conflito original através de:

- *isolamento* — processo de defesa que vai da compulsão a uma atitude sistemática e acertada que consiste numa ruptura das conexões associativas de um pensamento ou de uma ação, nomeadamente com o que os precede e os segue.

- *anulação retroativa* — mecanismo psicológico pelo qual o indivíduo se esforça por fazer com que pensamentos, gestos e atos passados não tenham acontecido.

- ***do ponto de vista da vida pulsional***:

- *ambivalência* — presença simultânea, na relação com um mesmo objeto, de tendências, atitudes e sentimentos opostos, principalmente o amor e o ódio.

- *fixação na fase anal*

- *regressão*

- ***do ponto de vista tópico***: relação sadomasoquista interiorizada sob a forma de tensão entre o eu e um supereu cruel.

2. **Neurose fóbica:** primeiro, Freud a assemelhou às obsessões, mas ao perceber a semelhança estrutural com a histeria de angústia vai criar o quadro da histeria de angústia que englobará as fobias, nas quais a ação do recalcamento tende a separar o afeto da representação. Aqui, Freud refere-se especialmente ao caso do pequeno Hans.

3. **Histeria de angústia:** sintoma: fobia como sintoma central, cuja origem se dá num trabalho psíquico para ligar de novo a angústia tornada livre. O deslocamento para um objeto fóbico se dá de maneira secundária ao aparecimento de uma angústia livre.

Etiologia: libido que o recalcamento desligou do material patogênico não é convertida, mas libertada sob a forma de angústia.

4. **Histeria de conversão:** sintoma: sem angústia, predominância de sintomas de conversão tipo crise emocional com teatralidade ou somático-motores (paralisias histéricas) ou sensitivos (anestesias), sensação de "bola" faríngica, etc.

   Etiologia: conversão como tentativa de transposição e resolução de um conflito psíquico. A libido desligada da representação recalcada é transformada em energia de inervação. Tais sintomas têm uma significação simbólica: exprimem, através do corpo, representações recalcadas; portanto, estão deformadas pelo deslocamento e condensação. Necessidade de uma capacidade de conversão, "complacência somática", fator constitucional ou adquirido que predisporia, de uma forma geral, determinado órgão ou aparelho para ser utilizado por ela.

B. **Psiconeuroses narcísicas** (psicoses funcionais): sintomas: não são efeitos de uma lesão somática e se opõem às psiconeuroses de transferência: a. *do ponto de vista técnico* — dificuldade ou impossibilidade de transferência libidinal. b. *do ponto de vista teórico* — retração da libido sobre o eu.

1924

Neuroses atuais:	Neurastenia
	Neurose de angústia
	Hipocondria

Neuroses de transferência: Neurose obsessiva
(Neurose fóbica)
Histeria de angústia
Histeria de conversão

Neuroses narcísicas: Psicose maníaco-depressiva

Psicoses: sintoma: construções delirantes como tentativas secundárias de restauração do laço objetal.

Etiologia: perturbação primária da relação libidinal com a realidade.

1. **Esquizofrenia:** sintoma: incoerência do pensamento, discordância da ação (dissociação), da afetividade (desagregação), afastamento da realidade, predominância de uma vida interior entregue a produções fantasmáticas (autismo), delírio mais ou menos acentuado e sempre mal sistematizado.

   De caráter crônico, evolui em alguns casos para uma deterioração intelectual e afetiva e resulta em estados de feição demencial.

   Etiologia: a) no nível dos processos: predominância do processo de desinvestimento da realidade sobre a tendência à reconstituição e, no seio do mecanismo de restituição, predominância dos que se aparentam com a histeria (alucinação), sobre os da paranoia, que se aparentam com a neurose obsessiva (projeção). b) no nível das fixações: a fixação predisponente deve-se encontrar mais atrás do que a paranoia; deve estar situada no início do desenvolvimento que leva do autoerotismo ao amor objetal.

2. **Paranoia:** sintoma: psicose crônica caracterizada por um delírio mais ou menos bem sistematizado, pelo predomínio da interpretação e pela ausência de enfraquecimento intelectual e que, geralmente, não evolui para a deterioração. Incluem-se os delírios de ciúme, a perseguição, as grandezas e a erotomania.

   Etiologia: define-se nas suas diversas modalidades delirantes pelo seu caráter de defesa contra a homossexualidade.

Hoje

Afecções psicossomáticas: entidade nosográfica somática (úlcera do estômago, hipertensão), cujo mecanismo de formação de sintomas é a somatização em oposição à conversão, no caso da histeria.

Neuroses:	Neurose obsessiva Histeria de angústia Histeria de conversão
Psicoses:	Paranoia Psicose maníaco-depressiva Esquizofrenia: hebefrênica catatônica

Com as contribuições de Abraham, Freud organizou uma psicopatologia baseada na relação entre as várias patologias por meio do desenvolvimento psicossexual da libido, determinando sua especificidade de acordo com o ponto de fixação a que a libido regrediria. A esquizofrenia e a melancolia ligadas a uma regressão à fase oral, a paranoia e a neurose obsessiva à fase anal e a histeria de conversão e as fobias à fase fálica.

Já no pensamento kleiniano, a nosografia é baseada nas suas concepções acerca da origem e desenvolvimento da vida psíquica. O primeiro ano de vida torna-se o ponto de referência fundamental pela constituição nele das posições esquizoparanoide e depressiva e, no final dele, a entrada precoce no complexo de Édipo. A paranoia e a esquizofrenia implicam uma regressão a um ponto de fixação na posição esquizoparanoide e a psicose maníaco-depressiva uma regressão a um ponto de fixação na posição depressiva. Já as neuroses implicam uma passagem para o complexo de Édipo. Assim, a distinção entre neurose e psicose se dá na fase depressiva entre o começo e o decurso dela. Mas, em Melanie Klein, a classificação das neuroses está totalmente ausente na medida em que toda a neurose se edifica sobre uma psicose que a preexiste e que posteriormente é mais ou menos superada. Assim, como diz Green (1969), histeria, fobia, neurose obsessiva desaparecem em sua especificidade neurótica, sendo seus mecanismos os da psicose.

Para Jacques Lacan, os quadros clínicos partem de uma primeira distinção baseada na maneira como o psiquismo se estrutura em torno do complexo de Édipo e de castração. Dependendo do mecanismo de defesa utilizado contra a angústia, teremos uma neurose, uma psicose ou uma perversão, pois da utilização do mecanismo dependerá a relação com a realidade. Na neurose, há o recalque da percepção da ausência de pênis na mulher, na perversão há a renegação, uma parte do eu percebe e a outra não, e, na psicose, há a foraclusão da ausência de pênis na mulher, a realidade vindo sempre de fora atingir o psiquismo. Para Lacan, não existem casos fronteiriços. Ainda que um psicótico possa passar a vida toda sem ter uma crise, por achar no espaço social uma maneira de ser, sua estrutura psíquica não muda.

Uma passagem do final da obra freudiana, expressa condensadamente a fineza com que Freud aborda a patologia. Reconhece a positividade do saber da loucura, além de dizer que ele dá acesso a mecanismos presentes na maioria dos seres. Sem nomeá-la, ele falará da paranoia e não a nomeia de propósito, pois usa a sensação de ser observado e o delírio de observação para introduzir o conceito do supereu, presente na maioria das pessoas: "Quando jogamos no chão um cristal, ele se quebra, mas não caprichosamente; rompe-se conforme as suas linhas de fratura, em pedaços cuja delimitação, ainda que invisível, estava predeterminada pela estrutura do cristal. Também os doentes mentais são como estruturas rompidas. Não podemos negar-lhes algo daquele horror respeitoso que os povos antigos testemunhavam aos loucos. Afastaram-se da realidade exterior, mas, precisamente por isso, sabem mais da realidade psíquica interior e podem descobrir-nos coisas que de outro modo seriam inacessíveis a nós. De um grupo destes enfermos, dizemos que padecem do delírio de ser observados, lamentando-se de se verem sufocados permanentemente pela observação vigilante de poderes desconhecidos, pessoas provavelmente; sofrem alucinações em que as ouvem publicando o resultado de sua observação; 'Agora diz tal coisa', 'Agora está se vestindo para sair'. Esta observação não equivale a uma perseguição, mas falta-lhe pouco; supõe que se desconfia do sujeito esperando que ele cometa algo ilícito, pelo qual será castigado. O que se passaria se eles tivessem razão, se em todos nós existisse no eu uma tal instância, vigilante e ameaçadora, que nos enfermos mentais só tivesse se separado francamente do eu e houvesse sido erroneamente deslocada à realidade exterior?" (Freud, 1932a).

2
O trajeto da conceitualização do quadro clínico da paranoia em Freud

Contexto e história

Sigmund Freud nasceu em 1856, na Morávia, filho de um segundo casamento de seu pai. Mudou-se para Viena em 1860, vivendo lá até 1938, época em que imigra para Londres, fugindo do avanço do nazismo na Europa Continental. Forma-se em Medicina em 1881, desistindo de ser filósofo, sua primeira escolha, por razões financeiras. Após trabalhar como anátomo-patologista, especializa-se em neuropsiquiatria. É ainda de um ponto de vista médico que faz suas primeiras especulações sobre a existência de um aparelho psíquico apoiado no aparelho de linguagem, em *As afasias*. Após uma estada em Paris, onde trabalha com Charcot, casa-se com Martha Bernhays, em 1886, no mesmo ano em que abre seu consultório em Viena. Pratica hipnose, volta à França para trabalhar com Bernheim e começa a praticar o método catártico. Juntamente com seu amigo Breuer, envereda pelo caminho do estudo da histeria, fazendo suas primeiras descobertas sobre o funcionamento psíquico do ser humano. Publica *Estudos sobre a histeria*, em 1893, texto no qual postula a etiologia psíquica para o sintoma histérico e uma terapêutica baseada na escuta que permitia o acesso a um conteúdo latente conflituoso do qual o paciente se defendia. Este conteúdo era de natureza sexual e dizia respeito a uma sedução de uma criança por um adulto, que, quando era compreendida na puberdade a partir do surgimento da sexualidade adulta, se transformava em algo traumático, portanto a *posteriori*, e era eliminado da consciência. Descobre aí, portanto, os conceitos de **defesa** e **recalcamento**. Em 1896, a palavra **psicanálise** é escrita pela primeira vez. Durante o final da última década do século XIX, corresponde-se com seu amigo William Fliess, realizando uma espécie de autoanálise que o porá no rumo da descoberta do **inconsciente** e da **sexualidade infantil**, novos pilares da constituição da psicanálise enquanto um novo campo de saber, a partir da queda da teoria da sedução traumática como explicação da formação dos sintomas. Nos primeiros anos do século XX, Freud escreverá os dois livros pilares da psicanálise, *A interpretação dos sonhos* e *Três ensaios para uma teoria sexual*. Eles marcam a concepção de um aparelho psíquico regido pela sexualidade humana entendida num sentido amplo, e não apenas genital adulto. Freud concebe então uma teoria pulsional que postula um conflito entre a **pulsão sexual** e a **pulsão de autoconservação** e uma tópica psíquica nascida através dos mecanismos de defesa, como a repressão, composta de um **Consciente** e um **Inconsciente**. Começa a despertar interesse crescente e, em 1903, funda a "Sociedade Psicológica das Quartas-feiras". Em 1905, conhece Carl Jung e, em seguida, Sándor Ferenczi, Ernest Jones e Karl Abraham. A partir do Primeiro Congresso de Psicanálise, em 1908, a psicanálise não parará de receber adesões e se expandir pelo mundo. Na primeira década do século, descobre o **complexo de castração** que, juntamente com o conceito de **Édipo**, presente de alguma forma desde 1897, vão ganhar importância cada vez maior na teorização psicanalítica que se seguirá. A segunda década do século trará — além da publicação da metapsicologia freudiana, espécie de apanhado dos principais conceitos que compunham o campo psicanalítico, especialmente do conceito de **pulsão**, limite entre o somático e o psíquico, de **inconsciente** e **recalcamento** — a descoberta do conceito de **narcisismo**, que começará a desconstruir o edifício da teoria pulsional, que já trazia uma maior consideração do papel do eu, tendo se transformado na oposição da **pulsão sexual** em relação à **pulsão do eu**. A partir do estudo do caso Schreber, que detalharemos mais à frente, em meio a uma polêmica com Jung, que culminará numa ruptura, em 1913, após a escritura do importante *Totem e tabu*, a teoria pulsional fica ameaçada de uma concepção monista, pois, em *Para introduzir o narcisismo*, ela parece se tornar uma oposição entre libido objetal e libido narcisista. A partir de 1920, do ensaio *Mais além do princípio do prazer*, emerge, numa reviravolta, a partir da descoberta do conceito de **compulsão à repetição**, a segunda teoria das pulsões que oporá a **pulsão de vida** (que reúne a sexualidade e o narcisismo) à **pulsão de morte** (muda, cuja principal manifestação é a compulsão à repetição) na produção da vida psíquica. Surge a partir daí uma nova concepção da tópica do aparelho psíquico, que aparece em *O eu e o isso*, de 1923, com os conceitos de **eu, isso (id), supereu** e **mundo externo**, que tornam a partir de então, consciente e inconsciente, qualidades psíquicas, referidas a regiões das três instâncias do aparelho psíquico. Na terceira década do século, Freud continua seu incansável e apaixonado trabalho e produzirá obras fundamentais para a psicanálise e para outros campos de saber, que mostrarão a importância fundamental dos complexos de **Édipo** e de **castração** na estruturação do psiquismo, a partir da descoberta das consequências psíquicas da diferença anatômica. Mas é também nesta década, a partir da importância da descoberta do conceito de **isso** como o campo mais impessoal e estranho ao eu, campo do irrepresentado que pode vir a ser representável e do irrepresentável, das energias, que a dimensão econômica ganha importância crescente. Estudos sobre a feminilidade e sobre a cultura são de uma novidade e um visionarismo que os tornaram referências fundamentais (*Mal-estar na cultura* e *Sobre a sexualidade feminina* e *A feminilidade*).

Em 1923, é diagnosticado o câncer de mandíbula, que se agrava em 1931 e que o levará à morte aos 83 anos, em 1939.

A paranoia e a constituição do conceito de defesa psíquica

Os manuscritos

As cartas de Freud a seu amigo médico berlinense Wilhelm Fliess foram escritas entre 1887 e 1902. Mas elas só foram recuperadas e conhecidas a partir do ano de 1951, juntamente com o manuscrito do *Projeto para uma psicologia para neurólogos*, escrito em 1895. Elas constituem o mais precioso documento sobre as origens da psicanálise, já que é nelas que Freud expõe suas ideias inovadoras e criativas que levarão quarenta anos para se desdobrarem neste novo campo de saber que se inaugura às portas do século XX, que é a psicanálise.

No início de sua troca com Fliess, Freud agregava às cartas uma série de manuscritos sobre a maneira como ele entendia os quadros psicopatológicos à luz de sua etiologia sexual e de suas tentativas de conceber um arcabouço psíquico até então. Foram quatorze manuscritos nomeados de A a N, que curiosamente se encerraram em março de 1997, poucos meses antes de Freud fazer a famosa revelação a Fliess, na carta 69: ele não mais acreditava em sua teoria da neurose baseada na veracidade de um trauma sexual. Passa a conceber e revelar, até a carta 75, toda a sua concepção do papel da fantasia e da sexualidade infantil, bem como sua crença de que os sonhos levariam à descoberta do funcionamento do aparelho psíquico baseado no recalque da sexualidade infantil.

A paranoia é abordada diretamente no manuscrito H e no manuscrito K.

Manuscrito H

No manuscrito H, que Freud junta a uma carta a Fliess de 24 de janeiro de 1895 (Freud, 1897-1902), nós o vemos expor suas primeiras concepções sobre a paranoia. O que escreve aqui vai mais longe do que o artigo de 1896 a que deu origem, *Novas observações sobre as neuropsicoses de defesa*, ao trazer uma consideração detalhada do mecanismo de projeção que, apesar de ser um tema que será iluminado um pouco no artigo sobre o caso Schreber de 1911, nunca mereceu uma exposição detalhada por Freud. O termo **projeção** aparecerá publicado pela primeira vez no texto de 1896. Ao acentuar o conceito de defesa e a comparação dos distintos quadros clínicos quanto à defesa antecipa também boa parte do exposto trinta anos depois em *Inibição, sintoma e angústia* (1926), no qual o conceito de defesa se prestou a um novo fundamento (Freud, 1897-1902).

Assim Freud, neste manuscrito, partirá da psiquiatria, na qual a ideia delirante é situada junto às ideias obsessivas, como transtorno puramente intelectual. Para ele, ao contrário, se as ideias obsessivas podem ser reduzidas a transtornos afetivos e sua força atribuída a um conflito, então uma concepção idêntica é aplicável às ideias delirantes que serão consequências de transtornos afetivos que devem sua força a um processo psicológico. Para o profano, diz Freud, as ideias delirantes se devem a vivências psíquicas transtornantes. Tendo deslocado o delírio do intelectual e ocasional para o plano do conflito afetivo e psíquico, Freud define, então, a paranoia crônica como um modo patológico de defesa, como a histeria, a neurose obsessiva e a confusão alucinatória. Por meio da exposição de um exemplo, de uma moça que chegou a ser sua paciente, Freud vai se perguntar sobre a índole particular da defesa paranoica, que ele chama de predisposição psíquica específica para lidar com o intolerável. Após uma convivência prazerosa com um hóspede em sua casa, a moça conta à sua irmã um assédio sexual que este havia feito, colocando seu pênis em sua mão. Este vai embora e aparentemente não existe sequela nenhuma. Anos depois, a moça tem um delírio de observação e perseguição com o seguinte conteúdo: as vizinhas se compadecem dela como uma solteirona "plantada" à espera daquele homem, fazem insinuações e dizem todo tipo de coisas sobre o homem. A irmã mais velha nota com assombro que ela nega a cena de sedução. A paciente é enviada a Freud por Breuer, e este tenta, infrutiferamente, numa técnica mista de hipnose e concentração, afastar a tendência à paranoia, fazendo-a recordar-se da cena. Freud atribuirá à defesa seu afastamento, dizendo que ela não quis recordar, por isso reprimiu. Vemos que Freud ainda atribui o termo defesa tanto à resistência em recordar no aqui agora da sessão quanto ao mecanismo psíquico que a embasa, a repressão, que diz respeito ao destino das recordações. Mas o que ele se pergunta é por que a defesa não produziu um sintoma histérico ou obsessivo e qual é a índole específica da defesa paranoica. O que a mulher evitava com a repressão era uma autorreprovação de ser uma "má mulher", mas a mesma reprovação lhe chegava, a seus ouvidos, de fora. Assim, diz Freud, o conteúdo objetivo ficava inalterado mudando unicamente a localização: o que no princípio era uma reprovação interna, era agora uma imputação do exterior. O benefício era de que, se teria de ter aceito de qualquer forma o juízo interior, poderia **recusar** o do exterior. De qualquer modo, o juízo, **a reprovação ficava afastada do "eu".** "A paranoia persegue, pois o propósito de rejeitar uma ideia intolerável para o eu mediante a projeção de seu conteúdo ao mundo exterior" (p. 118). O termo em alemão que Freud emprega tem os dois sentidos, de "defender-se de" e rejeitar ou recusar. Aqui, parece que é a defesa que Freud quer marcar. Mas historicamente o conceito de defesa permanecerá num sentido mais amplo, enquanto o de rejeição ou recusa designará tanto um mecanismo ou operação pré-defensiva, como um modo de defesa específico da psicose. Ao percorrer o caminho de como se consegue tal transposição, Freud exporá o mecanismo de projeção e, como sempre faz e fará, não o colocará como patológico em si, mas diferenciará o patológico do normal como um uso abusivo e exclusivo. Diz ele que o mecanismo da projeção ou transposição é bastante comum na nossa vida normal, uma vez que, ao produzir-se uma modificação interna, podemos atribuí-la a uma causa interna ou externa. Se algo nos impede de eleger o processo endógeno, recorreremos ao exógeno. Estamos também habituados, pela expressão das emoções, de que nossos estados internos fiquem expostos aos demais... Por isso, Freud diz que considera delírio de observação e projeção normais, quando permanecemos conscientes de nossa própria modificação interna. Se, contudo, a esquecemos, restando-nos somente o caminho que leva ao exterior, teremos a paranoia, com seu exagero do que os demais sabem de nós e do que nos fizeram. Teríamos aí o abuso do mecanismo de projeção com fins defensivos, de rejeição.

Freud examinará, então, se o mecanismo da projeção se aplica a todos os casos de paranoia. E compreenderá que sim. Assim, o paranoico querelante não pode tolerar a ideia de que cometeu um ato injusto ou que deve separar-se de algo de sua propriedade. Em consequência, crê que a sentença não tem valor legal, que ele não está equivocado, etc. Numa alusão à guerra franco-prussiana, de 1870, diz que a grande nação não pode apreender a ideia de que foi derrotada na guerra. Logo não foi derrotada; a derrota não conta. Eis um exemplo de paranoia das massas e de invenção de um delírio de traição. O alcoólatra nunca se convencerá de que a bebida o tornou impotente. Por mais álcool que possa tolerar, não pode tolerar esta compreensão. Portanto, a culpável passa a ser a mulher, e ele apresenta, por exemplo, um delírio de ciúme. O hipocondríaco resistirá muito antes de encontrar a chave de suas sensações de grave enfermidade. Não se concederá a si mesmo que procedem de sua vida sexual, mas terá a maior satisfação em crer que seus padecimentos não são endógenos, mas exógenos, que o estão envenenando. O funcionário que não foi promovido necessita crer na conjuração dos inimigos e nos espiões que o observam no escritório, pois, do contrário, teria de admitir seu próprio fracasso.

Freud dirá, então, que em vez de um delírio de perseguição pode surgir a megalomania, que é muito mais eficaz para manter afastada do eu a noção penosa ou desagradável. Em todos estes casos apresentados, a ideia delirante é sustentada com a mesma energia com que outra ideia, intoleravelmente penosa, é rejeitada fora do eu. Todo o segredo reside em que estas pessoas amam o delírio como amam a si mesmo.

Freud finaliza o manuscrito com um quadro sinóptico comparativo entre as cinco afecções psicopatológicas que considerava até então: histeria, neurose obsessiva, confusão alucinatória, paranoia e *psicosis* histérica. Compara-as quanto ao afeto, ao conteúdo ideacional e às alucinações. Na histeria, a ideia intolerável não é admitida à associação com o eu. Seu conteúdo se mantém em estado de segregação, ausente da consciência, enquanto seu afeto é deslocado, por conversão, à esfera somática. Tampouco na ideia obsessiva a ideia intolerável é admitida à associação (com o eu). O afeto se conserva, mas o conteúdo é substituído. Na confusão alucinatória, tanto o afeto como o conteúdo da ideia intolerável são excluídos do eu, o que só é possível ao preço de um desprendimento parcial do mundo exterior. O sujeito recorre às alucinações porque estas são gratas ao eu e prestam apoio à defesa. Na paranoia ocorre o oposto a isso, já que tanto o afeto como a ideia se conservam, só que são projetados ao mundo exterior. As alucinações, que ocorrem em algumas formas, são hostis ao eu, ainda que apoiem a defesa. Nas psicoses histéricas são as ideias recusadas que adquirem predomínio. As alucinações são hostis ao eu. Freud ainda observa que a paranoia e a confusão alucinatória são psicoses de obstinação ou desafio... As "autorreferências" da paranoia são análogas às alucinações da confusão que pretendem impor precisamente o oposto do fato recusado. Assim, a autorreferência sempre trata de demonstrar que a projeção é correta.

Manuscrito K

As ideias presentes neste manuscrito (Freud, 1897-1902), que foi achado junto com uma carta de 1º de janeiro de 1896, também vão estar em parte presentes no artigo *Novas observações sobre as neuropsicoses de defesa,* bem como são acréscimos a ideias do *Projeto*. Aqui, Freud tomará a neurose obsessiva, a paranoia e a histeria. É interessante notar como Freud faz quase uma continuidade entre neurose obsessiva e paranoia. Ao analisar a formação do sintoma na paranoia, Freud dirá que ignora as condições clínicas determinantes, bem como as relações cronológicas de prazer e desprazer na vivência primária (experiência sexual prematura e traumática e que deve ser reprimida). Mas comprovou a repressão, o sintoma primário e o fato de que a fase de enfermidade clinicamente manifesta está determinada pelo retorno das ideias reprimidas. A vivência primária parece ser de índole similar à neurose obsessiva, a repressão tem lugar uma vez que a recordação daquela, sem que se saiba como, leva a um desprendimento de desprazer, só que não se forma uma autorreprovação como na neurose obsessiva que logo será reprimida, senão que o desprazer é atribuído ao próximo, segundo a fórmula psíquica da projeção. Por isso, o sintoma primário assim formado é a desconfiança (suscetibilidade frente aos demais). Mediante este processo, a autorreprovação fica privada de crédito. A afecção varia segundo haja repressão do afeto por projeção ou também do conteúdo. O afeto reprimido retorna na forma de alucinações de vozes, e o conteúdo parece voltar por alucinações visuais ou sensitivas. Os fragmentos que retornam da recordação foram deformados ao serem substituídos por imagens análogas da vida atual, ou seja, que sua deformação é simples, por mero deslocamento cronológico, e não por formação de substitutos. Como é o caso nas neuroses obsessivas, as vozes representam o retorno da autorreprovação na forma de um sintoma transacional: primeiro o apresentam deformado em seu texto, convertendo-o em ameaça, depois não o relacionam com a vivência primária, mas com o sintoma primário que é a desconfiança.

Como se negou crédito à autorreprovação primária, o eu vai tentar assimilar os ilimitados sintomas transacionais, não os considerando fora de si mesmo, mas tentando explicá-los. Freud chama este movimento de *delírio de assimilação*, que é a expressão do fracasso da defesa; não é um sintoma defensivo secundário, mas sim um começo de modificação do eu, como expressão de que ele está sendo dominado. Para ele, o processo chega ao seu fim na melancolia (sensação de pequenez do eu), a qual concede secundariamente às deformações aquele crédito que se lhe negou ao processo primário ou, então, o que é mais frequente e mais grave, na formação de delírios de proteção (megalomania) até que o eu fica finalmente remodelado por completo. Estas ideias freudianas só voltam a aparecer bem mais tarde em sua obra. O elemento determinante da paranoia é posto por Freud como a projeção, acompanhada pela negativa de se acreditar na autorreprovação. Daí as características gerais desta neurose: o significado das vozes, como meios pelos quais os demais atuam sobre nós, assim como o dos gestos que nos revelam a vida psíquica dos demais. A importância do tom de suas palavras e de suas alusões, dado que a consciência não admitiria nenhuma referência direta ao conteúdo de ditas palavras à recordação reprimida.

Na paranoia, a repressão tem lugar depois de um complicado processo cogitativo consciente de negação de crédito. Isto para Freud indica que talvez a repressão se produza na paranoia em uma idade maior que na neurose obsessiva ou na histeria. As premissas da repressão são as mesmas nos três casos, mas fica para ser visto se o mecanismo da projeção se arraiga numa disposição individual ou é eleito em virtude de determinados fatores cronológicos e acidentais. Freud resume no final os quatro tipos de sintomas presentes na paranoia: a) sintomas defensivos primários; b) retorno do reprimido com caráter transacional; c) sintomas defensivos secundários; d) sintomas de submetimento do eu.

Os primeiros textos publicados sobre a paranoia

As neuropsicoses de defesa (1894)

Se neste texto (Freud, 1894), anterior aos dois manuscritos, não aparece a paranoia, aparece já a tentativa de explicar a loucura alucinatória, logo após ter discorrido sobre a histeria e a neurose obsessiva. Como o próprio Freud se refere a este texto, ele é a tentativa de fundamentar que todas estas afecções são produto do mecanismo psíquico da defesa inconsciente, surgindo como consequência da tentativa de reprimir uma representação intolerável, penosamente oposta ao eu do enfermo. No caso da loucura alucinatória, a defesa enérgica e eficaz consiste na recusa do eu da representação intolerável, conjuntamente com seu afeto, na qual ele se conduz como se a representação não houvesse jamais chegado a ele. É neste momento que o sujeito sucumbe a uma psicose, que Freud qualifica de *loucura alucinatória*. O eu recusa a representação intolerável por meio da fuga à psicose, mas em um processo que escapa tanto à autopercepção do sujeito como à análise psicológica e clínica. É a expressão de uma elevada disposição patológica em que o eu se separa da representação intolerável, mas esta se acha inseparavelmente unida a um pedaço de realidade, e, ao desligar-se dela, o eu se desliga também total ou parcialmente da realidade. Esta é a condição para reconhecer as próprias representações, vida alucinatória e com isso cai o sujeito, uma vez alcançada a repulsa da representação intolerável, na loucura alucinatória.

Novas observações sobre as neuropsicoses de defesa (1896)

No texto (Freud, 1896), ele fará a análise de um caso de paranoia crônica que, em 1924, ele aclara ser uma *demência paranoide*. Este texto basicamente recolhe boa parte do trabalho dos manuscritos, só que articulada à exposição de um exemplo clínico novo, no qual Freud se detém sobretudo na análise detalhada da origem das vozes e das alucinações visuais. Vai mostrar que as alucinações visuais são fragmentos do conteúdo dos acontecimentos infantis reprimidos, sintomas do retorno do reprimido. Já as vozes devem sua gênese à repressão de pensamentos que no fundo constituíam reprovações por ocasião de um acontecimento análogo ao trauma infantil, sendo, portanto, sintomas do retorno do reprimido e, ao mesmo tempo, consequência de uma transação entre a resistência do eu e o poder de dito retorno, transação que produz uma deformação absoluta dos elementos correspondentes, deixando-os irreconhecíveis.

Freud faz uma comparação da paranoia com a neurose obsessiva, mostrando que a repressão é o mecanismo psíquico comum nas duas, na qual o reprimido é um acontecimento sexual infantil. No entanto, Freud diferencia as duas apontando a projeção como o procedimento específico de repressão na paranoia, na qual haveria a transferência da desconfiança sobre outras pessoas, e não sobre si, como na neurose obsessiva. Também, como na neurose obsessiva, os sintomas de retorno do reprimido mostram as marcas da transação que lhes permitiu chegar à consciência. Já o retorno do reprimido em imagens visuais se parece mais com a histeria, ainda que esta costume repetir sem modificação os símbolos mnêmicos, enquanto a alucinação mnêmica paranoica experimenta uma deformação análoga à neurose obsessiva. Em lugar da imagem reprimida surge uma análoga atual. Por outro lado, é absolutamente peculiar, na paranoia, o retorno das reprovações reprimidas em forma de alucinação auditiva para as quais tais reprovações tem de passar por uma dupla deformação. A paranoia não apresenta sintomas de defesa secundária, mas apresenta uma terceira fonte de formação de sintomas. As ideias delirantes que a transação leva à consciência colocam ao trabalho mental do eu a tarefa de fazê-las admissíveis sem objeção alguma. Sendo imodificáveis, o eu tem de se adaptar a elas, e este modo, a mania de interpretação que termina em uma modificação do eu, corresponde aqui aos sintomas da defesa secundária, própria da neurose obsessiva. A debilidade de memória dos paranoicos é de caráter tendencioso, sendo motivada pela repressão a cujos fins auxilia. São reprimidas e substituídas *a posteriori* aquelas recordações em si não patógenas, mas que se acham em contradição com a modificação do eu, imperiosamente exigida pelos sintomas do retorno.

Psicopatologia da vida cotidiana

A paranoia aparece citada neste texto (Freud, 1901), quando ele tenta achar uma prova psíquica da existência de uma motivação para os atos falhos ainda que não consciente. Diz ele que, enquanto o homem normal admite uma categoria de atos acidentais que não têm necessidade de motivação, categoria na qual computa uma parte de suas próprias manifestações psíquicas e seus atos falhos, o paranoico recusa às manifestações psíquicas do semelhante qualquer elemento acidental. Tudo o que ele observa sobre os outros, os mais pequenos e triviais detalhes, que passam normalmente despercebidos, é significativo, logo, susceptível de interpretação. Ele provavelmente projeta na vida psíquica do semelhante o que existe em sua própria vida em estado inconsciente. "Tantas coisas que no homem normal e no neurótico não existem, a não ser no inconsciente, onde sua presença é revelada pela psicanálise se pressionam na consciência do paranoico! Sobre este ponto, o paranoico tem, então, em uma certa medida, razão: ele vê algo que escapa ao homem normal, sua visão é mais penetrante que aquela do pensamento normal; mas o que tira todo o valor de seu conhecimento é a extensão a outros estados de coisas que somente são reais no que a ele mesmo concernem" (p. 916).

A paranoia e a descoberta da constituição libidinal do eu

O caso Schreber

Antecedentes e contexto teórico

Toda a teorização de Freud na primeira década do século XX é marcada pela descoberta da sexualidade infantil, exposta sobretudo nos *Três ensaios para uma teoria sexual* e do aparelho psíquico, presente no capítulo VII da *Interpretação dos sonhos*. Vemos Freud elaborar uma primeira dualidade pulsional entre as pulsões sexuais e as pulsões de autoconservação, geradoras do conflito psíquico e dos mecanismos psíquicos que vão tentar dar conta dele. O eu, neste primeiro momento, não é teorizado: é dado como a instância responsável pelas pulsões de autoconservação. Mesmo no *Projeto para uma psicologia para neurólogos*, texto de 1895, publicado em 1950, vemos Freud considerar o eu como um conjunto de neurônios diferenciados sem entrar muito em explicações sobre seu surgimento. Mas, já neste texto, ele é colocado como diferente do sujeito da consciência e do desejo. É uma formação particular no interior dos sistemas mnésicos, um objeto interno investido pela energia do aparelho com uma dupla função: inibidora (de ligação) e defensiva tanto normal como patológica. O eu aparece como objeto "relais", suscetível de se manifestar diante de nós de maneira mais ou menos usurpada e enganadora, como sujeito que quer e deseja (Laplanche, 1985).

Se tomarmos a redução que Freud faz da sua explicação do mecanismo da paranoia dos *Manuscritos* para *Novas observações sobre as neuropsicoses de defesa*, talvez possamos pensar em duas observações que não se encaixavam muito bem com a teorização, até então e, que persistiram até o caso Schreber ou mesmo até as novas possibilidades de teorização que surgiram a partir dos anos 20: a projeção como mecanismo de defesa semelhante à repressão e os sintomas de modificação do eu presentes na paranoia. Como explicar, no primeiro caso, a recusa, com a transferência para fora, da condenação às ideias sexuais, já que a repressão se daria com conteúdos internos e internamente ao aparelho psíquico? Seria um mecanismo de defesa da mesma ordem que o gerador de sintomas das outras neuroses? E como explicar que o eu aceitasse ser modificado sem uma teoria sobre a constituição do eu?

Será no interior de toda uma discussão teórica no movimento psicanalítico entre Freud e Carl Jung, discussão que culminou na cisão e separação entre os dois, tanto pessoal como teoricamente, na criação de duas correntes de pensamento diferentes, que a problemática do eu ressurgirá e onde tentaremos situar o estudo que Freud faz do caso Schreber.

O núcleo da discórdia teórica entre Jung e Freud era a relutância do primeiro em aceitar todas as colocações freudianas sobre o alcance do caráter sexual da libido no psiquismo humano. Jung vai, aos poucos, tendendo a dessexualizar a libido, transformando-a em um elan vital, uma energia dessexualizada, e Freud vai cada vez mais enfrentando a relutância de Jung tentando demonstrar a importância da libido, sobretudo do papel da fantasia sexual infantil. Jung cada vez mais, pelo contrário, quer mostrar que são símbolos, mitos arcaicos que estão na base das produções psíquicas, sobretudo da fantasia. Se o texto sobre Schreber foi a tentativa de conciliação teórica entre os dois, *Totem e tabu* foi um esforço derradeiro de Freud, ao penetrar com a pesquisa no terreno habitual de Jung, dos mitos, ritos e símbolos originários, de tentar mostrar a origem sexual do processo de humanização e trazê-lo de volta às hostes psicanalíticas. Já *Para introduzir o narcisismo* é o genial produto e produtor da ruptura definitiva.

Jung lança um trunfo muito grande quando checa Freud sobre a capacidade da teoria psicanalítica de dar conta de explicar os mecanismos de formação dos quadros psicóticos, a esquizofrenia e a paranoia, pela teoria da libido. Este era o terreno no qual Jung dominava pela sua intensa experiência como psiquiatra na clínica de Bleuler (um dos principais psiquiatras da época), no Hospital Burghölzli, em Zurique, onde tratava muitos pacientes com estas afecções. Como explicar a intensa retração da libido para o eu que caracterizava estes quadros? Parecia não haver nada de sexual aí. Como explicar que a libido encontrava mais satisfação onde encontrara asilo do que na libido de objeto, fonte de outras satisfações, mas também de muitas decepções, ameaças, incertezas? Numa carta de 19 de dezembro de 1909 (169F), Freud dirá que se preocupou especialmente com a libido. Diferentemente de Jung, que se concentrando "no 'eu', que não estudei devidamente", corre, porém, o perigo de esquecer a libido "à qual rendi pleno tributo" (Katz, 1994, p. 252).

Freud começa a dar importância ao eu quando o vemos mudar a polaridade pulsões sexuais *versus* pulsões de autoconservação para pulsões sexuais *versus* pulsões do eu, o responsável pelas pulsões de autoconservação. Mas o incômodo que Jung lançou fica maior quando Freud se dá conta, em um caso clínico, exposto em 1910, em *Perturbações psicógenas da visão*, que o sintoma, cegueira psíquica, se localizava no olho, zona por excelência envolvida com as pulsões de autoconservação, através das funções do eu de exame da realidade. Como pensar que o olho havia sido libidinizado? Pelo reconhecimento da dupla utilização do olho, que ao mesmo tempo percebe as alterações no mundo externo e ao mesmo tempo vigia as características e propriedades sexuais dos objetos, presidindo a escolha do objeto erótico. Neste texto, ao utilizar uma nova nomeação, pulsões do eu, Freud o faz para arraigar o eu nas pulsões, para converter este pacote de funções em função da libido.

A resposta Freud começará a encontrar no estudo do livro autobiográfico de Daniel Schreber através da formulação da etapa narcisista e culminará no livro *Para introduzir o narcisismo*. Mas esta resposta será a ponta do *iceberg* que desmontará todo o edifício da dualidade pulsional até então e obrigará Freud a criar uma nova teoria da dualidade pulsional a partir dos anos 20.

Mas Freud e Jung se cruzam em mais um conceito que se tornará crucial não apenas para entender a paranoia em Schreber, mas para todo o arcabouço teórico da psicanálise que é o conceito de complexo e depois o de complexo de Édipo e complexo paterno. Jung aplicava testes de associação a palavras de Ziehen a seus pacientes, já que um dos sintomas básicos da esquizofrenia era a perda da tensão das associações, e percebeu que as palavras evocadas não o eram ao acaso, mas obedeciam a elos associativos que as ligavam a um mesmo complexo afetivo e que o tempo de reação às palavras-estímulos era maior se elas evocavam algo desagradável. Se os sintomas básicos da esquizofrenia eram a perda de tensão das associações, na histeria as associações estavam submergidas por um complexo grande e tenso, relacionado a uma velha ferida secreta. Em seu texto de 1906 sobre as associações, estudando a esquizofrenia, a histeria e a paranoia, ele conclui que os complexos são anteriores às representações e o que as unifica e postulará a existência de complexos psíquicos, organizações de representações e afetos que determinam, de acordo com vários processos, nosologias diferenciadas (Katz,1994).

Ele incorporou, pela primeira vez, a palavra, no texto *Sobre um tipo especial de escolha de objeto no homem* (Freud, 1910) ao se referir ao complexo de Édipo do adolescente, ligado à reativação de afetos e reações sexuais e psíquicas pela percepção, com o ingresso na aptidão à sexualidade adulta, da sexualidade da mãe. Até então, os afetos e sentimentos edípicos, ou seja, de amor e ódio aos pais, eram apenas mais um elemento do processo psíquico. Passam a ter destaque, com a noção de complexo, que os colocará, em *Totem e tabu*, como o complexo nuclear das neuroses, fazendo com que, a partir de então, o complexo de Édipo passe a ter um valor estrutural na teoria, coisa que não tinha até então. Katz (1994) vai demonstrar em seu livro *Freud e as psicoses* as razões para esta escolha teórica e como ela deixa de lado toda uma outra via a ser explorada, via do ponto de vista econômico, do trânsito das energias, muito mais interessante, a seu ver, para a clínica das psicoses.

Há ainda um terceiro desdobramento teórico do período que terá toda a consequência no melhor entendimento do mecanismo da projeção que é a conceitualização dos dois princípios do funcionamento psíquico no texto *Dois princípios do suceder psíquico* (Freud, 1911), que sucede quase imediatamente ao caso Schreber; nele as pulsões sexuais são concebidas como reguladas pelo princípio do prazer e as pulsões do eu como reguladas pelo princípio de realidade, "surgindo a fantasia como a 'reserva florestal' do primeiro" (Mezan, 1985, p. 296) Estas concepções são muito importantes para a explicação do delírio, já que neste o que é posto fora do circuito, na tentativa de reconstrução do mundo após

As invenções do pai de Schreber

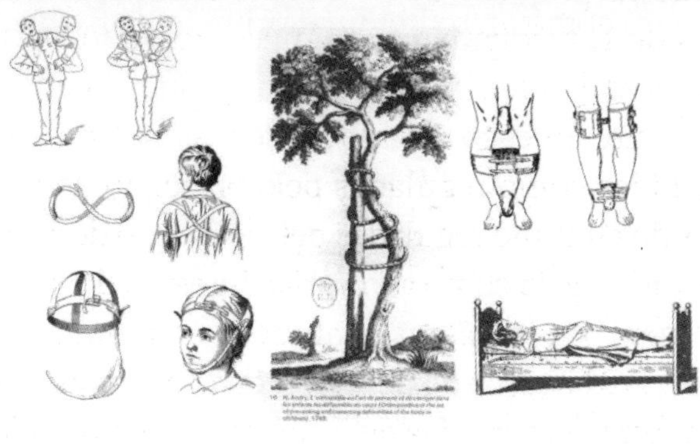

a catástrofe que se seguiu à regressão ao momento narcísico, é o princípio de realidade, cujo advento assinala o acesso ao mundo dos outros e dos objetos, ou seja, à realidade socialmente constituída (Mezan, 1985). É também com a formulação dos dois princípios que o mecanismo da projeção, suas relações com o dentro e o fora e seus efeitos no eu poderão ficar mais claros e melhor ancorados teoricamente.

Jung, que introduziu as memórias de Schreber a Freud, citava-as desde 1906, o que sabemos por intermédio da intensa correspondência entre Freud e Jung, no período que vai entre 1906 e 1913. Ela mostra um grande interesse, na época, de discriminar a esquizofrenia como entidade clínica da paranoia. Freud defende um componente homossexual da libido reprimido como origem da paranoia, sendo que o mesmo componente não é achado na esquizofrenia, na qual a retração da libido se dá ao autoerotismo. Katz (1994) analisa detalhadamente esta época. Em uma passagem fundamental desta análise, ao se perguntar pelo destino do investimento libidinal (que é sempre primariamente autoerótico e só depois objetal) que não encontra um objeto, pois dele se retirou (ao contrário do pesar, no qual o objeto é que é retirado da libido), dirá que a libido substitui o objeto pela convicção, como se fosse uma percepção interna. A hostilidade, na paranoia, virá como afeto libidinal oriundo da perda da capacidade de investir objetalmente. "Os investimentos autoeróticos são ocupados ou superocupados com afeto hostil e, não podendo ser conferidos com as percepções (realidade), se repetem hostilmente, "fabricando" percepções libidinais" (p. 240). O que marca o mecanismo da paranoia é o fracasso permanente da defesa contra as representações sexuais insuportáveis, pois os investimentos libidinais só podem se (re)tornar investimentos objetais com afeto desprazeroso, e é assim que se aferram às percepções nas quais o objeto foi transformado. Tal esforço psíquico faz com que as imagens libidinizadas que se fizeram imagens percebidas se transformem em alucinações, e o sujeito será permanentemente perseguido por afetos hostis. Na paranoia, diferentemente da demência precoce, há um fracasso no retorno ao autoerotismo, e por isso os processos psíquicos continuarão a se exercer permanentemente na regressão homolibidinal. Segundo Katz, neste momento em que Freud tenta mostrar a relação indissolúvel das representações e afetos, a intersecção do diferencial prazer e desprazer e o que ocorre em processos dinâmicos diferenciados, homolibidinal não tem a ver nem com um narcisismo referido ao eu, nem com a homossexualidade desde a diferença sexual constituída, mas com "o investimento permanente nos não objetos autoeróticos, que pertencem ao registro homolibidinal" (p. 242). Na paranoia, a percepção é obrigada a ser de acordo com a regressão libidinal. A realidade é dada desde os investimentos autoeróticos, e não por sua adequação perceptual aos investimentos objetais. Estes é que são dados por meio de investimentos autoeróticos. Citando a passagem de uma carta de Freud a Jung, Katz afirma que o delírio é tão intenso porque sua fonte é a libido, e ele se transforma numa convicção tão forte quanto as da percepção. Na paranoia, a libido não consegue se desligar inteiramente, ao contrário do que ocorre na esquizofrenia, retornando, por meio da projeção, enquanto convicção. A realidade psíquica vem do retorno do recalcado na projeção. Contactado o mundo exterior através da projeção, ele escapa do teste de realidade, pois o que dá realidade a ele é a convicção, que independe deste teste.

A partir do Segundo Congresso Internacional de Psicanálise, realizado em Nuremberg em março de 1910, também

Freud começará a se referir aos termos usados por Schreber (Katz, 1994), por quem se diz maravilhado e que vai se tornar uma obsessão sua igual já havia sido Leonardo da Vinci (Gay, 1989). Numa carta a Jung (187F (22/4/10)), ele diz que reservará suas férias para ler o livro de Schreber "que poderia muito bem ter sido feito professor de psiquiatria e diretor de hospício" (Katz, 1994).

O interesse pelo caso Schreber, pela paranoia e sua origem na homossexualidade reprimida, tem como pano de fundo a constituição do movimento psicanalítico na qual afetos intensos envolveram Freud e seus discípulos. Assim, desde Fliess, o fantasma da homossexualidade rondava Freud e marcou definitivamente sua relação com Jung, Ferenczi, Adler e outros. A posição de mestre e pai foi uma maneira de contornar o temor de relações que acabassem mal como a de Fliess, a cujas sequelas a teorização sobre a paranoia foi uma maneira de dar conta.

Freud escreve para Jung de Roma, para onde havia viajado com Ferenczi: "Meu companheiro de viagem é uma criatura excelente, embora se mostre um sonhador incômodo e adote em relação a mim uma atitude infantil. Passivo e receptivo demais, permite que se faça tudo por ele, como uma mulher, e minha homossexualidade não vai tão longe para que eu o aceite como tal" (212F (24/9/10), citado por Katz,1994). Durante estas férias, Ferenczi se recusou a anotar os ditados de Freud acerca do caso Schreber, e, durante o resto da viagem, ambos serão incapazes de discutir a respeito deste incidente e de seu significado afetivo (Katz,1994). Numa importante carta a Ferenczi (Jones,1961), Freud fará uma análise da atitude de Ferenczi para com ele, mas para o que nos interessa a respeito da teoria, escolho um parágrafo: "Você não somente notou, mas compreendeu, que não sinto mais necessidade de desnudar minha personalidade completamente, e corretamente vinculou o fato ao evento traumático que a originou. Desde o caso Fliess, em cuja superação você pôde constatar que eu me achava ocupado, essa necessidade extinguiu-se. *Uma parte da catexe homossexual foi retirada e utilizada para ampliar o meu eu. Tive sucesso onde o paranoico fracassa*"[4].

Foi durante esta viagem que Freud começou a elaborar por escrito um texto sobre as memórias de Schreber, como ele anuncia a Jung "ainda sem conclusões definitivas, mas que significa um grande avanço para explicar o mecanismo da escolha da neurose". Na carta 114F, de 1º de outubro de 1910, ele explica este avanço: "Na Sicília eu não passei da metade do livro, mas o mistério já ficava claro. A redução ao complexo nuclear é fácil; comprova-se, pois, mais uma vez o que notamos em tantos casos paranoides, a impossibilidade de evitar o reinvestimento das próprias inclinações homossexuais em que os paranoicos se encontram. Com isso, o caso se enquadra na nossa teoria" (Katz,1994).

Observações psicanalíticas sobre um caso de paranoia ("Dementia Paranoides") autobiograficamente descrito (1910) (Caso "Schreber").

Introdução e historial clínico

Daniel Paul Schreber nasceu em Leipzig, em 1842, filho de um médico ortopedista, escritor e conhecido reformador

4 O grifo é meu. Para uma análise da relação de Freud com Fliess e as consequências no relacionamento com seus discípulos, em especial com Jung, ver a excelente análise de Mezan (1985).

pedagógico, falecido quando o filho contava 19 anos. Realiza uma carreira admirável como funcionário público do sistema judiciário e, depois, como juiz até 1884. Neste ano candidata-se ao Reichstag como representante único dos partidos conservador e liberal nacional e sofre uma derrota estrondosa pelo candidato socialdemocrata. É logo após que ocorre a primeira crise. Interna-se por um ano, sendo tratado pelo Dr. Fleichsig. Um ano após a alta é nomeado para a magistratura, em Leipzig, cargo que desempenha com competência e brilhantismo, o que o fez chegar ao cargo de presidente da corte suprema da Saxônia, fato desencadeante de sua segunda crise, levando-o a uma nova internação que se dará por várias clínicas durante nove anos até receber alta por decisão de uma ação judicial que moveu, em 1902. Foi para obter sua alta judicial que Daniel descreveu detalhadamente esta segunda crise que publicou um ano depois a ela, em 1903, no livro *Memórias de um doente dos nervos* (Freud, 1911; Gay, 1989).

A primeira crise foi marcada pela hipocondria. Schreber estava casado há muitos anos e, após ela, diz ter vivido oito felizes anos ao lado de sua esposa, que expressava profunda gratidão ao Dr. Fleichsig por ter devolvido seu marido, só turvados por não poderem ter filhos.

A segunda crise, que se iniciou com insônias tenazes, levou-o a se internar na mesma clínica de Fleichsig e, pelo relatório clínico, temos acesso ao desenvolvimento da doença, tal como se apresentava fenomenologicamente. As ideias hipocondríacas iniciais logo se mesclaram com algumas ideias de perseguição e alucinações sensoriais que, no princípio, emergiram isoladas, quando se apresentava nele uma intensa hiperestesia e uma grande sensibilidade à luz e ao ruído. Mais tarde, acumularam-se já as alucinações visuais e auditivas até dominar por completo toda a sua sensibilidade e pensamento. Acreditava-se morto, putrefato ou doente da peste; lamentava-se que seu corpo era submetido a repugnantes manipulações e sofria espantosos tormentos que suportava por uma causa sagrada, permanecendo ensimesmado e imóvel por horas, inacessível a qualquer outra impressão, num estupor alucinatório que durava horas. Seu tormento o fazia desejar a morte, tendo tentado se afogar no banho e também pedindo o ácido que lhe estava destinado ingerir. Aos poucos, seus delírios foram tomando um caráter místico e religioso. Falava diretamente com Deus, os demônios o fustigavam, via "aparições milagrosas", ouvia "música divina" e finalmente acreditava "viver num outro mundo". Insultava várias pessoas pelas quais se sentia perseguido e prejudicado, mas, sobretudo, Flechsig, seu médico anterior a quem chamava de "assassino de almas". Seu estado se estruturou definitivamente ao longo dos anos em uma forma que foi considerada pelo diretor da clínica Sonnenstein, Dr. Weber, como um quadro clínico paranoico a partir da psicose aguda inicial diagnosticada como demência alucinatória. Havia edificado um sistema de delírios e reconstituído sua personalidade até o ponto de mostrar-se perfeitamente capacitado para voltar à vida normal, apresentando somente transtornos isolados. Num certificado de 1899, o médico diz que à parte alguns sintomas psicomotores patológicos não mostra sinais de demência, nem de inibição psíquica, e sua inteligência não aparece diminuída, nem sua memória afetada. No entanto, ele se acha invadido por representações patologicamente condicionadas que se acham fixas, não parecem acessíveis a retificação pela apreensão objetiva e julgamento das circunstâncias reais e formam um sistema total. Por causa disso, Dr. Weber se opunha aos desejos de

Schreber de sair da clínica. Mas aos poucos vai sendo obrigado a reconhecer a melhora cada vez maior dele. Este, nos repetidos escritos que dirigiu aos tribunais demandando sua liberdade, não negava sua perturbação, bem como sua intenção de dar a público as *Memórias*, ao mesmo tempo reconhecendo a absoluta inocuidade de todos os atos a que era obrigado a partir do conteúdo de seu delírio e o valor de suas meditações sobre a vida religiosa e a impossibilidade de substituí-la pelas doutrinas científicas modernas. "O engenho e a extrema lógica daquele homem, sobre o qual pesava um diagnóstico de paranoia"(p. 1491), deram-lhe a vitória, sendo sua incapacidade anulada em 1902. Suas *Memórias* apareceram no ano seguinte, submetidas à censura oficial e mutiladas (Freud, 1911a).

O conteúdo do sistema delirante de Schreber dizia que ele se considerava chamado a redimir o mundo e devolver-lhe a bem-aventurança perdida, o que só poderia conseguir após haver se transformado em mulher, fato que se realizaria por milagre divino, após vários anos e decênios, única maneira de conquistar o mais além para si mesmo e para a humanidade. Havia tido conhecimento de tal destino por revelação divina, como as que recebiam os profetas. Seus nervos, tanto tempo sobre-excitados, tinham a qualidade de atrair a Deus, cujas revelações não podiam ser expressas em linguagem humana, pois estavam fora de toda a experiência humana e só haviam sido comunicadas a ele. Não queria se transformar em mulher, mas esta era uma necessidade fundada na ordem universal à qual não podia escapar, mesmo que pessoalmente teria sido muito mais gratificante seguir sendo homem e poder conservar assim sua elevada posição social. Havia muitos anos que experimentava a cada hora e minuto tais milagres em seu corpo, que eram também comprovados pelas vozes que escutava. Essas transformações traduzem uma preocupação hipocondríaca, mais que isso, verdadeiros transtornos corporais, numa espécie de alucinação negativa dos órgãos, já que dizia ter vivido muito tempo sem estômago, sem intestinos, quase sem pulmões, etc. Os raios divinos haviam sempre reconstruído de novo o destruído, razão pela qual enquanto fosse um homem seria imortal. Tais fenômenos ameaçadores haviam sido substituídos pelo processo evolutivo de sua feminização que levaria séculos para se concluir. Experimentava a sensação de que seu corpo já integrava "nervos femininos", dos quais surgiriam, por meio da fecundação imediata de Deus, novos homens. Somente, então, poderia morrer de morte natural. Às vezes, falavam-lhe em linguagem humana o sol, as árvores e os pássaros como "restos encantados de antigas almas humanas" (Freud,1911a, p. 1491-2).

Freud vai, então, debruçar-se sobre o conteúdo do delírio fazendo uma diferenciação importante entre o interesse do psiquiatra e do psicanalista. O psiquiatra tem seu interesse esgotado quando consegue determinar a função do delírio e sua influência sobre a vida do paciente. "Seu assombro não constitui o princípio de sua compreensão" (p. 1492). Já o psicanalista, a partir de seus conhecimentos das psiconeuroses, suspeita que também "tais produtos mentais, tão afastados do pensamento habitual dos homens e tão singulares, têm seu ponto de partida nos impulsos mais compreensíveis e correntes da vida psíquica e quisera chegar a conhecer os motivos de tais transformações e os caminhos pelos quais as mesmas se deram" (p. 1492). Por isso aprofunda a história evolutiva e os detalhes do delírio nas suas duas principais direções: a transformação em mulher, as particularidades das relações de Schreber com Deus e também a maneira como o construiu.

Assim, Freud dirá que a transformação em mulher é o delírio primário, sendo primeiro julgada como perseguição e grave dano e só depois, de modo secundário, transformada em missão redentora. A princípio, ela se destinava para fins sexuais, e não a serviço de propósitos elevados. A mania persecutória sexual foi transformada posteriormente em uma mania religiosa de grandezas. O perseguidor era primeiro o médico do sujeito, o Dr. Flechsig, substituído depois por Deus. Freud procura demonstrar isso em várias passagens das *Memórias*, bem como com a consideração de que, no começo da incubação da doença, surgiu a fantasia de que seria muito bonito ser uma mulher no momento do coito; fez-se consciente quando surgiu no estado crepuscular do sono. A transformação em mulher foi o germe primeiro do produto delirante e resultou também no único elemento que sobreviveu ao restabelecimento do sujeito e o único que soube conservar seu posto na atividade real do restabelecido.

Já a atitude do paciente com respeito a Deus, Freud demonstra que ela é singular e que não há um método em seu delírio. Ela se expressa pela referência aos nervos, à bem-aventurança, à hierarquia divina e às qualidades de Deus. Demonstra as particularidades desta relação, inclusive seu matiz hostil, só atenuado se o corpo de Schreber se entrega a uma voluptuosidade espiritual, especialmente ligada ao erotismo anal e uretral como demonstra a seguinte passagem das *Memórias:* "O alívio da pressão provocada pelos excrementos contidos nos intestinos se reflete muito agradavelmente nos nervos da voluptuosidade e igualmente sucede no ato da micção. Por este motivo sempre, e sem exceção nenhuma até agora, todos os raios estão unidos nos atos de defecação e micção, razão pela qual quando me disponho a realizar tão naturais funções se tenta sempre, ainda que inutilmente, na maioria dos casos, impedir-me com o milagre contrário" (p. 1497). Freud agrega, numa nota, uma comparação da confissão com o prazer nos processos excretórios de Schreber, com as manifestações de Hans na *Análise de uma fobia de um menino de cinco anos*. Este prazer, diz ele, conhecemos como um dos componentes autoeróticos da sexualidade infantil. A sexualização da bem-aventurança celestial dá ocasião de provar a relação do paciente com o erotismo em geral e com as questões do gozo sexual, pois os psicanalistas sustentavam, até então (*o recado aqui é para Jung*), a opinião de que as raízes de toda a doença nervosa e psíquica se acham predominantemente na vida sexual. Schreber expressa-se muitas vezes como se compartilhasse destas teorias, pois sempre fala simultaneamente dos transtornos nervosos e episódios eróticos como se fossem conceitos inseparáveis.

Freud conclui a apresentação do historial clínico resumindo as modificações que a enfermidade impôs a Schreber, conforme as duas principais direções de seu delírio. Partindo antes da ascese sexual e cético quanto à existência de Deus, a enfermidade o converteu em um homem crente e entregue à voluptuosidade. Mas, ao mesmo tempo que sua nova fé era bastante singular, também a parte do gozo sexual por ele conquistada entranhava um caráter totalmente inabitual. Não era já a liberdade sexual masculina, senão um sentimento sexual feminino, pois adotava uma atitude feminina ante Deus, considerando-se como sua esposa. Através da imaginação visual, dá aos raios a impressão de que seu corpo está provido de seios e órgãos genitais femininos. Os nervos femininos acumulam uma voluptuosidade psíquica tal que, ao deitar-se, precisa muito pouco esforço de imaginação para obter um gozo sexual que lhe dá uma ideia muito precisa do prazer sexual da mulher no coito. Freud conclui dizendo que o delírio de transformação em mulher é a realização do conteúdo do sonho que teve durante o período de incubação, conteúdo que o paciente recusava então com viril indignação, resistindo ainda a ele ao atribuí-lo a seus perseguidores, até que começa a se reconciliar com aquela transformação de Deus, introduzindo o cultivo da feminidade. Pouco depois, chega à íntima convicção de que Deus demandava para sua satisfação sua transformação em mulher, exigindo um gozo contínuo. Assim, para Freud, os dois fragmentos capitais do delírio de Schreber — sua transformação em mulher e sua preferente situação ante Deus — aparecem enlaçados no seu sistema pela atitude feminina ante Deus. Freud propor-se-á, então, o trabalho de estabelecer entre ambos os fragmentos uma relação genética essencial.

Tentativas de interpretação

É assim que, na segunda parte do texto, se dedica às tentativas de interpretação do delírio, com o propósito de referir o seu nódulo a origens conhecidas e humanas. Ao longo deste trecho, Freud se lamentará das censuras ao texto, sobretudo as referências a Flechsig, da falta de dados históricos e de dados sobre a primeira crise que confirmassem suas hipóteses de relação entre as duas crises. Mas não deixará de extrair o máximo dos detalhes do texto schreberiano para suas interpretações. O primeiro detalhe é a figura de Flechsig, autor de todas as perseguições, assassino da alma de Schreber, descrito como um verdadeiro e poderoso inimigo nos vários matizes de seu delírio. Flechsig havia sido seu médico durante a primeira internação, de seis meses, em 1884/85, após diagnóstico de hipocondria, parecendo ter permanecido nos limites de uma neurose. Conservou uma excelente recordação do médico, ainda que na deformação delirante faça restrições ao primeiro tratamento. A segunda enfermidade tem seu período de incubação entre a nomeação para Dresden e sua ida para lá, entre junho e outubro de 1893. Neste período, sonhou repetidas vezes que sua antiga enfermidade voltava e teve a fantasia, estando quase adormecido, de que seria gratificante ser uma mulher copulando. Os sonhos e as fantasias são relatados em sucessão imediata. Ao recordar sua enfermidade, recordava seu médico, e a atitude feminina que tomava na fantasia correspondia à original tida em relação a seu médico. O sonho de retorno da enfermidade correspondia a um sentir falta, desejo de retorno de algo que sente a menos: "Desejaria poder ver Flechsig de novo". Apesar de não saber nada do conteúdo da primeira crise, era bem possível que o primeiro episódio tivesse deixado uma adesão carinhosa ao médico que se intensificou e se transformou em desejo erótico. Tal fantasia feminina, ainda impessoal, foi repudiada intensamente. No entanto, na emergência psicótica que aconteceu logo após, a fantasia feminina ocupou o primeiro lugar. Assim, diz Freud, a causa estimulante de sua enfermidade foi uma irrupção de libido homossexual, e o próprio Dr. Flechsig foi provavelmente o objeto de tal libido, e foi sua luta contra tais impulsos libidinais a causa dos conflitos que terminou por produzir o sintoma.

Nos delírios persecutórios, diz Freud, a pessoa à qual é atribuída tão grande poder e influência, para qual convergem todos os elos de conspiração, é sempre aquela mesma que teve igual importância para a vida sentimental do doente antes da enfermidade. A importância sentimental é projetada para o exterior e fica transformada no seu contrário. Assim, a pessoa odiada e temida no presente por sua perseguição é sempre uma pessoa amada e respeitada antes pelo doente. A perseguição que o delírio institui serve para justificar a mutação dos sentimentos do sujeito.

Como é do estilo de Freud, ele imagina e responde às possíveis objeções dos psiquiatras dizendo não ignorar que o delírio de transformação em mulher é uma ideia mórbida e que a única coisa com que se ocupou foi com a significação e origem de tal ideia, remetendo-se ao próprio esforço de distinção feito por Schreber, numa carta a Flechsig, que aparece nas memórias, em separar a "alma Flechsig" do indivíduo vivo de mesmo nome, o verdadeiro daquele que aparece nos delírios. "Nada lhe reprovamos: nem que entranhasse impulsos homossexuais, nem que se esforçasse para reprimi-los. Os psiquiatras poderiam aprender muito deste enfermo, vendo como dentro de seu delírio mesmo se esforça para não confundir o mundo do inconsciente com o da realidade" (Freud, 1911, p. 1507).

Após julgar suficientemente justificada sua hipótese de que a base da enfermidade de Schreber foi a brusca aparição de um impulso homossexual, Freud diz que, apesar de não se ter dados para saber por que tal explosão da libido homossexual surgiu no paciente precisamente no intervalo de sua nomeação e sua ida para Dresden, dois fatores podem ser considerados. A sua recaída se deu logo após a ausência de sua mulher por quatro dias, quando teve uma noite de numerosas poluções. Somente da presença da mulher podia o sujeito extrair influências contrárias à atração dos homens que lhe rodeavam e, como as poluções em um adulto se dão sempre com a participação psíquica, haverá de acrescentar às poluções daquela noite toda uma série de fantasias homossexuais que permaneceram inconscientes. Mas isto não é algo apenas de Schreber. "Em geral, o homem oscila durante toda a sua vida entre sentimentos heterossexuais e homossexuais, e a privação ou o desencanto em um de tais setores o impulsiona ao outro" (p. 1509). Agrega aqui a idade de Schreber, então cinquenta e um anos, idade crítica para a vida sexual, na qual igual para a mulher ocorre um climatério, com sua disposição consecutiva à enfermidade.

Freud passa a se referir ao "processo de transferência" para explicar que para a pessoa de Flechsig, indiferente na realidade, foi transferida a carga de afeto dada pelo doente a outra pessoa verdadeiramente importante para ele, de maneira que o médico é um substituto de alguém mais próximo ou importante. No caso dele, a personalidade do médico recordou a de seu pai e irmão, o que o fez reencontrá-los nele. Nada estranho, portanto, que em determinadas circunstâncias volte a aparecer nele a nostalgia da pessoa substitutiva e atue com uma violência somente explicável por sua origem e por sua significação primária.

O motivo da sua enfermidade foi uma fantasia de desejo feminino que tinha por objeto o médico, contra a qual se alçou uma intensa resistência e defesa que, podendo adotar outras formas distintas, escolheu por razões desconhecidas a do delírio persecutório. O homem desejado se converteu em perseguidor e o conteúdo da fantasia, na perseguição. Mas isso se dá através de duas transformações: a primeira, a substituição de Flechsig pela própria pessoa de Deus, o que parece trazer a agudização do conflito e o aumento da perseguição, mas que prepara a segunda transformação e com ela a solução do conflito. A transformação em mulher, vista como um ultraje se fosse para ser possuído pelo médico, não tropeça em resistências do eu se ele pode oferecer a Deus a mesma voluptuosidade que busca para si, numa missão de "ordenação do universo", continuidade cósmica e recriação da humanidade desgraçada. Fica assim encontrado o expediente que satisfaz as duas partes do conflito: o eu é compensado pela mania de grandezas, e a fantasia de desejo feminina se impõe tendo feito-se aceitável. A luta e a enfermidade podem cessar. Só que a apreensão da realidade, robustecida neste ínterim, obriga a deslocar para um futuro longínquo a solução; isto é, a satisfazer com uma realização assintótica do desejo. Terá efeito em épocas mais longínquas, e a personalidade do Dr. Schreber permanecerá indestrutível até então.

Flechsig e Deus se acham na mesma série. Além disso, são figuras que vão sofrer várias dissociações muito características da paranoia. A paranoia dissocia de novo as condensações e identificações empreendidas pela fantasia inconsciente (que Freud atribui à histeria). A dissociação do perseguidor em Flechsig e Deus é interpretada como uma reação paranoica a uma identificação prévia de ambos ou sua pertinência a uma mesma série. A equação é simples: Flechsig, amado no princípio, é substituído por Deus, que substitui outra pessoa amada mais importante. Ela é o próprio pai de Schreber. Deus é o retorno da pessoa amada do próprio pai do sujeito e Flechsig de seu irmão. A raiz da fantasia de desejo feminina, que tanta resistência desencadeou no doente, seria, pois, a nostalgia eroticamente intensificada de seu pai e de seu irmão, nostalgia que, enquanto a este último, ficou deslocada, por transferência, sobre Flechsig. Por isso o Deus schreberiano traz a mescla singular de violenta rebeldia e veneração respeitosa.

Freud apresenta, então, uma imagem favorável do pai de Schreber (que será contestada mais na atualidade, como mostraremos depois): homem nada insignificante, conhecido médico, cuja memória é conservada pelas instituições que levam seu nome. Médico muito competente e estimado, trabalhou em prol do desenvolvimento harmônico da juventude, da colaboração da educação familiar com a escolar e a importância dos cuidados corporais e o exercício físico para a conservação da saúde, exerceu grande influência em seus contemporâneos. Fundador na Alemanha da ginástica terapêutica, escreveu um livro muito difundido, *Ginástica médica*. Nada estranho então que um tal pai, arrancado cedo de seu filho pela morte, seja elevado à categoria de Deus na recordação carinhosa deste, nos diz Freud.

A relação de Schreber com Deus reproduziu seu modelo, que é a atitude infantil da criança em relação ao pai: submetimento e rebeldia. Mal sabia Freud, ao afirmar que só podia ser piada o filho afirmar, na pele de Deus, substituto do pai, que ele "desconhecia em absoluto os vivos só sabendo lidar com cadáveres", o quanto isto se aproximava de certas atitudes cruéis "educativas" de Daniel-pai em relação a Daniel-filho, o que mostra que todo delírio tem seu núcleo de verdade. Mas deixemos isto para depois.

Também o Sol, personagem privilegiado do delírio, é analisado em detalhe por Freud como um símbolo sublimado do pai.

Freud conclui esta parte dizendo que, também no caso Schreber, nos encontramos no terreno familiar do complexo do pai. Este aparece nas vivências infantis como perturbador da satisfação sexual buscada pela criança, geralmente autoerótica, assim como a fantasia feminina de Schreber, que se faz vitoriosa, é tão somente uma das formas típicas do complexo nuclear infantil, a partir da ameaça paterna mais temida, a da castração. Tanto as ideias hipocondríacas como a obrigação a pensar referem-se ameaça ou temor de que o onanismo pode levar à loucura.

Tendo dado um vago esboço do material infantil utilizado pela enfermidade paranoica para representar o conflito atual, Freud acrescenta (em consonância com sua ideia de que a doença se produz no entroncamento de uma série complementar, à qual já havia aludido ao fator idade sexual) que também a fantasia de desejo feminina pode ser relacionada à privação sofrida na vida real de um filho que o tivesse consolado da perda do pai e do irmão e para o qual pudesse derivar sua insatisfeita ternura homossexual. Por isso também, ele teria acariciado a fantasia de que se fosse uma mulher teria seguramente filhos e encontrou um caminho para retroceder à atitude feminina infantil com relação ao pai. "O delírio continuamente deslocado ao futuro de que o mundo seria povoado por sua transformação em mulher de 'homens novos criados pelo espírito de Schreber' estava, pois, destinado a compensar sua falta de filhos." (p. 1515)

O mecanismo paranoico

O interesse e a investigação de Freud, juntamente com Jung e Ferenczi, de casos de paranoia em homens e mulheres de raça, posição social e profissão diferentes, descobriram em todos eles que o ponto central do conflito patológico é a defesa contra o desejo homossexual e como esses sujeitos haviam fracassado todos no subjugamento de sua homossexualidade inconscientemente intensificada. Esse achado foi inesperado, já que na paranoia não é nada evidente. No homem, sobretudo, ela aparece muito ligada às contrariedades e postergações sociais. Mas, mesmo sem aprofundar muito, vê-se que o eficaz aí é a participação dos componentes homossexuais da vida sentimental. O delírio faz descobrir as relações entre vida social e erotismo e faz retroagir os sentimentos sociais a suas raízes em desejos eróticos grosseiramente sexuais. Schreber, na saúde, não mostrou o menor indício comum de homossexualidade.

Freud passa, então, a tentar compreender o papel do desejo homossexual na paranoia. E é aqui que introduz, pela primeira vez, o conceito de ***narcisismo***, estágio intermediário da evolução da libido, intermediário entre o autoerotismo e o amor objetal. "Ele consiste em que o indivíduo em evolução, que vai sintetizando em uma unidade suas pulsões sexuais entregues a uma atividade autoerótica, para chegar a um objeto amoroso, se toma a princípio a si mesmo, toma seu próprio corpo como objeto amoroso antes de passar a uma terceira pessoa como tal. Tal fase intermediária é normalmente indispensável. Muitas pessoas estancam nela durante um tempo prolongado, e então ela perdura nos estágios posteriores da evolução. No próprio corpo eleito como objeto amoroso, podem os genitais ser o elemento principal. No curso posterior da evolução, conduz a eleição do objeto amoroso a alguém provido de genitais iguais aos seus, passando por uma eleição homossexual de objeto antes de chegar à heterossexualidade. Como consequência, supomos que os posteriores homossexuais manifestos não conseguiram libertar-se da condição de que o objeto eleito possua genitais idênticos aos próprios, conduta em cuja determinação exerce intensa influência aquela teoria sexual infantil, segundo a qual os dois sexos possuem órgãos sexuais idênticos" (p. 1516).

Freud continua dizendo que, uma vez alcançada a etapa heterossexual de objeto, as tendências homossexuais, sem desaparecer ou ficar em suspenso, são desviadas dos fins sexuais e orientadas para outros novos. Unem-se às pulsões do eu, para constituir as pulsões sociais e representar a contribuição do erotismo à camaradagem, a sociabilidade e o amor geral à humanidade. Há, pois, fontes sexuais eróticas inibidas de seu fim nas relações sociais normais. Para Freud, isto explica a intensa participação dos homossexuais manifestos e daqueles que recusam toda a atividade sexual nos interesses gerais da humanidade, surgidos da sublimação do erotismo.

Freud retoma os "*Três ensaios...*" para dizer da possibilidade de fixação em qualquer estágio da evolução da psicossexualidade e, com isso, a disposição à neurose. Aqueles que ficaram fixados no narcisismo trazem uma disposição à enfermidade que consistiria em que com o crescimento da libido sem outra derivação possível, ela imponha à socialização uma sexualização e anule assim as sublimações conseguidas no curso da evolução. A este resultado pode levar tudo o que provoque desilusão, tanto uma intensificação colateral provocada por desilusões sobre a mulher, como um retrocesso direto por fracasso das relações sociais com os homens ou uma intensificação geral da libido, que rompe os pontos débeis dos diques que traçam seu curso. Como os paranoicos tentam defender-se de uma tal sexualização de suas tendências sociais, o ponto débil de sua evolução deve ser buscado no caminho que se estende entre o autoerotismo, o narcisismo e a homossexualidade, lugar de sua disposição à enfermidade.

Freud passa a mostrar, então, que todas as formas principais de paranoia masculina expressam o nódulo principal de seu conflito: a fantasia de desejo homossexual. Elas expressam contradições de uma única expressão: "Eu (um homem) o amo (a um homem)".

a) O ***delírio persecutório*** contradiz o verbo: o "eu amo..." transforma-se em "Não o amo; eu o odeio".

Esta frase ainda sofre outra transformação: "Ele me odeia (me persegue), o qual me dá o direito de odiá-lo". Isto porque o mecanismo de produção de sintomas da paranoia exige que a percepção interior, o sentimento, seja substituída por uma percepção exterior, e, deste modo, a frase "Eu o odeio" se transforma, por meio de uma projeção. Com isso, o sentimento impulsor inconsciente se mostra como uma consequência deduzida de uma percepção exterior: "Não o amo, o *odeio*, porque me *persegue*", na qual o perseguidor é o homem anteriormente amado.

b) Na ***erotomania***, é o objeto que é trocado: "Não o amo a ele; amo a *ela*". E o incoercível impulso à projeção transforma a frase em: "Percebo que *ela* me ama". A fina sensibilidade de Freud adverte que apaixonamentos que dão a impressão de fixações heterossexuais exageradas não iniciam com a percepção interna de amar, senão com a de ser amado, procedente do exterior, embora o "eu a amo" possa coexistir, já que sempre é possível amar a ele e a ela.

c) No ***ciúme delirante***, que aparecem em homens e mulheres:

- Nos homens, no delírio ciumento dos alcoólatras, no qual o álcool aparece como supressor das inibições e anulador das sublimações. Por desilusão com as mulheres os homens se reúnem com outros homens, extraindo satisfação sentimental com a mulher excluída. Se tais homens são objeto, então, de uma intensa carga libidinal inconsciente, o sujeito se defenderá da mesma acusando a mulher de infidelidade com os homens que ele se sente inclinado a amar. Daí a frase: "Não sou eu quem ama o homem; é *ela* quem *o* ama". Não há aqui a necessidade da projeção, pois, ao mudar de sujeito, o processo fica *expulso* do eu.

- A trajetória do ciúme delirante nas mulheres é análoga: também aqui é o sujeito que é contradito: "Não sou *eu* quem ama as mulheres; é *ele quem as ama*". Em consequência da intensificação do narcisismo e da homossexualidade, a mulher acusa o seu marido de infidelidade com as mulheres que a ela agradam.

d) No ***delírio de grandezas***, a contradição provoca a repulsa da frase inteira: "Não amo em absoluto, não amo ninguém". "Só *amo a mim mesmo.*" Há uma supervalorização sexual do próprio eu, lugar em que foi parar a libido, assim como Freud já tinha falado de uma supervalorização sexual do objeto erótico nos *Três ensaios para uma teoria sexual*. Esta quarta forma existe um pouco em todas as outras, o que traz luz a outro fragmento da teoria da paranoia. O delírio de grandezas é infantil e se sacrifica no social ao longo do crescimento. Nada o subjuga com tanta intensidade como um enamoramento que se apodere do sujeito energicamente. Freud cita o verso árabe "Pois ali onde o amor desperta, morre o eu, déspota, sombrio".

Freud passará, então, da significação da fantasia de desejo homossexual para a paranoia para falar de seu mecanismo de produção de sintomas e da repressão. O processo de produção de sintomas da paranoia é a projeção. Nela é reprimida uma percepção interna e em substituição sua surge na consciência seu próprio conteúdo, mas deformado e como percepção externa. No delírio persecutório há uma transformação de afeto: amor do interior por ódio do exterior. Mas a projeção não surge só na paranoia, mas inclusive faz parte na determinação de nossa atitude com o mundo exterior, por isso ela coloca problemas psicológicos gerais. Quanto ao mecanismo de repressão na paranoia, primeiro Freud relembra as três fases de qualquer repressão: a primeira fase é a "fixação", premissa e condição de toda repressão, a permanência da libido em um estágio infantil, na qual a corrente libidinal de que se trata se conduz com repeito aos produtos psíquicos posteriores como uma corrente reprimida e pertencente ao sistema inconsciente. Determinam não só a disposição à enfermidade, mas o desenlace da terceira fase. A segunda fase da repressão é a repressão propriamente dita. Processo ativo que parte dos sistemas do eu mais desenvolvidos e capazes de consciência. "Sucumbem à repressão as ramificações psíquicas das pulsões primariamente atrasadas quando sua intensificação provoca um conflito entre elas e o eu (ou as pulsões do eu) ou aquelas tendências psíquicas contra as quais surge uma intensa repugnância" (p. 1521). A repulsa dos sistemas conscientes e a atração do inconsciente atuam no mesmo sentido favorável à repressão. Na terceira fase, a mais importante quanto aos fenômenos patológicos, é a do fracasso da repressão com a irrupção e o retorno do reprimido. Esta irrupção tem seu ponto de partida no lugar de fixação, e seu conteúdo é uma regressão da evolução da libido até este lugar, o que coloca todo o problema da eleição da neurose. Agora Freud se volta para o caso Schreber, para extrair dados sobre o mecanismo de repressão propriamente dita que atua na paranoia. A sensação de uma catástrofe, de fim de mundo, ocorre durante o estado tormentoso dela. A explicação é que o doente retirou das pessoas que o rodeiam e do mundo exterior em geral a carga de libido que até então havia orientado em direção a eles, e assim tudo chegou a ser indiferente e alheio. O fim do mundo é a projeção da catástrofe interior; o mundo subjetivo se fundiu desde que ele lhe retirou seu amor. O paranoico volta a construir o mundo de forma a que possa habitar nele. Este é o trabalho do delírio. "*O delírio, no qual vemos o produto da doença, é, na realidade, a tentativa de cura, a reconstrução*" (p. 1522). Esta reconstrução nunca é completa; como diz o próprio Schreber, "o mundo sofreu uma profunda modificação interior". Mas recobrou-se uma relação com o mundo, pessoas e coisas, ainda que de esperançosa e carinhosa tenha-se convertido em hostil.

Freud apresenta sua conclusão importantíssima: o processo de repressão propriamente dita na paranoia consiste na retirada da libido das pessoas e coisas antes amadas, processo que se desenvolve em silêncio sem dar notícias e que se deduz de outros processos consecutivos. O que se faz ruidoso é o processo de cura que anula a repressão e conduz de novo a libido às pessoas das quais antes foi retirada seguindo o caminho da projeção. Ele diz, então, algo que prenuncia a reconsideração do mecanismo de defesa específico para a psicose a *verwerfung*, a recusa, a rejeição ou foraclusão: "Não era, portanto, exato dizer que a sensação interiormente reprimida é projetada ao exterior, pois vemos melhor que ***o interiormente reprimido retorna do exterior***".

Nas suas considerações finais, Freud dirá que a retração da libido não pode constituir por si só o elemento patógeno da paranoia porque ela ocorre na vida psíquica normal e no mecanismo essencial e regular da repressão. O caráter especial da regressão na paranoia é o seu uso, já que a libido libertada é acumulada no eu e utilizada para engrandecê-lo, como mostra o sintoma do delírio de grandeza. Nela ocorre, então, uma fixação ao narcisismo na qual o retrocesso da homossexualidade sublimada até o narcisismo revela o alcance da regressão.

Freud defende a manutenção da paranoia como tipo clínico independente, ainda que seu quadro apareça muitas vezes complicado por traços esquizofrênicos. Do ponto de vista da teoria da libido, paranoia e esquizofrenia se diferenciariam pela localização da fixação dispositiva e pelo mecanismo de retorno do reprimido, ou seja, produção de sintomas, mas compartilhariam o caráter principal da repressão propriamente dita, a retração da libido com regressão ao eu.

No final do texto, Freud vai ao mesmo tempo expondo sua teoria pulsional e mostrando sua provisoriedade, seu desconforto para que nela pudesse caber a ideia de retração da libido para o eu. A substituição de pulsões de autoconservação para pulsões do eu já foi uma primeira modificação para levar em conta o eu. A teoria libidinal formulada então diz que a pulsão é o conceito-limite do somático frente ao psíquico, representante psíquico dos poderes orgânicos que se expressa na dualidade pulsão do eu *versus* pulsão sexual, que parece expressar a dualidade biológica do indivíduo, o qual tende para sua conservação tanto quanto para a da espécie. A novidade, que parece impor uma modificação, é a possibilidade de que as perturbações da libido influam nas cargas do eu como também a possibilidade inversa, de uma perturbação secundária e induzida dos processos da libido por alterações anormais do eu. O caráter diferencial das psicoses depende de processos deste gênero. Portanto, vemos a psicose pressionar Freud a uma transformação da sua teoria pulsional, ainda que termine o texto tentando afirmá-la.

Não é à toa, portanto, que ele marca a semelhança do delírio de Schreber com a teoria libidinal, as percepções endopsíquicas de Schreber com os processos de compreensão da paranoia propostos por ele. Assim, os raios solares, as fibras nervosas e os espermatozoos não são propriamente mais do que cargas da libido objetivamente representadas e projetadas ao exterior. "O futuro dirá se a teoria integra mais delírio do que eu quisera ou o delírio mais verdade do que outros acreditam hoje possível" (p. 1526).

Schreber na atualidade

O final do texto de Freud, tomando como base apenas as *Memórias*, é otimista. Ele fala que a reconciliação do sujeito com a fantasia homossexual e um desenlace análogo para a cura foram possíveis pelo acento essencialmente positivo do complexo paterno e a provável serenidade afetuosa das relações mantidas em anos posteriores com um pai excelente.

O conhecimento biográfico da família Schreber e do destino deste, mais completo do que Freud tinha à disposição, mostrou que as coisas não eram bem assim. Melman (1980) faz um extenso estudo bibliográfico dos artigos sobre Schreber entre os psicanalistas pós-freudianos. A partir deles, ressaltarei a complementação da biografia que faz ressonância com o sofrimento paranoico e o delírio que o expressa.

É sobretudo a figura paterna que é mais bem desenhada. Médico ortopedista célebre escreveu inúmeros livros e trabalhou em prol da cultura de uma ativa ginástica germânica em oposição ao método passivo sueco. Um trecho de uma delas diz: "É preciso sempre vigiar as crianças para que elas se sentem eretas e sobre as duas nádegas ao mesmo tempo e não primeiro sobre a direita ou sobre a esquerda. Assim que elas começam a se curvar (na cadeira), é preciso mudar-lhes a posição de sentadas para uma posição de supinação. É importante levar as crianças dessa idade (de 2 a 7 anos) a adquirir uma postura perfeitamente correta... elas devem ser instadas a ficar eretas e rígidas... Isso pode ser obtido se cada vez que uma criança comece a se sentar de uma maneira relaxada ou negligente ela seja enviada para a cama, por um momento". Melman (1980) nos diz que suas obras são abundantemente ilustradas com desenhos explicativos ou com aparelhos de contenção (cadeira de espaldar com uma fita circular para segurar a cabeça e manter a posição) que foram aproximadas das "sombras de homens apagadas apressadamente" do filho delirante. O pai parecia ter um dia tido uma vivência mística de acesso à luz divina pelas suas passagens literárias sobre religião. Ele gostava de ler e ensinar a seus filhos o corpo humano, as maravilhas da natureza, os laços de Deus com o Universo, retardando-se particularmente nos fenômenos de atração e repulsão magnéticos nos quais ele via a expressão das forças cósmicas fundamentais que governam o universo. Ana, uma irmã do doente, diz na correspondência encontrada: "Quanto cada coisa da casa era feita do espírito de Deus, quanto Deus estava presente em todo o momento no mundo de nossa infância, e não somente nas preces cotidianas, mas em todos os sentimentos, pensamentos e fatos. Tudo isso teve um fim com a morte súbita de nosso pai bem-amado... nosso paraíso de criança fora destruído". O pai morre bruscamente em 1861, quando Schreber tinha dezenove anos; seus últimos anos tinham sido marcados por modificações de humor que o tornaram mais sombrio e difícil. Parece ter sofrido de uma neurose obsessiva com impulsos homicidas, segundo observações médicas encontradas (Baumeyer, citado por Melman).

Peter Gay (1989) nos diz ser completamente compreensível que Freud não pudesse entender o caráter de Daniel-pai ou ter deixado de seguir o palpite de que poderia ter sido um tirano doméstico. Apesar de parecer um homem excelente, como Freud confirma na frase "Um tal pai certamente não era impróprio para ser transfigurado num Deus, na terna recordação de seu filho", o que ele não sabia é que "este genitor digno e admirável foi mais ou menos indiretamente responsável por alguns dos mais agudos tormentos pelos quais seu filho teve de passar. Em suas *Memórias*, o filho contou sobre uma terrível *Kopfzusammenschnürungsmacschine*, uma máquina que prendia sua cabeça. Embora fosse um elemento integrante de seu sistema delirante, era uma versão distorcida de um endireitador mecânico da cabeça, que Moritz Schreber havia utilizado para melhorar a postura de seus filhos, inclusive de Daniel Paul. Embora sejam escassos os detalhes precisos acerca da vida familiar dos Schreber, não há dúvidas de que Daniel Paul Schreber construiu uma boa parte de seu mundo bizarro de torturas mecânicas a partir das máquinas a que fora submetido quando menino. É difícil avaliar as consequências destas descobertas. O diagnóstico essencial de Freud mantém-se inquestionável. Mas, oculto por trás do amor que, julgava Freud, Schreber nutria por seu excelente pai, parece ter existido um reservatório de ressentimento mudo e ódio impotente que alimentaram seu sofrimento e sua raiva. Suas construções paranoicas eram caricaturas de queixas realistas. Uma investigação mais completa teria tornado Schreber ainda mais fascinante do que Freud o fez" (p. 266).

A mãe parece ter tido uma existência discreta, inteiramente devotada a seu marido, defendendo seus preceitos, vigiando suas aplicações, corrigindo as provas. É de Pauline Haase, filha de um médico, que vem provavelmente o segundo nome de Schreber, Paul. A complexidade do Deus de Schreber, figura central nas *Memórias*, com sua divisão em vestíbulos anteriores e posteriores e outros atributos, é apontada por inúmeros autores como representando a condensação, a fusão arcaicamente distorcida das duas imagens parentais (Niederland, segundo Melman).

A outra figura problemática, citada por Freud, era a do irmão, realmente três anos mais velho e já morto dramaticamente de uma forma que não é casual para nós, um ano antes do casamento de Schreber, aos trinta e cinco anos deste. Ao ser nomeado juiz, suicida-se com uma arma de fogo.

Schreber se casa com uma moça quatorze anos mais nova, diabética, cujas gestações não chegam ao fim: seis filhos natimortos, os últimos entre 1885 e 1893. Apesar de amorosa e devotada, surgem entre ela e o marido algumas ambiguidades.

Schreber, após a história que conhecemos das crises e internações, mas também das ditas nomeações, é reinternado em 1907, depois das mortes sucessivas de sua mãe e de sua esposa, portando um mesmo delírio de perseguição e morrendo internado por caquexia em 1911. Outras fontes apontam que ele morreu de tumores nas mamas que nele cresceram.

Sua família censurou o terceiro capítulo das *Memórias* que dizia respeito à sua biografia; comprou também, para destruir, o principal da única edição alemã.

Melman (1980) aponta que, se o alargamento do conhecimento sobre a biografia do caso pode somente confirmar as intuições freudianas, os trabalhos sobre o caso publicados sobretudo nos anos 40/50/60, com respeito à gênese, dinâmica e interpretação dos sintomas, partem, em geral, de uma atitude crítica em relação a Freud. O ponto essencialmente visado é o peso dado por Freud ao papel desencadeador da homossexualidade na paranoia. Carr (1963) e Nydes (1963) pensam que um papel maior deve ser dado à agressividade. A homossexualidade de Schreber não representaria tanto a emergência de uma aspiração infantil de uma gratificação libidinal pelo pai, mas constitui uma defesa primária contra o desejo de matar e o receio de ser morto pela figura paterna. Seus sofrimentos são assim uma expiação masoquista. Para Kris (1952), a regressão dele estava a serviço de seu eu, pois ela servia para superar o receio de destruição e o socorria assim para uma melhor orientação em direção à realidade. Em vez de ser aniquilado, Schreber finalmente consente com a condição humilhante que Deus lhe impõe para ter de volta seu amor e sua proteção. Schreber deve ser castrado, aceitar sua transformação em mulher. Parece renunciar ao poder para conservar o amor. Vários autores trabalham, então, nesta perspectiva do papel patogênico inicial da agressividade:

– Os fantasmas schreberianos de destruição do mundo estão ligados ao deslocamento no mundo inteiro de desejos de homicídio dirigidos contra os indivíduos (Spring, 1939).

– O amor homossexual está destinado a negar um ódio sado-anal aterrorizante recalcado (Knight, 1940).

– Homossexualidade e paranoia como defesas contra a agressividade (Gill, 1947).

– Menninger (1946) e Klein (1937) defendem iguais posições, o que leva Carr (1963) a pedir uma classificação das diversas formas de agressividade: raiva, competição, voracidade, destrutividade, ressentimento, ciúme, etc., para separá-las segundo a sua origem, modo de controle, modo de conservação e tornar claras assim indiscutivelmente as relações entre paranoia e depressão.

– Ida Macalpine (1955) se interessa pelos elementos que permitem atribuir a Schreber uma incerteza e uma dúvida quanto à sua identificação sexual, pois estes parecem os elementos determinantes da paranoia. É bem mais porque não teve filhos que Schreber podia experimentar angústia de castração e vergonha da passividade pela transformação em mulher. Assim, a transformação delirante em esposa prolífica lhe serviria sobretudo para corrigir esta falta insuportável.

– White (1961) fala do papel da mãe na gênese do delírio schreberiano, quase nunca presente nos trabalhos psicanalíticos. A dinâmica de sua psicose dependia essencialmente dos impulsos primitivos de dependência, orais e destruidores em direção à personagem materna. A defesa principal contra tais impulsos era a projeção, acusando Deus de desejos ávidos, vorazes, potencialmente destruidores em direção a Schreber, quando de fato era o seu desejo ciumento, possessivo e infantil em direção a Deus que era simbolicamente representado pela anexação dos nervos que motivava o assassinato da alma e que ameaçava destruir o mundo inteiro e o próprio Deus. O desejo de ser emasculado era, num certo plano, a aspiração de reencontrar a relação mãe-criança, a mais primitiva e a menos diferenciada, a que é vivida pelo feto. As imagens confundidas da mãe e do pai no delírio de Schreber assinalariam, de forma intensa, o quanto o pai havia invadido a função e o papel da mãe na sua primeira infância.

A visão lacaniana de Schreber, que inaugura outras considerações, será vista mais adiante. Ela desloca o acento da homossexualidade para a função do pai.

Para introduzir o narcisismo (1914)

Contexto

É interessante o título do livro que fala de uma introdução à introdução. Por que tanto receio? Foram vinte anos de reflexão para Freud poder levantar esta hipótese do narcisismo como subconjunto da psique. Confirma vários anos de anotações de trabalho clínico sobre a perversão, a homossexualidade e a psicose. No entanto, se para os analistas ela foi pertinente e esclarecedora, o salto decisivo para levar a sexualidade ao seio do eu quando este último parecia escapar à sua influência, para Freud, foi um parêntese de natureza ilusória, pois conduzia a uma interpretação monista da libido. Freud o considera um texto prematuro, apressado, escrito com dificuldade para tomar uma posição em relação a Jung, por isso deformado embora escrito com entusiasmo. Ele gostaria de seguir até o fim o caminho iniciado na análise do caso Schreber sem ter de expor antes as suas premissas. Em 1923, será o próprio Freud quem dará uma interpretação tendenciosa e renegadora do texto, dizendo que ele estava por demais tentado pelo monismo energético de Jung e considerará este um momento de fechamento da teoria. O narcisismo seria um chamariz tão eficaz que fazia a própria teoria sofrer a sedução da qual ele mesmo era a expressão: a ilusão unitária caindo sobre a libido (Green,1988).

A impressão que se tem é que, com a reavaliação do eu trazida pela segunda tópica e pela segunda teoria pulsional, o narcisismo perdeu cada vez mais terreno para a pulsão de morte e a nova concepção do eu com suas relações com o isso e o supereu. Green (1988) mostra que o texto sobre o narcisismo é um nó que propicia um novo cruzamento entre teoria pulsional e tópica que poderia trazer novos desdobramentos, diferentes daqueles propostos por Freud na nova teoria pulsional. Nela, Freud agrupa na figura metafórica de Eros todas as pulsões que estariam na função de defesa e realização da vida — autoconservação, sexuais, libido objetal e narcisismo — contra os efeitos devastadores da pulsão de morte.

Apesar do esquecimento a que o próprio Freud relegou o conceito de narcisismo, ele é reabilitado inventivamente nos Estados Unidos por Kohut e na França por Lacan, onde ele será uma peça fundamental no seu aparelho teórico. André Green (1988) propõe que há uma articulação necessária a ser encontrada entre narcisismo e pulsão de morte da qual Freud não se ocupou, que nos deixou para descobrir e que ele tenta elaborar com o conceito de narcisismo negativo.

Uma vez assegurado o direito de existência ao narcisismo, nós o vemos na clínica aparecer em relação à homossexualidade, ao ódio de si e do outro, às instâncias, à realidade e ao objeto. Liga-se ainda à depressão, à neurose de caráter, à patologia psicossomática e aos casos considerados como limite. Assim, a complexidade dos problemas clínicos vai mostrando que há estruturas narcisistas e transferências narcisistas nas quais o narcisismo está no cerne do conflito, sendo difícil compartimentá-las artificialmente em rótulos nosográficos. O seu lugar revela-se como dos mais importantes mesmo nos conflitos nos quais ele não está em posição dominante. A nosografia tradicional, que separa a patologia nos grandes quadros da neurose, da psicose e da perversão, fica colocada em cheque pelo narcisismo[5].

5 Não podemos deixar de mencionar o quanto o conceito de narcisismo permeou as análises sobre a cultura contemporânea em vários campos de saber como a antropologia e a sociologia. Entre nós, ensaios de grande repercussão foram escritos no final dos

O texto

Restringirei meu comentário do texto àquilo que interessa ao nosso tema da paranoia. Nele, o narcisismo é um investimento libidinal de si, um amor de si mesmo, investimento este que passa pelo investimento libidinal do eu que é inseparável da própria constituição do eu humano.

A partir da colocação freudiana de que o narcisismo é o complemento libidinoso do egoísmo da pulsão de autoconservação, atribuível a todo ser vivo, aparecem alguns aspectos essenciais:

a) Seu caráter totalitário.
b) Situa-se para além do gozo sexual localizado e autoerótico.
c) Elemento constitutivo das perversões e homossexualidades.
d) As contemplações, os cuidados e as carícias são a confirmação da forma total, do limite, do invólucro fechado que constitui o revestimento cutâneo.
e) Contribuição essencial do conceito para a compreensão das psicoses por um duplo aspecto: a retração da libido, esse desprendimento em relação ao objeto externo, aspecto negativo do processo, delírio de fim de mundo e a necessidade que tem a libido de se fixar em outro tipo de objeto, os objetos interiorizados.

É aqui que aparece a primeira alfinetada do texto em relação a Jung, a crítica ao uso indiscriminado de introversão

anos 80 e início dos 90 por Jurandir Freire Costa, dos quais se destacam "A geração AI-5" na coletânea *Narcisismo e violência* (1984) e "Narcisismo em tempos sombrios" (1990).

que faz Jung. Para Freud, a introversão junguiana se ligaria muito mais ao primeiro tipo de retração que ele descreve, a retração à vida fantasmática na qual existe uma conservação dos objetos imaginários investidos, ainda que haja renúncia aos atos motores necessários para a conservação de seus fins em tais objetos. O segundo tipo de retração é aquele que se dá ao eu, mas ainda assim em dois momentos: é na esfera do eu, num primeiro momento, que vai se produzir a tentativa de ligação da energia libidinal liberada pelo fim de mundo e isto sob duas formas aparentemente bem diferentes: delírio de grandeza e hipocondria. Mas quer o limite do eu se estenda até os espaços cósmicos ou, ao contrário, se recolha às dimensões do órgão doente, quer a libido seja mais ou bem controlada ou, ao contrário, flutuante, colocando o sujeito na iminência de transbordamento pela angústia, o combate psicótico, em seu início, se apresenta sempre como uma tentativa desesperada para marcar novamente um certo território.

f) Freud evoca a vida anímica infantil e a dos povos primitivos, exposta já em *Totem e tabu*, para mostrar como ela é semelhante ao delírio quanto às premissas megalomaníacas: a supervalorização do poder de seus desejos e atos psíquicos, a onipotência do pensamento, a crença na força mágica das palavras e a magia enquanto técnica em relação ao mundo exterior. Ele usa, então, termos da biologia para expressar esta introdução do originário: "Nós formamos, assim, a ideia de uma carga libidinosa primitiva do eu, da qual parte dela se destina a carregar os objetos, mas, no fundo, continua subsistente como tal, vindo a ser, com respeito às cargas dos objetos, o que o corpo de um protozoário é com relação aos pseudópodos que dele se destacam" (Freud, 1914, p. 2018). Ele mostra, então, como isso estava oculto ao se tomar como ponto de partida os sintomas neuróticos, já que só se captava as cargas de objeto ou a sua retração, dando-se conta, então, de uma oposição entre libido do eu e libido objetal. Enamoramento (paixão) e delírio de fim de mundo são os dois polos de máximo desenvolvimento e máxima retração da libido em relação ao objeto.

g) O problema da diferenciação das energias psíquicas. Grande incômodo para Freud, porque deixa entrever o quanto este para introduzir o narcisismo abala o modelo pulsional dualista, o que vai fazer Freud rejeitar este texto como uma grande concessão feita a Jung. Mesmo a tentativa de apresentar o narcisismo como um complemento libidinal do eu que preservaria o interesse como a energia própria das pulsões do eu, ele não pode deixar de considerar que, "por último e com respeito à diferenciação das energias, concluímos que, em princípio, se encontram estreitamente unidas, sem que nossa análise possa ainda diferenciá-la, e que somente a carga de objetos faz possível distinguir uma energia sexual, a libido, de uma energia das pulsões do eu" (Freud, 1914, p. 2019).

Há um parágrafo central no texto, no qual, após colocar as questões que o animam, Freud diz que é absolutamente necessária a hipótese de que não existe desde o início uma unidade comparável ao eu. Ele tem de ser desenvolvido. Já as pulsões autoeróticas são primordiais. Para constituir o narcisismo há de agregar-se ao autoerotismo algum outro elemento, *um novo ato psíquico*. A ideia de um eu desenvolvido e um eu constituído por um novo ato psíquico é a grande contradição desta colocação. Se há desenvolvimento, processo na constituição do eu, como ele pode ser fruto ao mesmo tempo de uma ação, "um novo ato psíquico", algo de súbito que se introduz e transtorna a organização anterior? Ele só será compreensível quando Freud introduz, no final da segunda parte e início da terceira, a participação do narcisismo dos pais na constituição do narcisismo da criança. Há toda uma discussão sobre o que seria o narcisismo primário em Freud que se divide em duas teses:

1) A de uma realidade psíquica, fechada sobre si mesma — estado primeiro — que teria como protótipo a vida intrauterina, protótipo do estado de sono e sonho, de onde se sairia por pressão da necessidade ou por meio da alucinação primitiva. Mas aí se coloca a questão, sempre respondida de maneira ambígua por Freud: a alucinação nasce da insatisfação ou cessa por causa dela? Por isso, muitos autores afirmam (Laplanche,1985) que o narcisismo primário como realidade psíquica só pode ser o mito primário do retorno ao seio materno, cenário que Freud situa como uma das fantasias originárias.
2) O que é proposto com o termo não é o investimento originário do indivíduo biológico, mas o investimento de uma formação psíquica, o eu. Se ele não está presente desde o início, tampouco está o narcisismo. O autoerotismo, embora não seja o estado biológico primeiro, é o momento em que surge a sexualidade humana e, como tal, é constitutivo do campo que a psicanálise explora. Isso significa que o narcisismo

> que vem unificar o autoerotismo e lhe dar forma — momento, portanto, de instauração, mutação, que precipita o autoerotismo na forma narcísica — embora tido como primário, é preparado por um processo já complexo.

Será no final da segunda parte do texto que Freud voltará ao narcisismo infantil numa mudança de perspectiva, leve guinada que vem corrigir a tendência a assimilar o narcisismo primário a um estado psicobiológico, que teria efetiva e subjetivamente existido em uma primeira fase. Agora, é o narcisismo do outro que surge engendrando o próprio narcisismo da criança. É na atitude dos pais com a criança "sua majestade, o bebê", que se manifestam a supervalorização, a idealização e o sentimento megalomaníaco de onipotência, características da escolha narcísica. Prova do narcisismo infantil que teria sido um dia o dos pais e ao qual eles voltam por ocasião do nascimento da criança. É a partir da onipotência dos pais, vivida como tal pela criança, e de sua introjeção, que os estados megalomaníacos da criança podem ser compreendidos. Mais uma vez, no campo psicanalítico que Freud vai criando, o patológico faz chegar ao normal, constitutivo do humano, que por sua vez lança novas luzes para o patológico.

Ainda no final da primeira parte do texto, Freud se pergunta se a divisão da libido em uma libido própria do eu e outra que investe os objetos é um prolongamento inevitável de uma primeira hipótese que dividiu as pulsões em pulsão do eu e pulsão sexual: será que este prolongamento não acaba desmontando o edifício sobre o qual se apoia?

O que entra em cena mais uma vez no texto é o seu *leitmotiv* mesmo, a polêmica com Jung e a questão de saber se libido não é um produto diferencial de uma energia psíquica geral ou, como quer Jung, a libido como o próprio interesse psíquico geral. Há, portanto, toda uma discussão com Jung sobre a ampliação do conceito de libido e sobre a retração da libido e a perda da função de realidade em relação à demência precoce. Ela termina numa constatação crítica a Jung que, apesar de seus méritos ao apontar a existência de complexos comuns entre sãos e neuróticos e a analogia de suas fantasias com os mitos dos povos, não conseguiu explicar o mecanismo da enfermidade. A partir disso, Freud rechaça a afirmação de Jung de que a teoria da libido fracassou na sua tentativa de explicar a demência precoce, ficando excluída a sua aplicação à neurose. Freud sai desta discussão confusa, fragmentada e um tanto especulativa com Jung e consigo próprio sobre as premissas teóricas do fenômeno narcísico e volta à observação para tentar dar conta disto que ele acha que Jung não dá: o mecanismo das enfermidades psicóticas.

É o que seguirá na segunda parte do texto, sendo que, se ele privilegia a análise das parafrenias como o melhor acesso para o estudo do narcisismo, ele também apresenta outros caminhos de aproximação no seu conhecimento: a enfermidade orgânica, a hipocondria e a vida erótica dos sexos. Mas, para nosso tema, vamos considerar a hipocondria e a paranoia.

Freud apresenta os fatores básicos da hipocondria, suscetíveis de exercer sobre a distribuição da libido a mesma influência que a enfermidade material dos órgãos. A erogeneidade, que é a faculdade de uma parte do corpo de enviar à vida psíquica estímulos sexualmente excitantes. Ela é uma qualidade geral de todos os órgãos, podendo ser suscetível a aumento e diminuição em uma determinada parte do corpo. Paralelamente a cada uma destas alterações da erogeneidade dos órgãos, poderia ter efeito uma alteração da carga de libido no eu. A angústia hipocondríaca seria a contrapartida na libido do eu da angústia neurótica. Se o mecanismo de aquisição da enfermidade e de produção de sintomas nas neuroses de transferência, a passagem da introversão a regressão, se deve a um estancamento da libido objetal, podemos relacionar um estancamento da libido do eu com os fenômenos da hipocondria e da parafrenia. A necessidade de transpassar as fronteiras do narcisismo e investir de libido os objetos exteriores surge quando a carga libidinal do eu ultrapassa certa medida, trazendo desprazer. Um intenso egoísmo protege da enfermidade, mas temos de começar a amar para não adoecer, e adoecemos quando uma frustração nos impede de amar[6].

É assim que Freud dirá que o aparelho psíquico é a instância que deve vencer as excitações que engendrariam desprazer ou atuariam de modo patógeno. A elaboração psíquica é o que trabalha para derivar internamente as excitações não suscetíveis de descarga exterior imediata ou cuja descarga exterior não seria desejável. Mas para esta elaboração interna é indiferente, em princípio, atuar sobre objetos reais ou imaginários. A diferença surge depois, quando a orientação da libido em relação aos irreais — introversão — chega a provocar um estancamento da libido. A megalomania permite, nas parafrenias, uma análoga elaboração interna da libido retraída ao eu e talvez somente quando esta elaboração fracassa é quando se faz patógeno o estancamento da libido no eu e provoca o processo de cura que

6 Sobre a questão da hipocondria, remeto o leitor a um dos livros desta mesma coleção: *Hipocondria*, de Rubens Marcelo Volich.

se impõe como enfermidade. A diferença, portanto, entre estas enfermidades e as neuroses de transferência reside em que a libido, liberta pela frustração, não permanece ligada aos objetos da fantasia, mas se retrai ao eu. A megalomania corresponde ao domínio psíquico desta libido aumentada e é a contraparte da introversão sobre as fantasias das neuroses de transferência. Correlativamente ao fracasso desta função psíquica, corresponderia à hipocondria da parafrenia, homóloga à angústia das neuroses de transferência. Esta angústia pode ser vencida pela perseguição de uma elaboração psíquica, seja por conversão, por formações reativas ou pela constituição de um dispositivo protetor, as fobias. Esta é a posição que toma nas parafrenias a tentativa de restituição, processos ao qual devemos os fenômenos patológicos manifestos.

Há três grupos de fenômenos parafrênicos a partir de um desligamento parcial da libido: a) os fenômenos residuais, que ficam num estado de normalidade ou neurose; b) os do processo patológico (desligamento da libido de seus objetos, a megalomania, a perturbação afetiva, a hipocondria e todo o tipo de regressão); c) os da restituição, que ligam novamente a libido aos objetos, seja à maneira da histeria (demência precoce), seja a de uma neurose obsessiva (paranoia). Freud termina dizendo que a nova carga de libido sucede de um nível diferente e sob distintas condições que a primária. A diferença entre as neuroses de transferência nelas criadas e os produtos correspondentes do eu normal nos facilitaria uma visão profunda de nosso aparelho psíquico.

Vamos encontrar ainda uma reflexão sobre a paranoia quando Freud abordar a formação do ideal na terceira e última parte de seu texto. Nele, ainda não se distingue claramente nem está nomeada a diferença entre *eu ideal* e *ideal do eu*, que na verdade serão subsumidas na obra posterior de Freud sobre o nome de supereu. A diferença entre estas três instâncias pelas suas diferentes funções será recuperada no pensamento psicanalítico pós-freudiano, sobretudo na França, a partir da obra lacaniana. Aqui, para Freud, a formação de um ideal por parte do eu seria condição para a repressão. "A este eu ideal se consagra o amor ególatra que na infância gozou o eu verdadeiro. O narcisismo aparece deslocado sobre este novo eu ideal, adornado, como o infantil, com todas as perfeições. Como sempre, no terreno da libido, o homem se mostra aqui, uma vez mais, incapaz de renunciar a uma satisfação já gozada alguma vez. Não quer renunciar à perfeição da sua infância e já que não pode mantê-la ante os ensinamentos recebidos durante seu desenvolvimento e ante o despertar de seu próprio juízo, tenta conquistá-la de novo sob a forma do eu ideal. Aquilo que projeta ante si como seu ideal é a substituição do narcisismo perdido de sua infância, no qual era ele mesmo seu próprio ideal" (Freud, p. 2028).

Freud vai, então, diferenciar o processo da sublimação das pulsões do processo da idealização, dizendo que alguém que trocou seu narcisismo pela veneração de um eu ideal não sublimou necessariamente suas pulsões. A sublimação é um processo que se relaciona com a libido objetal e consiste que uma pulsão se oriente sobre um fim diferente e muito afastado da satisfação sexual. O estímulo pode partir do ideal, mas sua execução é independente deste estímulo. Já a idealização é um processo que se dá no objeto, engrandecendo-o, elevando-o psiquicamente, sem transformá-lo. Dá-se tanto na libido do eu como na objetal. A produção de um ideal eleva as exigências do eu e favorece a repressão. Já a sublimação representa um meio de cumprir tais exigências sem recorrer à repressão. Vemos Freud então lançar a hipótese embrião do que será depois a formulação do supereu, "uma instância psíquica especial encarregada de velar pela satisfação narcisista no eu ideal e que, no cumprimento de sua função, vigie de contínuo o eu atual e o compare com o ideal" (p. 2029). Ela pode ser reconhecida na consciência moral, e Freud dirá que seu reconhecimento facilita a compreensão do delírio de autorreferência — de ser observado — tão manifesto na sintomatologia das enfermidades paranoicas e que se apresenta, às vezes, isoladamente. Os doentes se lamentam de que todos os seus pensamentos são descobertos pelos demais e observados e espiados todos os seus atos. Da atuação desta instância lhes informam vozes misteriosas que lhes falam na terceira pessoa, o que, de certa forma, é uma queixa verdadeira, pois em todos nós, na nossa vida normal, existiria tal poder que observa, adverte e critica todas as nossas intenções. O delírio de ser observado representa esse poder de forma regressiva, descobrindo assim sua gênese e o motivo pelo qual o doente se rebela contra ele.

"O estímulo para a formação do eu ideal, cuja vigilância está encomendada à consciência, teve seu ponto de partida na influência crítica exercida, de viva voz, pelos pais, aos quais se agregam logo os educadores, professores e, por último, toda uma multidão inumerável das pessoas do meio social correspondente (os companheiros, a opinião pública)" (p. 2029-30). É a libido essencialmente homossexual em grandes magnitudes que se deriva e se satisfaz na formação do eu ideal narcisista. A consciência moral foi primeiro uma encarnação da crítica parental e depois da sociedade, processo que se repete na gênese de uma tendência à repressão, provocada por uma proibição ou um obstáculo exterior. "As vozes, assim como a multidão indeterminada, reaparecem logo na enfermidade e, assim, a história evolutiva das consciências regressivamente reproduzidas. A rebeldia contra a instância censora provém alheia ao desejo do sujeito, correlativamente ao caráter fundamental da enfermidade de desligar-se de todas estas influências, começando com a parental e alheia à retirada delas da libido homossexual. Sua consciência se lhe opõe então em uma maneira regressiva, como uma ação hostil, orientada em direção a ele do exterior. As lamentações dos paranoicos demonstram também que a autocrítica da consciência coincide com a auto-observação na qual se baseia" (p. 2030). É uma mesma atividade psíquica que se faz cargo da função da consciência e da introspecção que dá à filosofia material para as suas operações mentais. Esta circunstância não é talvez indiferente na determinação do estímulo da formação de sistemas especulativos que caracteriza a paranoia. Freud ainda acrescenta, em nota, que o desenvolvimento e fortalecimento desta instância observadora talvez possa conter dentro de si a gênese posterior da memória (subjetiva) e do fator temporalidade, que não tem emprego nos processos inconscientes. Esta autopercepção, no sentido do delírio de observação paranoica, também participa na produção onírica, no fenômeno funcional, que é a transformação de ideias em imagens, que não são de um conteúdo de pensamento, mas do estado em que está quem luta contra o sono.

Freud finaliza o texto dizendo que a evolução do eu consiste num afastamento do narcisismo primário, criando uma intensa tendência de conquistá-lo de novo. Este afastamento sucede por meio do deslocamento da libido sobre um eu ideal imposto do exterior, e a satisfação é proporcionada pelo cumprimento deste ideal. Simultaneamente, o eu destaca as cargas libidinais de objeto. Empobreceu-se em favor destas cargas assim como do eu ideal e se enriquece de novo pelas satisfações obtidas com o objeto ou com o cumprimento do ideal. Assim, uma parte da autoestima é primária, reduto do narcisismo infantil, uma parte procede da onipotência confirmada pela experiência do cumprimento do ideal e uma terceira, da satisfação da libido de objeto. Ainda destacará a importância do conceito de ideal de eu para a compreensão da psicologia coletiva. Este ideal tem, além de sua parte individual, sua parte social porque é também da família, de uma classe ou nação. Ademais da libido narcísica, atrai grande magnitude da libido homossexual que retornou ao eu. A insatisfação provocada pelo não cumprimento do ideal deixa em liberdade um acréscimo de libido homossexual que se converte em consciência de culpa (angústia social). Este sentimento de culpabilidade foi originalmente medo do castigo dos pais, medo de perder o amor deles. Mais tarde os pais ficam substituídos por um indefinido número de companheiros. A causa frequente da paranoia por mortificação do eu, isto é, pela frustração da satisfação no campo do ideal de eu, nos é então compreensível. Também fica mais compreensível a coincidência da idealização e da sublimação no ideal do eu[7] na paranoia, bem como a involução das sublimações e a eventual transformação dos ideais em transtornos parafrênicos. O caso Schreber, que aparentemente tantas aquisições intelectuais conseguiu, é um exemplo precioso de uma idealização, baseada no complexo paterno, na figura de um pai erotizado e alçado às alturas

[7] É assim que Freud chama, embora hoje em dia se distinga a idealização como estando ligada ao eu ideal e a sublimação ao ideal de eu.

de um Deus. Não é à toa que sua mais séria derrocada se deu mesmo no momento em que estava prestes a realizar o topo de suas aspirações ideais, mas no qual a problemática de sua vida pulsional provocou a involução das sublimações e a derrocada da idealização com o aparecimento dos transtornos paranoicos.

A paranoia e a ampliação dos conceitos de mecanismo de defesa

O caso do homem dos lobos em seu episódio psicótico[8]

Antecedentes

Ruth Mack Brunswick foi a analista a quem Freud recomendou Serge Pankejeff, em 1926, para uma análise que durou aproximadamente cinco meses, durante um episódio psicótico, uma paranoia de tipo hipocondríaco, segundo caracteriza sua analista. Freud o havia analisado por quatro anos, de 1910 a 1914, e feito mais uma incursão analítica entre 1919 e 1920. Este jovem aristocrata russo, rico e bem apessoado, quando veio procurar ajuda, estava num tal estado de incapacitação que muitos analistas duvidariam do diagnóstico de neurose que Freud lhe atribuiu num primeiro momento. Pouco falaremos da análise freudiana deste caso, deste que ficou conhecido como seu mais notável paciente, pelo que lhe deu a chance de descobrir acerca dos mecanismos psíquicos, comprovar suas teorias

[8] Remetemos o leitor para a leitura da *História de uma neurose infantil (caso do Homem dos Lobos)*, escrito em 1914 e publicado em 1918, para um maior aprofundamento.

e técnicas e ampliá-las. Reteremos aqui apenas aquilo que parece importante e imprescindível desta análise de uma neurose obsessiva infantil surgida na análise de um adulto naquilo que tem relação com o posterior episódio psicótico. Pois é da relação transferencial com Freud, da mudança de sua atitude técnica que deixou um núcleo psíquico intocado, que se atribuem os fatores desencadeantes da paranoia. Acrescentaremos ainda que estas duas análises, com Freud e Ruth Mack Brunswick, nas quais numa o foco é a neurose obsessiva infantil e na outra a paranoia adulta, confirmam a colocação freudiana nos textos analisados por nós nas partes anteriores, acerca da relação entre neurose obsessiva e paranoia.

Nos três primeiros anos da análise, Freud extraiu dolorosamente do Homem dos Lobos uma dilacerante narrativa de estímulos sexuais precoces, angústias devastadoras, preferências eróticas especializadas e uma neurose obsessiva que havia toldado sua infância. Tendo procurado Freud aos vinte e dois anos, acabara de herdar uma imensa fortuna de seu pai, morto dois anos antes. Diz Freud: "Trata-se de um jovem que, aos dezoito anos, depois de uma blenorragia, viu sua saúde desmoronar, tornou-se completamente dependente dos outros e se encontrava desadaptado à vida no momento que começou seu tratamento analítico. Tinha levado uma existência próxima ao normal durante os dez anos anteriores à eclosão de seu estado, e sem grandes dificuldades terminou seus estudos secundários. Mas seus anos de infância tinham sido dominados por graves preocupações neuróticas eclodidas pouco antes do seu quarto aniversário sob a forma de uma histeria de angústia (fobia a animais), que depois se transformaram em neurose obsessiva de conteúdo religioso, perturbações estas que permaneceram, bem como os seus derivados, até o décimo ano do doente" (Freud, 1918, p. 1944). Ele esclarece que apenas a neurose infantil foi objeto do trabalho, sendo excluída a neurose adulta, pois ela foi uma sequela de uma cura espontânea da neurose infantil.

O Homem dos Lobos deve seu apelido a um famoso sonho que teve poucos dias antes de completar seu quarto aniversário e que coincidia com o Natal. Ele sonhou que era noite e estava em sua cama, que ficava (como na vida real) de frente para a janela. De repente, a janela se abriu, aparentemente por si só, e o sonhador aterrado notou que havia seis ou sete lobos sentados nos galhos de uma grande nogueira. Eles eram brancos e mais pareciam raposas ou cães pastores, com caudas compridas como de raposas e orelhas alertas e empinadas. Gritou e acordou com grande angústia de ser comido pelos lobos.

Este sonho, centro da análise com Freud, apareceu no início da análise, mas foi reiteradamente interpretado ao longo dos anos. Mas a maior parte dos resultados desta análise do sonho, bem como o essencial dos elementos que permitiram a reconstituição da neurose infantil, foi obtida por Freud no curso dos últimos meses dos quatro anos de análise, sob a pressão de um término irrevogável fixado com o objetivo de forçar a resistência e passividade do sujeito. O principal resultado da análise deste sonho levou Freud ao problema da cena primitiva, o intercurso sexual dos pais presenciado por ele com um ano e meio de idade, por três vezes, no qual o último havia sido *a tergo*, tendo a criancinha defecado para justificar seu choro e como expressão de sua excitação. Ao perguntar se a cena sexual ocorrera de fato ou era uma fantasia de seu paciente baseada em suas observações sobre a cópula de animais, Freud colocava que cenas de observar o intercurso dos pais, de ser seduzido na infância e ameaçado com a castração são não apenas um patrimônio herdado, mas também uma aquisição pela experiência pessoal.

A cena primitiva foi um verdadeiro presente que o Homem dos Lobos deu a Freud. O sucesso do seu estratagema em fixar o término da análise em um ano ficou comprovado pelo acesso do analista a todo material de que precisava para remover suas inibições e aliviar seus sintomas. Tendo obtido um material de extraordinária riqueza e cuidadosamente ordenado a cronologia dos acontecimentos, deixou ir embora seu paciente, curado em sua opinião e na de seu paciente, antes de estourar a Primeira Guerra. Ele o reviu no final de 1919, por alguns meses, com o objetivo de sair de uma recaída de uma constipação histérica. Mas não pode pagar esta análise, já que, refugiado da Revolução Russa, havia perdido toda sua fortuna. R. M. Brunswick é quem nos conta, então, que este antigo milionário estava sem trabalho e desprovido de todos os meios de subsistência; sua mulher estava doente, e sua situação era desesperadora. É, então, que Freud realiza uma coleta de donativos para seu ex-doente, que tinha trazido tão bela contribuição à teoria da análise. Freud repetiu esta coleta durante seis anos, a cada primavera.

Quando, em outubro de 1926, o Homem dos Lobos, a conselho de Freud, retomou o tratamento gratuito com R. M. Brunswick, ele ganhava apenas o suficiente para alimentar sua mulher doente e a si mesmo.

O episódio psicótico

Se, como Freud resumiu os quatro anos de análise, todo o trabalho teve por objetivo revelar sua relação inconsciente com o homem, relação intensamente marcada pelo erotismo anal, pela fantasia de ter filhos do pai, pela ameaça de castração, a intervenção de Freud pela doação de dinheiro só pode ser vivida e sentida pelo paciente como uma recolocação em questão real, de suas relações com o homem Freud. Mack Brunswick nos diz que, se o paciente tivesse sido tão completamente curado de sua atitude feminina em relação ao pai, esses presentes monetários teriam sido despidos de qualquer significado libidinal. Como o próprio Freud reconheceu, parte da transferência não havia sido esclarecida.

Assim, doze anos mais tarde, na medida em que ficou inacabada a empresa analítica, ele desenvolveu aquilo que Ruth Mack Brunswick denominou de "paranoia de tipo hipocondríaco", em seu agudo, penetrante e admirável relato da análise feita por ela, conhecido como *Suplemento à "História de uma neurose infantil" de Freud*, escrito em 1928. No começo de outubro de 1926, quando veio procurá-la, seu estado era muito inquietante, após um período de muito sofrimento causado por graves preocupações hipocondríacas centradas primeiramente sobre o intestino, depois, alternadamente sobre o nariz e os dentes. Ele sofria de uma ideia fixa hipocondríaca. Tinha sido vítima de um dano causado a seu nariz pela eletrólise, método empregado para tratar a obstrução das glândulas sebáceas. O dano consistia, de acordo com o momento, em uma cicatriz, um buraco ou uma cavidade no tecido de cicatrização. Queixava-se que a estética de seu nariz havia sido destruída para sempre pelo Dr. X, dermatologista indicado por Freud, o mais eminente de Viena, que ele detestava de todo coração como o mais mortal de seus inimigos. Desesperado porque haviam-lhe dito que nada mais poderia ser feito pelo seu nariz que estava em perfeito estado, desprezava sua vida, seu trabalho cotidiano e tudo o mais, tão absorvido estava pelo estado de seu nariz. Sua vida concentrava-se no pequeno espelho que carregava no bolso, e sua sorte dependia do que este revelasse ou do que ele mesmo fosse descobrir de si.

Assim, quando a autora vai caracterizar seu diagnóstico, ao fim do tratamento de alguns meses, que produziu uma transformação espetacular, ela se aproxima das hipóteses de Freud no texto sobre o narcisismo, quando diz que a hipocondria verdadeira não é uma neurose, mas sim uma psicose, pois há uma preocupação exclusiva por um órgão que se constitui num delírio. A ideia fixa hipocondríaca é uma das formas delirantes, as outras sendo a persecutória e de ciúme, que pode assumir a paranoia como enfermidade monossintomática. Mas a ideia hipocondríaca somente serve de cortina às ideias persecutórias que se encontram atrás dela. Então, embora a forma seja hipocondríaca, o conteúdo total da psicose é persecutório. O paciente construiu uma situação persecutória e tinha consciência de sua própria responsabilidade a respeito. A perseguição é, na realidade, a projeção da hostilidade do próprio paciente sobre o objeto. No seu caso, o professor X era o perseguidor principal e era um óbvio substituto de Freud a quem ele acusava pela perda de sua fortuna. Mas necessitava encontrar um perseguidor indiferente, mas igualmente simbólico, a quem pudesse atribuir os motivos mais maliciosos, coisa que não podia fazer com Freud.

Quanto aos principais pontos do diagnóstico, estão presentes o delírio hipocondríaco, o delírio de perseguição, a regressão narcísica, tal como se manifesta no delírio de grandeza, ausência de alucinações em presença de delírios, ausência de deterioração mental, mudança de caráter, a natureza monossintomática da psicose. Fora de seu nariz e quando fala de qualquer outra coisa, o paciente se mostra completamente são. O que faz lembrar Schreber quando saiu do sanatório curado, mas com o núcleo inalterado de sua ideia delirante.

O tratamento, segundo ela, consistiu em ocupar-se por inteiro de um resíduo não resolvido da transferência a Freud. A segunda análise corrobora em todos os detalhes a primeira e, além disso, não proporciona a menor partícula de material novo. O resíduo implicava que o paciente não se achava completamente liberado se sua fixação ao pai, mas a causa da ligação existente, não era a presença de material inconsciente, senão que a transferência mesma não havia sido elaborada. "Uma coisa é que o psicanalista considere terminado o tratamento e outra é que o decida o paciente. Como analistas, podemos estar de posse completa dos fatos históricos da enfermidade, mas não podemos saber que grau de perlaboração requer o paciente para sua cura" (p. 218). Ela atribui este resto não resolvido da transferência à fixação de limite do tratamento por Freud, primeiro e único caso em que fez isso. O resultado desta fixação foi que, ao mesmo tempo que o paciente trouxe material que indicou o vencimento da resistência e que foi subsídio para permitir a cura, reteve o núcleo que mais tarde produziria a psicose. A ligação ao pai era muito forte: por um lado havia impedido a análise, por outro tornava o paciente inacessível à sua fortaleza final.

Leclaire (1958) se estende longamente na análise da questão transferencial em jogo entre o Homem dos Lobos e Freud. Fixar um término foi vivido não como um desvio do laço transferencial das questões da análise, mas como uma pressão que levou à preservação a qualquer custo deste laço transferencial que o ligava a Freud; é unicamente com a preservação desta relação que ele estará preocupado, como a única promessa de resposta verdadeira à sua questão sobre o homem. Alienar-se neste laço transferencial, que indicará sempre para ele a entrevisão de socorro por este pai simbólico, verdadeiro possuidor do pênis em questão, que continua a lhe faltar. Mas Freud se furta enquanto pai simbólico, deixa de analisar a troca anal e passa a vivê-la com o Homem dos Lobos. Ele mantém assim o paciente numa simbiose, experiência confusa e privilegiada de uma relação com o pai simbólico. Ele ressente o ultimato de Freud como ameaça de separação, de castração primária, já que Freud é experimentado como uma parte de si. Aquele que deveria testemunhar a ordem simbólica cai na cadeia sem fim do engano que é o mundo obsessivo. Assim, Leclaire o diz de uma maneira linda, é como se o paciente se dissesse: "Para conservá-lo como uma parte de mim, eu lhe dou uma parte de mim, esta mesma que você espera e que lhe dará prazer. Eu lhe dou esta cena primitiva tão bela, tão rara, tão apaixonante, mas o acorrento por esta fábula (talvez verdadeira, afinal, mas pouco importa). Eu a dou a você, mas o conservo" (p. 181). A cena primitiva enquanto moeda de troca para conservar ilusoriamente a posse do terapeuta. "Freud se deixou pegar. Está apaixonado, feliz, tem uma publicação magnífica com que confundir os dissidentes" (p. 181). Ambos se separam satisfeitos e mutuamente ludibriados.

Leclaire interpreta a ida para a analista mulher da seguinte forma: quando o paciente volta a procurar Freud com uma constipação histérica, este percebe adequadamente que se trata de uma manifestação da transferência não analisada. Mas, como o paciente está arruinado, nada cobra dele, desconhecendo o sentido profundo da questão da troca. Quando Freud passa a fazer a coleta, a questão se agrava e é como se ele confessasse seu acorrentamento, agradecendo com o dinheiro o que o paciente quis lhe dar. Esmaece a testemunha, o pai simbólico que o Homem dos Lobos havia entrevisto, se não encontrado em sua primeira e lenta análise. Com o dom do dinheiro, desaparece a esperança de um dia possuir verdadeiramente um pênis como um pai, como um homem, reconhecido em seu pleno valor simbólico. Aí começou virtualmente a sua psicose. Será a analista mulher quem ocupará uma verdadeira função simbólica para ele, designada por procuração por Freud.

Do tratamento descrito por Mack Brunswick, cheio de análises de sonhos significativos, destaco uma passagem importante. A partir dos presentes em dinheiro de Freud, o paciente desenvolveu toda uma megalomania, em que se acreditava filho preferido de Freud. A analista diz, então, que toda sua técnica neste trecho de análise — que se iniciou por um ataque de diarreia, que presentificou a questão do dinheiro — consistiu em minar a ideia que o paciente tinha de si como filho favorito, já que esta ideia o protegia de sentimentos muito diferentes. Como resultado, os sonhos mudam e, finalmente, surgem produtos psíquicos que expressam o desejo de morte contra Freud como resultado do ataque à megalomania que sobrecompensava o paciente. Mas, com a destruição das ideias de grandeza, surge toda a mania persecutória. O que traz a compreensão de quão necessária e protetora havia sido sua megalomania. Será num sonho no qual a analista aparece de botas, cuecas, como mulher fálica, que começará a se vislumbrar a saída pela aceitação da sua própria castração pelo Homem dos Lobos por esta analista mediadora, testemunha imperturbável que de fato ocupou a função simbólica outorgada por procuração por Freud.

Por que o paciente desenvolveu uma paranoia em lugar de voltar à sua primitiva neurose? Ela levanta a hipótese de que talvez a primeira análise lhe havia despojado dos habituais modos neuróticos de solução. Ou, talvez, ele sempre foi um paranoide latente. A discussão que faz é um verdadeiro exemplo de um diagnóstico diferencial: a hipótese de uma paranoia latente é apoiada pela tendência hipocondríaca que demonstrou na infância, a timidez e o caráter retraído de sua adolescência e a preocupação, desde então, pelo nariz. Por outro lado, em nenhum momento desenvolveu delírios ou perdeu o senso de realidade; a prova principal é sua conduta na análise com Freud. Toda transferência faz passar todos os mecanismos que o paciente é capaz de produzir, sobretudo os paranoides e se bem que uma parte da neurose obsessiva infantil lembre a Schreber, não existiu, no curso da primeira análise, a mais leve manifestação de um mecanismo paranoide. Ela entende, então, que a forma da enfermidade paranoide só pode se explicar pela profundidade e o conseguinte grau de expressão de seu apego ao pai. "Sabemos que a passividade do homem pode expressar-se de três maneiras: o masoquismo, a homossexualidade passiva e a paranoia. Elas correspondem às manifestações neuróticas, perversas e psicóticas de uma mesma atitude" (p. 220). Assim, nele, a parte expressa da passividade, pela neurose, era curável, mas a porção mais profunda permaneceu intacta, constituindo a paranoia.

O desencadeante que o fez perder o equilíbrio conseguido na primeira análise foi a doença grave de Freud. E ela faz uma explicação admirável de por que entrou em cena o mecanismo da projeção. O perigo de morte de um ser amado mobiliza todo o amor de uma pessoa. Mas, como Freud representava o pai, este amor constitui uma ameaça a sua masculinidade, pois sua satisfação implica a castração, perigo contra o qual reage o narcisismo com força tremenda: o amor fica em parte reprimido e em parte se converte em ódio, o qual gera o desejo de morte do pai. A doença de Freud levou à hostilidade a ponto de um novo mecanismo precisar entrar em ação, justamente a projeção. O paciente se libera de seu antagonismo quando se atribui a outro e se provê de uma situação na qual a hostilidade fica justificada.

Apesar dos benefícios da primeira análise que determinaram a acessibilidade da segunda, ela dificilmente seria possível com um psicanalista masculino. Para R. M. Brunswick, como o psicótico crê de verdade que as coisas que teme aconteçam concretamente, e não de maneira simbólica, esta seria a única situação em que o sexo do analista importa. Mas, ao mesmo tempo, a transferência homossexual fica mitigada. Devido ao contato indireto com Freud, nesse caso se constituiu num compromisso ideal neste ponto. Para este paciente a análise era Freud. "Era como se uma dose suficiente de influência paterna estivesse presente e fosse eficaz, sem o grau adicional que teria sido fatal para o tratamento" (p. 221). E ela acrescenta muito modestamente: "Pode-se ver que meu próprio papel na presente análise quase não teve importância; não fui mais do que uma mediadora entre o paciente e Freud" (p. 221). Ela prevê que a manutenção da saúde deste paciente dependeria do grau de sublimação de sua forte feminidade (que subsistia ao lado da saída normal que havia encontrado para sua masculinidade) de que fosse capaz.

Discussão dos mecanismos

Há pontos de contato entre as duas análises que evidenciam questões importantes dos mecanismos psíquicos em jogo na produção da paranoia:

1. A identificação com a mãe:

O véu da enfermidade anterior envolveu totalmente o paciente na psicose e, durante a análise, como expressão da vivência da fantasia de retorno materno, significado já apontado por Freud.

Há uma diferença entre a identificação histérica com a mãe que surgiu na análise anterior e a identificação psicótica com ela. Como disse um médico amigo da família e curiosamente chamado Dr. Wulff (lobo), "já não representa o papel da mãe, ele é a mãe até o menor dos detalhes". Começou a ter suas ideias sobre a verruga no nariz depois de ela chegar da Rússia com uma tal verruga em seu próprio nariz. A queixa estereotipada do paciente ("assim já não posso viver") derivava diretamente da mãe, o temor a resfriar-se, a desonestidade com dinheiro, o êxtase com a visão do sangue, quando o Dr. X tirou-lhe a glândula, como fantasia de coito passivo, de parir e dar a luz, apoiado nas vivências de queixas da mãe de suas hemorragias e dores pélvicas, cuja culpa ele atribuía ao pai quando criança.

2. A *Verwerfung* como mecanismo de defesa diferente do recalque (*Verdrängung*)

A experiência alucinatória infantil, na qual ele crê haver cortado um dedo com o canivete, é já um prenúncio da atitude do sujeito diante da castração. Leclaire (1958) nos diz que a castração é desejada sob o plano libidinal, associada ao erotismo anal, temida narcisicamente; equivalentes variados da castração aparecem, como a gonococia, as relações com o alfaiate, o dentista, o dermatologista, entre outras realizações imaginárias e logo alucinatórias da castração, temas fundamentais das duas análises. Castração tomada como frustração de possibilidades de satisfações sexuais. O que está em jogo é o reconhecimento da diferença sexual pela criança, que exige tão longo tempo e do jogo de imaginação que se coloca quando a criança percebe a ausência de pênis na mulher, bem como da função simbólica que o pênis tomará a partir de então, testemunha que é da paternidade.

Freud desenvolverá no texto do Homem dos Lobos o que já havia concebido de maneira genial no texto *Sobre as transmutações das pulsões em especial do erotismo anal* (1915): o conceito de *equação simbólica* inconsciente, no qual pênis, excremento, presente, criança e dinheiro se equivaleriam por serem todos uma pequena coisa separável do corpo. Este conceito regularia o complexo de castração e suas relações com o narcisismo. Por isso, imaginariamente, o erotismo anal contribui com o apego narcísico ao próprio pênis, pois a experiência em torno do desprendimento do bolo fecal altera a percepção do pênis simbolicamente independente. Daí a importância enorme do erotismo anal para a vida psíquica em geral. O excremento é a primeira vivência de algo que sai, que se separa de dentro do corpo. Por isso, o que está em jogo no erotismo anal não é apenas a erotização da mucosa anal pelo cocô ou o prazer de brincar com o excremento que tantas vezes as crianças experimentam. Há toda uma troca com o outro, na qual o excremento desprendido do corpo desempenha o papel de primeiro objeto, um presente, na troca com o outro, que se dá como prova de carinho, para satisfazer o outro, ou se o nega, como rebeldia, para afirmar um controle, uma autonomia, uma espécie de poder sobre este outro adulto, em geral a mãe, tão poderoso, visto pela óptica da dependência da criança.

Podemos entender por aí, como colocam Freud e Brunswick, a significação libidinal dos presentes que atravessa como fio condutor as duas análises, em toda a significação dos desejos de troca anal com o pai que envolve o complexo de castração no Homem dos Lobos. Seus transtornos intestinais sempre se puseram a serviço da corrente homossexual e expressaram sua atitude feminina com o pai, o desejo de dar e conceber um filho anal do e para o pai.

Mas o desprendimento do bolo fecal é também uma espécie de protótipo experimental de uma alteridade narcísica, dual, imaginária, uma espécie de duplo, nascido de uma criação autógena, à maneira de uma bipartição, na qual o conceito do outro é parte de si mesmo. Na alteridade imaginária — narcísica — que se produz na organização libidinal do tipo anal, não há troca, então, a não ser como um engodo perpétuo no qual as fezes, enquanto terceiro objeto narcísico, só são outro enquanto são o mesmo.

Sendo pois, o desprendimento do conteúdo intestinal o protótipo da castração e sendo o primeiro caso de renúncia a uma parte do próprio corpo com o fim de conquistar o favor de uma pessoa querida — a massa fecal em relação à mucosa intestinal se constituindo num antecedente do pênis em relação à mucosa vaginal — Freud retomará as três reações distintas do paciente ante o problema da castração. Uma corrente a afastava, outra estava disposta a admiti-la, consolando-se com a feminilidade como compensação. Mas havia uma terceira, a mais antiga e profunda, que se limitou a desestimar, rejeitar a castração sem emitir juízo algum sobre sua realidade, que sempre podia ser recordada. Freud já havia dito páginas antes que *uma repressão é algo muito distinto de uma rejeição*[9]. A rejeição implica a ausência de todo

9 Os termos em alemão usados aqui, que retomaremos depois, são *Verdrängug* e *Verwerfung*.

julgamento de existência, enquanto que o recalque, para se dar, implica o reconhecimento de que o fato a recalcar, o desaparecimento do pênis, por exemplo, já tenha sido considerado enquanto tal, o pênis simbolizado, integrado à trama do discurso pessoal.

Freud traz à cena uma alucinação tida pelo paciente aos cinco anos: "Tendo cinco anos eu brincava no jardim ao lado da babá, talhando o tronco de uma nogueira, que desempenha um papel importante em seu sonho dos lobos. De repente, eu observei, com terrível sobressalto, que havia cortado o dedo mindinho da mão, esquerda ou direita, de tal maneira que só se achava suspenso pela pele. Não sentia dor alguma, mas só um medo terrível. Não me atrevi a dizer nada para a babá que estava a poucos passos de mim; fui para o banco mais próximo e fiquei sentado, incapaz de olhar o dedo. Por fim me tranquilizei, olhei para o dedo e vi que não havia nenhuma ferida" (p. 1987-88). Nesta realidade imaginária, sem referência simbólica, aparece este conceito de uma pequena coisa que poderia ser separada do corpo, o pênis alterado primitivamente em seu valor simbólico. No Homem do Lobos é o homem-pai, em sua função simbólica, que é foracluído, em relação ao qual ele poderia ter-se tornado verdadeiramente possuidor de um pênis.

É esta terceira corrente, a que resulta da rejeição, *Verwerfung*, da castração que constituirá um dos elementos fundamentais de predisposição à psicose.

Lacan a chama de foraclusão, retirando o termo da terminologia jurídica na qual significa uma perda de direito de recurso por ter se expirado o prazo; exclusão ou proibição por necessidade lógica anterior. Diz respeito, portanto, a algo que é expulso para fora da ordem simbólica do sujeito, tão para fora que é no real que se persegue, em alucinatório.

Leclaire usa uma comparação ilustrativa muito rica. Se imaginarmos a experiência como um tecido, um pedaço de fazenda constituído de fios entrecruzados, o recalque estaria aí figurado como um rasgão, podendo ser maior ou menor, mas sempre passível de ser costurado, cersível, reparável. Já a foraclusão ou rejeição seria aí figurada como uma abertura devido ao próprio tecer, um buraco original que não seria jamais suscetível de encontrar sua própria substância, pois teria só sido buraco, e não outra coisa, que só poderia ser preenchido imperfeitamente por um remendo. Há aí, portanto, uma falta radical, um buraco no significante, anterior a toda possibilidade de negação e, portanto, de recalque.

Para Leclaire, o conceito de foraclusão deve poder nos permitir aproximar melhor e de uma forma mais adequada a dinâmica própria do fenômeno psicótico, porque indica melhor do que qualquer outro as características específicas desta falta cujo apelo todo clínico sente em seu contato com o psicótico. Clinicamente, este elemento foracluído não é revelável, pois é impossível encontrá-lo de modo integral. Ao contrário do elemento recalcado, que é encontrado no cerne da neurose e que sempre pode ser reconhecido por algum sinal ou substituto e ser encurralado, antes de ser desvendado, através de suas deformações e disfarces, o elemento foracluído é inacessível enquanto tal. Mas ele se assinala pela ausência, que implica: manifesta-se através de uma profunda depressão, uma espécie de falta de ar que centra e organiza, da maneira mais inesperada, o conjunto que está em volta. A linha clínica da foraclusão é uma espécie de convergência irresistível, desordenada, mas imperiosa, para um centro que não parece senão vazio.

A paranoia e a valorização do ponto de vista econômico

Alguns mecanismos no ciúme, a paranoia e a homossexualidade

Este artigo, escrito em 1921, é talvez o último em que Freud vai tratar da paranoia de maneira destacada dos outros quadros psicóticos. A partir da entrada em cena da pulsão de morte, será a melancolia o quadro clínico grave que Freud privilegiará para estudar. O próprio título do artigo e sua estrutura já indicam que, a partir de agora, Freud passará a privilegiar o fator econômico — das magnitudes da carga libidinal — sendo a anormalidade, ou a denominação de vários graus patológicos, adscrita à mudança ou exagero da intensificação de cargas psíquicas.

Assim, o ciúme é um sentimento normal que, quando falta, é um indicativo de que sucumbiu a intensa repressão e desempenha então, na dinâmica inconsciente, um papel mais fundamental. Freud qualifica este sentimento em três distintos graus: normal, projetado e delirante. No normal, vemos que ele se compõe da tristeza, da dor pela perda do objeto erótico, da ofensa narcísica e dos sentimentos hostis em relação ao rival. Ainda pode conter a autocrítica que responsabiliza o próprio eu pela perda amorosa. É considerado como racional, pois nasce da circunstância atual, em proporção à situação real, e é dominado pelo eu consciente, demonstrando ter raízes profundas no inconsciente. Continua impulsos muito precoces da afetividade infantil e procede do complexo de Édipo e do complexo fraterno e pode ser experimentado de modo bissexual. O ciúme de segundo grau — ou projetado — nasce, tanto no homem como na mulher, das próprias infidelidades do sujeito ou do impulso em cometê-las, relegado, pela repressão, ao inconsciente. A projeção é um mecanismo inconsciente que se constitui em um meio de alívio da consciência moral que luta contra a tentação da infidelidade. O ciúme projetado tem um caráter quase delirante, mas não resiste ao trabalho analítico, que descobre as fantasias subjacentes: seu conteúdo é a própria infidelidade. Menos favorável é o caso do ciúme de terceiro grau, o ciúme delirante, que também nasce de tendências infiéis reprimidas, mas cujos objetos de fantasia são homossexuais. Correspondendo a uma homossexualidade, ocupa um lugar como uma das formas clássicas da paranoia. Como vimos acima, no caso Schreber, ele é uma tentativa de defesa contra um poderoso impulso homossexual e, no homem, corresponde à frase: “Não sou eu quem o ama, é ela”. Mesmo num caso assim, podem estar presentes os três graus ao mesmo tempo.

Quanto à paranoia, a maioria dos casos se subtrai à investigação analítica. Mas, a partir da exposição de dois casos, Freud tira suas conclusões. No primeiro caso, o ciúme delirante de uma esposa fiel surgia após o coito sexual plenamente satisfatório para ambos. Freud conclui que, uma vez satisfeita a libido heterossexual, os componentes homossexuais coexcitados se manifestavam no ataque de ciúme. Sua anormalidade consistia em observar o inconsciente de sua mulher e dar-lhe maior importância do que outra pessoa daria, interpretando-o de uma forma em que acabava tendo sempre razão. Os paranoicos perseguidos se comportam de maneira análoga. Através de uma mania de relação em que nada é indiferente na conduta dos demais, valorizam os menores signos das pessoas em que tropeçam. O sentido disso é uma expectativa de amor de todas as pessoas. Há neles uma fronteira estreita entre estranho e inimigo e, por isso, não dá para dizer que eles se equivoquem tanto ao sentir a indiferença como hostilidade em relação à sua demanda de amor. Eles projetam no exterior, sobre outras pessoas, deixando-se guiar pelo seu conhecimento do inconsciente e deslocando sobre o inconsciente dos demais a atenção que desviam do seu próprio. Isto ocorre tanto com a infidelidade, no caso do ciumento, como com a hostilidade, no caso do perseguido. A inversão do afeto, que faz o paranoico converter em perseguidor a pessoa do mesmo sexo que lhe é mais querida, provém da ambivalência sentimental sempre existente; ela serve para o perseguido recusar sua homossexualidade ao procurar o ódio, intensificado pelo não cumprimento das aspirações amorosas. Na análise deste primeiro caso, Freud aponta como etiologia da paranoia a falta de personalidade do pai na família, um trauma homossexual infantil, uma intensa ligação à mãe que o motivou a casar com uma moça apenas para fazer a mãe ficar rica. Da análise de um segundo caso, Freud conclui que as ideias delirantes produzidas ao explodir a enfermidade, que parecem recentes, podem estar existindo desde muito tempo. Schreber e o Homem dos Lobos parecem confirmar isso, nos seus episódios delirantes.

Freud passa então a tratar da valorização do fator quantitativo, a colocar em primeiro plano o ponto de vista econômico. A anormalidade consiste essencialmente na exagerada intensificação da carga psíquica adscrita à interpretação do inconsciente alheio. A análise da histeria também revelou algo análogo. As fantasias patógenas, ramificações dos impulsos pulsionais reprimidos, são toleradas durante um longo tempo ao lado da vida anímica normal e não adquirem eficácia patógena até que uma modificação da economia da libido faz afluir a elas uma carga psíquica muito intensa, sendo, então, quando surge o conflito que conduz à produção de sintomas. O fator quantitativo, estando acentuado, implica que um incremento da resistência em uma das direções do curso psíquico provoque uma sobrecarga em outra de suas direções, produzindo a inclusão da mesma em dito curso

Freud passará, então, a estudar os processos psíquicos da gênese da homossexualidade. O processo típico consiste em que, depois da puberdade, o adolescente, até então fixado intensamente em sua mãe, se identifica com ela e busca objetos eróticos nos quais lhe seja possível voltar a encontrar a si mesmo, e aos quais desejará amar igual à maneira como a mãe o amou. Em muitos casos, a condição erótica é de que os objetos masculinos tenham a mesma idade em que se desenvolveu, no sujeito, a transformação descrita. Um primeiro fator que contribui à posição homossexual é a fixação à mãe, que dificulta a transição para outro objeto feminino. A identificação à mãe é um desenlace desta aderência ao objeto e permite o sujeito manter-se fiel a este primeiro objeto e, portanto, à inclinação à eleição narcisista de objeto, mais próxima e mais difícil que a orientação em direção ao outro sexo. Outro fator que se oculta por trás deste ou que se torna conhecido junto com este é a alta valorização concedida ao órgão viril e a incapacidade de renunciar à sua existência no objeto erótico. O desprezo à mulher, sua repulsa e até o horror a ela derivam do descobrimento, em idade infantil, de que ela carece de pênis. O terceiro fator que se mostra motivo poderoso da eleição de objeto homossexual é o respeito ou medo ao pai; ele aparece toda vez que a renúncia à mulher significa que o objeto faz fugir da competição com o pai ou com todos os personagens masculinos que o representam. Estes dois últimos fatores constituem o complexo de castração. Agrega-se ainda a influência da iniciação sexual e fatores orgânicos que favorecem a adoção do papel passivo na vida erótica. Freud acrescenta, então, um novo mecanismo que conduz à eleição homossexual de objeto: sua gênese como resultado de uma rivalidade não dominada e de tendências agressivas reprimidas. Aparece em alguns casos misturado às condições típicas já conhecidas e não exclui a heterossexualidade, nem necessariamente está presente o horror à mulher. Freud fala, então, da homossexualidade e dos sentimentos sociais, concluindo que, analiticamente, acostumamos a ver nos sentimentos sociais a sublimação das atitudes homossexuais com relação ao objeto. Os homossexuais de tendência social não conseguiram separar por completo os sentimentos sociais da eleição de objeto.

A paranoia e a questão da realidade

Supereu

Os anos 20 marcam uma reviravolta no pensamento freudiano. Levado por algumas realidades psíquicas e clínicas, ele transforma todo o arcabouço da teoria psicanalítica. Assim, uma nova teoria pulsional é formulada a partir de *Mais além do princípio do prazer* (1920), no qual vemos surgir as duas novas correntes que regem a vida psíquica, Eros ou pulsão de vida e Thanatos ou pulsão de morte. Eros subsume tanto a pulsão de autoconservação como a sexual, bem como a dinâmica entre libido objetal e libido narcisista. Já Thanatos fala de uma pulsão de morte muda, que se exprime na compulsão à repetição, posteriormente desdobrada no masoquismo originário, sobretudo em O *problema econômico do masoquismo* (1924) e no fenômeno da destrutividade e da agressividade, desenvolvido magistralmente em O *mal-estar da cultura* (1929). No texto O *eu e o isso* (1923), será a vez de uma nova tópica ser elaborada, consciente, pré-consciente e inconsciente passando a ser qualidades psíquicas de três novas instâncias, eu, isso e supereu. Nos textos A *organização genital infantil* (1923), *Algumas consequências psíquicas da diferença anatômica* (1925) e A *dissolução do complexo de Édipo* (1924), vemos Freud finalmente aceder à consideração da diferença dos sexos no que ela traz de resolução diferencial dos complexos de castração e de Édipo, mas, sobretudo, no que estes vão se tornar na teoria sobre o aparelho psíquico: polos estruturantes centrais, frente à importância do fator econômico e da potência da pulsão de morte.

Vemos as contribuições do narcisismo de 1914 serem remanejadas por Freud, dando a impressão de que O *eu e o isso* era o que ele queria de fato escrever de definitivo sobre a instância do eu. Este é uma parte modificada do isso, ou id, lugar das pulsões, pela influência do mundo exterior, transmitida pelo sistema percepção-consciência. Esforça-se por transmitir ao isso tal influência e aspira substituir o princípio do prazer, que reina no isso sem restrições, pelo princípio de realidade. A percepção é para o eu o que a pulsão é para o isso. O eu tem uma importância funcional, já que rege o acesso à motilidade. É um ser corpóreo e a projeção de uma superfície corporal.

Se a paranoia foi, nos textos sobre Schreber e sobre o narcisismo, a patologia que deu acesso ao conhecimento de uma parte do eu que se destacava — a consciência moral e a autocrítica — agora será a vez de a melancolia servir de paradigma para a formulação da gênese do supereu calcada na questão da identificação, que já havia sido esboçada tanto em *Luto e melancolia* (1915) como na *Psicologia das massas e análise do eu* (1921). Assim, no texto O *eu e o isso* (1923), vemos Freud colocar o supereu destacado do eu, como uma parte que apresenta uma conexão menos firme com a consciência. O caráter do eu é um resíduo das cargas de objeto abandonadas: contém a história de tais eleições de objeto, que se transformam em identificações. Analisando exaustivamente o complexo de Édipo completo que ele passa a admitir para todos os seres — amor e ódio tanto pelo pai como pela mãe, e os complexos destinos de cada uma destas tendências, da bissexualidade constitutiva que fazem surgir uma identificação tanto com o pai como com a mãe — Freud dirá que podemos admitir, como resultado geral da fase sexual dominada pelo complexo de Édipo, a presença no eu de um resíduo, consistente no estabelecimento destas duas identificações enlaçadas entre si. Esta modificação do eu conserva sua significação especial e se opõe ao conteúdo restante do eu em qualidade de ideal do eu ou supereu. O importante aqui é que esta é uma maneira do eu de se fazer mais amado pelo isso, substituindo os antigos objetos de amor, assemelhando-se de alguma forma a eles. Mas o supereu não é simplesmente um resíduo das primeiras eleições de objeto do isso, mas também uma enérgica formação reativa a elas. Relaciona-se com o eu não somente pela máxima "Assim como seu pai deves ser", mas também "Assim como o pai não deves ser, pois há algo que lhe está exclusivamente destinado". Esta dupla face depende de sua participação anterior no complexo de Édipo e inclusive deve sua gênese a tal repressão. Este processo repressivo não é simples, e o eu toma energia emprestada do pai para levar a cabo a repressão. O supereu conservará o caráter do pai e, quanto maiores forem as intensidades do complexo de Édipo e a rapidez de sua repressão, sob as influências da religião, da autoridade, do ensino e das leituras, mais severamente reinará depois sobre o eu como consciência moral ou como sentimento inconsciente de culpabilidade.

Assim, a gênese do supereu, por sua diferenciação do eu, não é certamente nada casual, pois representa os traços mais importantes do desenvolvimento individual e da espécie. Criando uma expressão duradoura da influência dos pais, eterniza a existência daqueles momentos aos quais a mesma deve sua origem, ou seja, o complexo de Édipo. Ele representa, pois, a relação da criança com seus pais, enquanto eles foram admirados, temidos como seres elevados e depois acolhidos em cada um de nós. Assim, Freud conclui que o supereu é o herdeiro do complexo de Édipo e, com isso, a expressão dos impulsos mais poderosos do isso e dos mais importantes destinos da sua libido. Pela sua criação o eu se apoderou do complexo de Édipo e simultaneamente se submeteu ao isso. O supereu, advogado do mundo interior e do isso, opõe-se ao eu, verdadeiro representante do mundo exterior, da realidade. Seus conflitos refletem a antítese entre o real e o psíquico, entre mundo exterior e interior. O papel de pai é transferido a outras pessoas — mestres — que exercem autoridade sobre o sujeito, e os mandatos e proibições se exercem como consciência moral. A tensão entre as aspirações da consciência e os rendimentos do eu é percebida como sentimento de culpabilidade, e os sentimentos sociais repousam em identificações com outros indivíduos baseados no mesmo ideal de eu. O eu é agora concebido como tendo de servir a três "senhores": o isso, o supereu e a realidade exterior.

Mas Freud conclui esta gênese do supereu mostrando o solo em que ele se faz patológico: a história da gênese do supereu nos mostra que os conflitos antigos do eu com as cargas de objeto do isso podem continuar transformados em conflitos com o supereu, herdeiro do isso. Quando o eu não conseguiu por completo o subjugamento do complexo de Édipo, entra de novo em atividade sua energia de carga, procedente do isso, atividade que se manifestará na formação reativa do ideal de eu. A ampla comunicação do ideal de eu com os sentimentos pulsionais inconscientes nos explica o enigma de que o ideal possa permanecer em grande parte inconsciente e inacessível ao eu. O combate que teve de se desenvolver nos extratos mais profundos do aparelho psíquico e ao que a rápida sublimação e identificação impediram chegar a seu desenlace continua agora numa região mais elevada.

Em *Mal-estar na cultura* (1929), Freud desenvolve ainda mais o paradoxo do supereu. Surgido primitivamente das tendências pulsionais agressivas contra os pais, como meio de suprimi-las, sua severidade deve-se a novas supressões, além do qual se agrega a supressão da agressividade vingativa da criança pela medida de agressão punitiva que atribui ao pai. Assim, se a consciência moral surgida da angústia pela perda de amor é a causa da renúncia das pulsões, toda renúncia pulsional se converte então numa fonte dinâmica da consciência moral; toda nova renúncia à satisfação aumenta sua severidade e intolerância. Assim, a agressão é introjetada, internalizada, devolvida ao lugar de onde procede; é dirigida ao próprio eu, incorporando-se a uma parte deste, que em qualidade de supereu se opõe à parte restante e, assumindo a função de consciência moral, desprega frente ao eu a mesma dura agressividade que o eu gostaria de dirigir aos outros. A tensão entre eu e supereu é denominada *sentimento de culpabilidade* e se manifesta como *necessidade de castigo.* A cultura repousa neste sentimento, pois domina a perigosa inclinação agressiva do indivíduo debilitando-o, desarmando-o, fazendo-o vigiar por uma instância alojada em seu interior.

A perda da realidade

Neurose e psicose

A partir da nova tópica, Freud tenta retornar à experiência para aplicar a nova hipótese a ela. Em N*eurose e psicose* (1923), define a diferença genética mais importante entre a neurose e a psicose: a neurose seria o resultado de um conflito entre o eu e o isso e a psicose, o resultado da perturbação entre o eu e o mundo exterior. As neuroses narcísicas seriam o resultado do conflito entre o eu e o supereu. O que está em jogo nas três afecções é o fracasso da função do eu.

Em relação às neuroses de transferência, ele dirá que elas nascem em consequência da negativa do eu em acolher uma poderosa tendência pulsional dominante no isso e procurar sua descarga motora ou considerar bom o objeto em relação ao qual aparece orientada tal tendência. O eu se defende pelo mecanismo da repressão, mas o reprimido procurará uma satisfação substitutiva — o sintoma — que se impõe ao eu. Este encontra alterada e ameaçada sua unidade por tal intrusão e continua lutando contra o sintoma como antes lutava contra o impulso reprimido, e de tudo isso resulta o quadro patológico da neurose. Mesmo que a repressão obedeça a mandatos do supereu, é o eu quem afirma a repressão por meio da contracarga da resistência. Nas neuroses de transferência, o eu entrou em conflito com o isso a serviço do supereu e da realidade.

Para falar da psicose, Freud toma o exemplo da demência aguda alucinatória, uma forma extrema de psicose. Nela, a percepção do mundo cessa por completo ou permanece ineficaz. Normalmente o mundo exterior domina o eu por dois caminhos: mediante as percepções atuais continuamente possíveis e com o acervo mnêmico de percepções anteriores, que constituem, como mundo interior, um patrimônio e um elemento do eu. Na amência, faltam as duas percepções. O eu procura, independentemente, um novo mundo exterior e interior. Este novo mundo é construído segundo as tendências de desejo do isso. A causa desta **dissociação** do mundo exterior é uma privação imposta pela realidade e considerada intolerável. Há uma afinidade com o sonho normal, com a diferença de que o estado de repouso, condição para o sonho, é caracterizado justamente pelo afastamento do mundo e de toda a percepção. Nas esquizofrenias (parece que Freud subsume a paranoia a uma delas), há um embotamento afetivo, uma perda de interesse no mundo exterior. Os delírios, como tentativa de cura ou reconstrução da relação com o mundo exterior, encobrem muitas vezes os fenômenos do processo patógeno[10].

Para Freud, a etiologia comum entre uma neurose e uma psicose é sempre uma privação, um não cumprimento de um daqueles desejos infantis nunca perfeitamente dominados e que se arraigam profundamente a nossa organização determinada pela filogenia. A origem desta privação é externa, mesmo que pareça partir do supereu, representante

10 Remeto o leitor ao livro *Esquizofrenia*, de Alexandra Sterian, nesta mesma coleção.

das exigências da realidade. O efeito patógeno depende de que o eu permaneça fiel neste conflito à sua dependência do mundo exterior e tente amordaçar o isso ou que se deixe dominar por ele e arranque assim a realidade. Mas o papel do supereu dentro de qualquer enfermidade deveria ser sempre investigado. A melancolia é a afecção em cuja base está um conflito entre eu e supereu. Freud dá o nome a este grupo de *neuroses narcísicas*.

Mais uma vez, Freud não deixa de frisar o ponto de vista econômico ao dizer que o desenlace destas situações dependerá de circunstâncias econômicas, das magnitudes relativas das tendências combatentes entre si. Ele introduz algo, então, que desenvolveremos adiante: o eu pode evitar qualquer desenlace prejudicial deformando-se espontaneamente, tolerando danos de sua unidade ou dissociando-se. Este caminho se assemelharia às perversões no sentido de poupar repressões. O processo de afastamento do mundo exterior pelo eu tem em comum com a repressão uma retração da carga destacada pelo eu, mas pode se constituir num outro mecanismo.

Em *A perda da realidade na neurose e na psicose* (1924) Freud reformulará sua colocação de que a perda da realidade seria um fenômeno característico da psicose e alheio à neurose. Toda neurose perturba a relação do enfermo com a realidade, constituindo-se para ele num meio de retrair-se dela e num refúgio em que se amparar, fugindo das dificuldades da vida real. O relaxamento da relação com a realidade é um segundo passo na produção da neurose, isto é, na reação contra a repressão e seu fracasso. A perda da realidade provavelmente recai sobre a parte da realidade a cuja demanda foi iniciada a repressão. Conta o exemplo de Elisabeth Von R., dos *Estudos sobre histeria*, no qual a jovem enamorada de seu cunhado é chamada ao leito de morte da irmã e é atormentada pela ideia de que agora o homem amado estava livre e podia casar-se com ela. Esta cena, esquecida no ato, foi o núcleo da doença histérica. A neurose, para resolver o conflito, anula a modificação das circunstâncias reais reprimindo a pulsão, o amor da jovem ao cunhado. A reação psicótica, hipotetiza Freud, teria sido negar o fato real da morte da irmã.

Nas psicoses, um primeiro movimento arrancaria o eu da realidade, enquanto que um segundo movimento tentaria emendar o dano e restabelecer, às custas do isso, a relação com ela. Esta reparação tende também a compensar a perda da realidade, mas às custas não de uma limitação do eu, como na neurose, mas às custas da relação com a realidade, criando uma nova realidade isenta dos motivos de desgosto que a anterior lhe oferecia. Tanto a neurose como a psicose são manifestações de rebeldia do isso contra o mundo exterior, de sua incapacidade para adaptar-se à realidade, diferenciando-se muito mais entre si na primeira reação do que na tentativa de reparação a ela consecutiva. Na neurose, evita-se o pedaço de realidade que na psicose é elaborado e transformado. A neurose não nega a realidade, limita-se a não querer saber nada dela. A psicose nega e tenta substituí-la.

Freud define então o que seria a conduta normal: não nega a realidade como a neurose, mas se esforça em transformá-la como a psicose. Ela conduz a um trabalho manifesto no mundo exterior e não se contenta, como na psicose, com a produção de modificações internas.

Freud falará então da angústia psicótica a partir da produção da alucinação. Na psicose, a elaboração modificadora da realidade recai sobre as cristalizações psíquicas da relação mantida até então com ela, isto é, sobre as marcas mnêmicas, as representações e os juízos tomados até então dela e que a representavam na vida psíquica. Mas esta relação não constituía algo fixo e imutável: ela era transformada e enriquecida continuamente por novas percepções. Deste modo a psicose tem a tarefa de procurar aquelas percepções que haveriam de corresponder à nova realidade, conseguindo-o por meio da alucinação. Mas se os delírios, as recordações falsas e as alucinações mostram um caráter tão penoso, é porque lutam contra a intensa oposição de poderosas energias. Na neurose, surge uma reação de angústia cada vez que a pulsão reprimida quer chegar à consciência. O resultado do conflito é só o produto de uma transação — que resulta no sintoma — insuficiente como satisfação. Na psicose, o pedaço de realidade rejeitado quer impor-se continuamente à vida psíquica como a pulsão reprimida na neurose. Daí que surja a angústia em ambos os casos. Ambas fracassam no segundo movimento, já que nem a pulsão reprimida pode conseguir uma satisfação completa, nem a representação da realidade se deixa fundir nas formas satisfatórias. Mas o acento na neurose está no fracasso da repressão, segundo movimento, já que esta, primeiro movimento, está presente dentro da saúde psíquica, ainda que exigindo esforço, enquanto na psicose o primeiro movimento de afastamento da realidade já é em si patológico. Essas diferenças são consequência da diversidade tópica no desenlace do conflito patógeno, conforme o eu tenha cedido à sua adesão ao mundo real ou à sua dependência do isso.

Freud dirá que, embora a neurose se limite regularmente a evitar o fragmento de realidade de que se trata — protegendo-se contra todo o encontro com ele — também nela, como na psicose, não faltam tentativas de substituir a realidade indesejada por outra conforme aos desejos do sujeito. A existência do mundo da fantasia proporciona isso. Tanto na neurose como na psicose, o mundo da fantasia é o armazém de suas produções. Ele é um domínio que, no tempo da instauração do princípio de realidade, ficou separado do mundo exterior, sendo mantido à parte como uma espécie de atenuação das exigências da vida, e que, ainda que não seja inacessível ao eu, mantém com ele uma relação frouxa. Se na neurose é deste mundo que extrai material para seus produtos de desejo, indo para este mundo por meio da regressão a épocas anteriores mais satisfatórias, na psicose dele são extraídos os materiais para a construção de novas realidades. Mas o novo mundo exterior fantástico da psicose quer substituir a realidade exterior, enquanto que, na neurose, gosta de se apoiar, como os jogos infantis, num pedaço de realidade diferente daquele de que teve de se defender, emprestando-lhe um significado especial e um sentido oculto. Em ambas, então, neurose e psicose, desenvolve-se não somente uma perda, mas também uma substituição da realidade.

A função do julgamento da realidade e o mecanismo de sua rejeição na psicose

Será nos textos *A negação* (1925) e *O fetichismo* (1927a) que Freud fará uma contribuição importantíssima ao estudo dos mecanismos psíquicos de acesso à realidade, isto é, à diferenciação entre realidade interna e externa.

A negação é uma forma de admissão do reprimido sem aceitá-lo. "Quem é essa pessoa no sonho? Não pode ser minha mãe." O sonhador gostaria que não fosse, pois lhe custa aceitar que é. Há, pois, uma separação entre a função intelectual e o processo afetivo, uma aceitação intelectual do reprimido, na qual subsiste o essencial da repressão. Freud passa então a descrever a origem psicológica da função de julgamento ou juízo, que consiste em negar ou afirmar conteúdos de ideias. Negar algo equivale a dizer que se gostaria de reprimir este algo. O julgamento é o substituto intelectual da repressão e o "não" equivale a um signo distintivo de tal repressão algo como um certificado de origem. Pelo símbolo da negação se liberta o pensamento das restrições da repressão e se enriquece de elementos dos quais não pode prescindir para sua função.

A função do julgamento deve decidir duas coisas: atribuir ou negar uma qualidade a uma coisa e conceder ou negar a uma imagem sua existência real. Quanto à qualidade ela pode ser boa ou ruim, útil ou nociva. E Freud usa aqui a correspondência aos impulsos pulsionais mais primitivos, os impulsos orais: "Isto eu comerei" ou "Isto eu cuspirei". Ou ainda mais amplamente: "Isto eu porei dentro de mim" ou "Isto eu excluirei". O que alude ao estado de "estar *dentro* de mim" ou "*fora* de mim". O eu primitivo, regido pelo princípio do prazer, quer introjetar o bom e expulsar de si o mau. Exterior, mau, alheio ao eu são para ele idênticos, em um primeiro momento. Quanto à existência real de um objeto imaginado, ou teste de realidade, é um interesse do eu definitivo que se desenvolve do eu inicial regido pelo princípio do prazer. Não se trata mais só do acolhimento no eu de algo percebido, mas algo que existe no eu como imagem pode também ser percebido na realidade. Novamente, trata-se do *interior* e do *exterior*. O irreal, o subjetivo, o simplesmente imaginado existe somente dentro. O real existe também fora. Nesta etapa do desenvolvimento, deixou-se de levar em conta o princípio do prazer. A experiência ensinou que o importante não é só que o objeto de satisfação possua a qualidade boa que mereça ser incorporada dentro do eu, mas que também exista no mundo exterior para que se possa apoderar dele quando necessário. E Freud descreve este progresso dizendo que, como todas as imagens procedem de percepções e são repetições das mesmas, a existência de uma imagem já é a garantia do representado. A antítese entre objetivo e subjetivo não existe no princípio. O pensamento pode fazer presente algo de novo pela reprodução na imagem, sem que o objeto continue a existir fora. A finalidade mais imediata e primeira do exame de realidade não é achar na percepção real um objeto correspondente ao imaginado, mas tornar a encontrá-lo, convencer-se de que ainda existe. Uma outra faculdade do pensamento também acrescenta à distinção entre objetivo e subjetivo, através do exame de realidade, dados sobre a extensão das deformações presentes na reprodução de uma percepção como imagem, pois esta não é sempre uma reprodução fiel e exata do percebido, mas foi modificada por omissões e pela fusão de elementos diversos. A perda dos objetos que um dia satisfizeram realmente é uma condição para o exame de realidade.

Resumindo, o juízo é a evolução adequada do processo primitivo pelo qual o eu incorporava coisas em seu interior ou as expulsava para fora de si de acordo com o princípio do prazer. Para Freud, a afirmação, como substitutivo da união, pertence à pulsão de vida, e a negação, como consequência da expulsão, corresponde à pulsão de destruição. O negativismo de alguns psicóticos deve ser interpretado como um resultado da defusão das pulsões pela retração dos componentes libidinais. A função de juízo se faz possível pela criação do símbolo da negação, que permite ao pensamento um primeiro grau de independência dos resultados da repressão e, com isso, também da compulsão do princípio do prazer.

Esta teoria da negação harmoniza-se com o fato de que não existe o "não" no inconsciente; assim, o reconhecimento deste pela consciência começa com a fórmula negativa.

Vemos aí o solo que permite pensar a perda da realidade e a substituição de um pedaço dela na neurose e de toda ela na psicose. O sintoma neurótico, a alucinação e o delírio são a expressão, embora de modos diferentes, de uma alteração na faculdade de julgamento, influenciada pelas fixações libidinais a um mundo da fantasia regido pelo princípio do prazer, que impede uma independência do pensamento para o exame de realidade. Confunde-se subjetivo com objetivo, existência dentro com existência fora, exterior e interior segundo às etapas primitivas de funcionamento do eu.

Mas o que, afinal, o exame de realidade traria de tão terrível? Que tipo de desmanche do mundo psíquico se teme? O que a vida psíquica calcada nas pulsões não suportaria perder enquanto crença?

"Nenhum ser humano de sexo masculino pode fugir do terrorífico impacto da ameaça de castração ao contemplar os genitais femininos" (Freud, 1927, p. 2994). É o terror de uma percepção que mobiliza o aparelho psíquico a se defender. Percepção de uma ausência que não pode ser entendida como afirmação de uma diferença, pois, calcada no visível, entende o genital feminino enquanto falta, falta de pênis. O que o olho da criança vê faz abalar a crença à qual ela não quer renunciar: a da existência do falo da mulher, mais precisamente da mãe. Sabemos bem por que ele não pode renunciar tão simplesmente a esta crença. É pelas consequências que ela traz na lógica infantil: se ela não o tem, eu que o tenho, posso perdê-lo (a menina também se atemoriza diante da percepção de seu sexo como o da mãe, enquanto falta, e seu sentimento inicial é de desvalorização). A separação do bolo fecal, primeira experiência da separação de uma parte do corpo, já prenunciara esta possibilidade no nível da sensação. Além disso, com esta ameaça, a vivência da separação do seio materno é vivida como castração primária, separação definitiva já que, para preservar narcisicamente seu pênis, a criança afasta-se definitivamente do corpo materno. Castração significa também isso: o entendimento de que não mais se poderá satisfazer-se libidinalmente de maneira total, seja autoeroticamente, seja com o corpo da mãe. Percebe-se a mudança que é, em termos psíquicos — em termos de pensamento —, a aceitação desta realidade, desta percepção de uma diferença. É todo um mundo de fantasias que tem de sofrer um destino. É toda a ilusão de onipotência narcísica — de preservação de um mesmo, de um indiferenciado — que é quebrada. É o momento em que se dá a perda dos objetos primordiais, ou melhor, da maneira primordial em que os objetos primeiros satisfizeram às necessidades de conservação e libidinais. É todo um mistério infindável que aqui se inicia, o da diferença sexual.

É neste texto de 1927, *O fetichismo*, que vemos Freud ampliar os mecanismos de defesa. É neste embate entre o eu, realidade da percepção da ausência de pênis na mulher e inconsciente enquanto lugar de articulação da fantasia sexual infantil que vemos o recalque (*Verdrängung*) cair como único mecanismo de defesa. Ela estará presente se a criança aceitar a percepção e afastar inteiramente da consciência a fantasia do falo feminino. É o resultado normal ou neurótico. Podemos ver aí a participação da negação (*Verneinung*), já que a mulher não tem pênis. Tal mecanismo implica em afastar-se do reprimido para que o pensamento adquira independência para a conquista do acesso a outras funções que permitam uma autonomia crescente pela ação motora na realidade. Mas este "não" traz sempre presente o "sim" do inconsciente para a fantasia do falo feminino, pois ele desconheceria uma representação específica para o sexo feminino. Mas, diante desta percepção da ausência de pênis na mulher, há outras possibilidades. O fetiche como substituto do falo feminino é eleito como aquilo em que pousou o olhar imediatamente antes de perceber a ausência de pênis na mulher. O olhar retrocede a essa espécie de coisa-escudo (calcinha, sutiã, trança, sapato, pé, etc.) contra o horror produzido pela percepção. Com ele, pode-se acreditar que a castração não existe. Mas depois de tê-la percebido. Portanto, tal crença não ficou incólume. É assim que duas correntes vão coexistir: uma que acredita na percepção da ausência de pênis na mulher e outra que a renega, ou repudia. A renegação (*Verleunung*) fala de uma dupla negação: a mulher não tem pênis, mas se nega que ela não tenha pênis. Duas negações correspondendo a uma afirmação, como na matemática. E se elege um objeto na realidade, atribuindo-lhe uma outra função, através das leis do pensamento inconsciente, dos processos primários, para fazer valer esta realidade da existência do falo da mulher. Mas este pênis feminino já não é o mesmo de antes. Freud dirá que o horror à castração se erige em monumento ao criar o fetiche como substituto. Com ele, se conserva a aversão a todo órgão feminino real, subsiste como emblema de triunfo e salvaguarda contra a castração e evita ao fetichista converter-se em homossexual, conferindo à mulher aquilo que a tornaria aceitável[11].

11 Sobre o fetichismo, remeto o leitor ao livro *Perversão*, de Flávio Carvalho Ferraz, nesta mesma coleção.

Mas a psicose traz ainda um quarto mecanismo de defesa, a rejeição (*Verwerfung*) ou foraclusão. Como Freud havia antecipado no caso do Homem dos Lobos, ao analisar o episódio alucinatório do corte do dedo, nela falta a corrente da vida psíquica concorde com a realidade. Ao rejeitar inteiramente a percepção da ausência de pênis na mulher é a percepção da realidade que é rejeitada, sendo que uma nova realidade é construída para ficar conforme ao juízo da existência do pênis na mulher: é a realidade da alucinação e do delírio. E, no psicótico, a castração é percebida então como vindo de fora dele, sem registro perceptivo algum, contra a qual ele se defende intensamente. Sua capacidade de julgamento expulsa o mau — aquilo que não é conforme a sua crença — para fora, e dentro fica apenas a corrente que acredita, conforme ao princípio do prazer, na completude fálica da mulher.

A cisão do eu como mecanismo de defesa

Chegamos agora ao último ponto do nosso percurso. Ponto extremamente importante, pois retoma um incômodo, uma inquietação intelectual presente desde os manuscritos H e K: os sintomas de modificação do eu na paranoia. Freud finalmente postulará aqui a *cisão do eu* como mecanismo de defesa ante uma realidade penosa, traumática e intolerável para o eu. É como ele explicará a consequência da existência de duas correntes opostas, ambas válidas e eficazes frente a um conflito. É como ele explicará a renegação da realidade da castração na perversão e a recusa da realidade na psicose. Dos primeiros textos até os textos de 1938 (*A cisão do eu como mecanismo de defesa* e *Compêndio de psicanálise*), seus últimos escritos, Freud precisou formular uma teoria da constituição do eu, para finalmente entender o mecanismo de defesa da cisão ou dissociação do eu perante uma realidade traumática. Não é tarefa simples para ele, e a estranheza da descoberta ele exprime logo no primeiro parágrafo de *A cisão do eu como mecanismo de defesa*: "Por um momento me encontro na interessante posição de não saber se o que vou dizer deveria ser considerado como algo familiar e evidente desde muito tempo ou como algo completamente novo e surpreendente. Sinto-me inclinado a pensar o último" (p. 3375).

Algo familiar e conhecido. A ideia da dissociação aparece já num primeiro trabalho de Freud, *As afasias,* que é ainda um texto de Neurologia. Nele, Freud concebe um aparelho de linguagem entendido como um campo de associações e transferências, uma totalidade indivisível — verdadeiro aparelho de linguagem — e concebe as afasias como uma ruptura de condução, de associação (dissociação). Em continuidade a esta concepção, as parafrasias (lapsos) são colocadas como distúrbios funcionais, também observados em pessoas normais, sob a influência de estados afetivos intensos ou cansaço, não havendo necessidade de se recorrer à hipótese de uma lesão cerebral para explicar estes distúrbios que seriam funcionais, nos quais haveria um rebaixamento da eficiência do aparelho de associações de linguagem. As parafrasias, como efeitos de sujeito — efeitos de uma clivagem, mas possibilidades legítimas do funcionamento do aparelho de linguagem — implicam uma divisão do sujeito que aponta inevitavelmente para o conceito de inconsciente. A neurologia contemporânea dá razão a Freud, ao considerar as afasias decorrentes de lesões cerebrais como distúrbio de atenção e a possibilidade de refazer vias de condução e de associação, ainda onde existam lesões cerebrais.

Um outro momento importante está em *Luto e melancolia* (1915c), quando Freud vai falar da perspectiva que a afecção do melancólico nos abre na constituição do eu humano. Freud diz: "Vemos, com efeito, como uma parte do eu se situa perante outra e a valora criticamente como se a tomasse por objeto. Subsequentes investigações nos confirmam que a instância crítica, dissociada aqui do eu, possa demonstrar igualmente em outras circunstâncias sua independência, proporcionando-nos base suficiente para distingui-la do eu. É esta a instância a que damos correntemente o nome de consciência moral. Pertence, com a censura da consciência e o exame da realidade, às grandes instituições do eu e pode enfermar por si só" (p. 2094). Esta passagem é interessantíssima, pois vemos toda a ambiguidade de Freud em considerar a dissociação como se dando no eu isolando e dando uma independência a uma parte do eu, a instância crítica, ou mantendo-a como uma instituição do eu, dissociada. Ora, sabemos que aí está a matriz do que vai sendo o percurso freudiano em relação à segunda tópica com todo o desenvolvimento da ideia de supereu. Mas será que este percurso oficial de Freud não deixou de lado uma rica via, explorada por ele no *Manuscrito sobre neuroses de transferências,* escrito em diálogo com Ferenczi, encontrado recentemente na correspondência deste, datado possivelmente de 1917, e que foi deixada de lado? Talvez por isso a presença da frase logo no início do texto da cisão: estar diante de algo novo, mas ao mesmo tempo familiar, que é a ideia de regressão do eu, e não apenas regressão da libido. Ou seja, a regressão nas neuroses se dá até um ponto de fixação que pode ser da libido ou do eu de maneira diferencial para as várias neuroses. Assim, Freud diz, por exemplo, que na neurose obsessiva uma parte da regressão do eu é imposta pela libido ou deriva do desenvolvimento incompleto do eu, o qual está interligado à fase do desenvolvimento da libido, produzindo dissociação e ambivalência. Se retomássemos a ideia de dissociação do eu de *Luto e melancolia* (1915), veríamos — e a clínica o mostra — que, se a sombra do objeto caiu sobre o eu, quando a sombra do objeto, metáfora para o supereu, sai de cima do eu, temos um eu cindido. Uma parte do eu, que ficou fixada a etapas libidinais anteriores — aos traumatismos —, fala uma outra linguagem perceptiva e precisa ser integrada, transpor a dissociação. A ideia de uma cisão do eu está presente nestes dois textos, mas foi obscurecida até a parte final da obra de Freud pela ênfase na gênese do conceito de supereu.

Trata-se de algo novo e surpreendente. Pois, desde sempre, Freud postulou de diferentes maneiras a natureza sintetizadora dos processos do eu, e agora ele tem de relativizá-la. Ainda que extraordinariamente importante, a função sintetizadora do eu acha-se sujeita a condições particulares e exposta a grande número de transtornos. Assim, perante o conflito entre satisfazer uma exigência pulsional ou abandoná-la porque ela traz um perigo real intolerável, em vez de escolher entre as duas tendências, o eu mantém as duas: uma corrente que nega a realidade e continua a satisfação pulsional e a outra aceita a percepção do perigo e renuncia à satisfação pulsional. Assim, a pulsão continua a se satisfazer e, à realidade, dá-se o devido respeito. Esta solução é paga às custas de uma cisão do eu que nunca se cura e só se aprofunda com o tempo.

No *Compêndio de psicanálise*, a psicose é colocada como um estado patológico do eu, na qual a causa desencadeante pode ser o fato de a realidade ter-se tornado intoleravelmente dolorosa ou o fato de as pulsões terem adquirido extraordinária exacerbação, mudanças que sofrem idênticos efeitos, levando-se em conta as exigências contrárias colocadas ao eu pelo isso ou pelo mundo exterior. Mas o problema da psicose não é simples, pois o eu não se desprende integralmente da realidade. A partir da cisão do eu, formam-se duas atitudes psíquicas contrárias, uma normal que leva em conta a realidade e outra que afasta o eu da realidade sob a influência das pulsões. Ambas subsistem lado a lado, e o resultado final dependerá de sua força relativa: se a última tem ou quer maior potência, ficará estabelecida com isso a pré-condição da psicose. Se a relação se inverte, produzir-se-á a cura aparente do transtorno delirante. Mas, na realidade, somente se haverá retirado ao inconsciente, como também as observações que se podem reunir mostram que o delírio se encontrava desenvolvido durante muito tempo, até que por fim chegou-se a desencadear manifestamente. Schreber e o Homem dos Lobos nos mostraram muito bem, seguindo Freud, isso que ele está podendo nomear tópica e estruturalmente. Na neurose, as duas atitudes distintas pertencem uma ao eu e a reprimida ao isso. Mas não é tão simples diferenciar em um determinado caso se se está diante de uma repressão das pulsões ou de uma cisão do eu. A diferença é topográfica e estrutural, dirá ele.

Mas, se Freud traça uma localização tópica e estrutural do psiquismo que permite entender as patologias segundo seus mecanismos de defesa ante a realidade, paradoxalmente a diferença entre normal e patológico passa a ser sempre da ordem econômica das intensidades envolvidas, pois, como sempre, ele colocará uma certa porção de recusa ou renegação ao lado da repressão na relação do eu infantil com o mundo exterior, na sua luta para liquidar as exigências pulsionais inconvenientes. Mas em qualquer caso que empreenda o eu suas tentativas de defesa, seja repudiando o mundo exterior, seja recusando o mundo pulsional, o êxito jamais será completo e seguramente não são nossas percepções conscientes quem nos ensinam sobre todos esses processos.

A paranoia e o feminino

Dois textos sobre pacientes femininas, *Um caso de paranoia contrário à teoria psicanalítica* (Freud, 1915b) e *Sobre a psicogênese de um caso de homossexualidade feminina* (Freud, 1920), abrem um caminho aparentemente tão óbvio como misterioso para o pensamento freudiano, o das relações iniciais, pré-edípicas e pré-genitais entre a menina e sua mãe. Assim como acontece com o menino, a mãe é o primeiro objeto de investimento amoroso e libidinal para a menina, portanto, diferentemente do menino, investimento homossexual. Esta diferença presentificará cada vez mais para Freud as diferentes consequências psíquicas da sexualidade anatômica para os dois sexos, bem como as vivências edípicas e pré-edípicas diferentes e que não seguem um puro e simples paralelismo. Será em um texto posterior, *Sobre a sexualidade feminina* (Freud, 1931), que Freud refletirá sobre as relações pré-edípicas e pré-genitais e situará, neste momento evolutivo, parte da problemática paranoica.

O primeiro texto se constrói por meio do estudo de uma moça paranoica, sobre quem ele havia sido chamado a opinar, por um amigo advogado, sobre as acusações que ela fazia a respeito de perseguições das quais era objeto, feitas por um homem com quem havia mantido ligações amorosas. Aparentemente, o caso contrariava a teoria psicanalítica do princípio da homossexualidade como condição da paranoia, pois, no plano manifesto do delírio, o perseguidor era um homem. Mas, investigando com a moça, através do relato de uma outra cena (como com a paciente Emma que, no final do século, o havia feito descobrir a primeira mentira histérica, isto é, a ressignificação traumática entre duas cenas sexuais vividas em momentos diferentes), Freud descobre que o perseguidor primitivo era uma mulher mais velha, com quem a paciente mantinha uma ligação afetiva, de cunho maternal, forte, que se colocava, então, psiquicamente como uma substituta da mãe e que condenava as ligações amorosas da moça com o supostamente suspeito homem. Além de desvanecer qualquer dúvida sobre a natureza patológica da suspeita, Freud analisa a relação mãe-filha. Ele dirá que a ligação com o próprio sexo se opõe aos esforços da paciente de adotar, como objeto amoroso, alguém do sexo oposto. O amor à mãe dirige as representações das tendências da consciência moral que querem deter a jovem em seus primeiros passos rumo à satisfação sexual normal e consegue, de fato destruir a relação com o homem. Freud dirá que a mãe cumpre sua função normal, ao estorvar ou deter a atividade sexual da filha, função que se delineia na infância e que é sancionada pela sociedade. À filha compete desligar-se desta influência e, por uma medida pessoal, decidir-se pela permissão ou privação do gozo sexual. Um complexo materno muito intenso pode produzir um conflito neurótico, cujos fenômenos serão determinados pelas relações infantis com a imagem materna primitiva, e não atual. É nesta linha que Freud entende que a paciente fez um primeiro delírio paranoico, após o primeiro encontro com o amado, no qual colocava a mãe substituta no lugar de espiã e perseguidora hostil. Mas, depois do segundo encontro, acontece um novo delírio, que utiliza habilmente alguns acidentes casuais para destruir aquele amor e, assim, levar adiante a intenção do complexo materno.

Como os delírios eram em torno de ruídos escutados, Freud invoca aqui as fantasias primárias inconscientes, em especial aquela em torno do coito parental, a fantasia da cena primária. O ruído escutado ativa a fantasia típica de surpreender o coito dos pais. O amado ocupa o lugar do pai e a paciente, o da mãe. O papel de espiã infantil deve ser colocado numa pessoa estranha. "Torna-se visível a forma com que nossa heroína se liberou da dependência homossexual à mãe. Ela conseguiu isso por meio de uma pequena regressão. Em lugar de tomar a mãe como objeto amoroso, identificou-se com ela, ocupando seu lugar. A possibilidade desta regressão descobre a origem narcisista de sua eleição homossexual de objeto e, com isso, sua disposição para a paranoia" (p. 2014). Evidentemente, Freud ainda estava longe de saber o papel enorme que a identificação assumiria em sua obra, sobretudo, o quanto o que ele havia descrito pertencia a uma disposição identificatória normal da menina com sua mãe, tanto pré-edípica, baseada no amor, como edipiana, na qual o clima é de ódio à mãe, ali onde se dá a identificação, pautada na descoberta da castração materna. De maneira diferente, ambas, entre outros fatores, dão um colorido paranoico à constituição da sexualidade feminina. Freud dirá ainda, a propósito das interpretações errôneas sobre os ruídos, feitas pela paciente, que são muito frequentes e características da paranoia, ou seja, que elas se devem à consideração posterior das impressões e o deslocamento das recordações.

Na repulsa final ao homem interveio, além da consciência moral, a falta de satisfação sexual. Mas por que ela se defendeu do amor a um homem fazendo um delírio paranoico? Originalmente contra a mulher, efetuou-se no terreno mesmo da paranoia o avanço da mulher para o homem como objeto. Freud dirá que isso não é comum na paranoia, nem na neurose, que constitui um protótipo diferente, apoiado ainda no fato de que o sintoma não elimina o conflito, pois este prossegue e envolve o próprio sintoma. Mas sabemos que somente um avanço na investigação da enigmática sexualidade feminina, que se faria nos anos seguintes, poderia esclarecer esta enigmática passagem do objeto sexual, da mulher para o homem.

Se o texto *Sobre a psicogênese de um caso de homossexualidade feminina* (Freud, 1920) traz uma grande contribuição à análise da bissexualidade, das vicissitudes do complexo de Édipo feminino, da fixação no complexo materno — mas agora ligada a uma carência materna — entre outras fecundas questões, será em *Sobre a sexualidade feminina* (1931) que Freud, refletindo sobre a ligação da menina com a mãe, fará uma importante derivação para o entendimento da paranoia. A partir da constatação de que uma intensa ligação ao pai era precedida de uma intensa ligação à mãe e de que a duração desta primeira vinculação havia sido menosprezada, pois ia até pelo menos o quarto ano de vida, Freud coloca que "com isso, a fase pré-edípica da mulher adquire uma importância que até agora não se lhe havia atribuído"(p. 3077). Surpreso com o reconhecimento da importância desta fase prévia pré-edípica no desenvolvimento da criança pequena, que ele compara com a surpresa que constituiu a descoberta da cultura minoico-miscênica por trás da cultura grega, ele dirá que, para ele, foi sempre difícil ter acesso na análise, a esta primeira vinculação com a mãe, perdida que estava nas brumas do passado, vítima de uma repressão inexorável. Atribui isso a uma transferência de suas pacientes, que se aferrou à vinculação paterna para escapar da fase prévia em questão. Ele achava mais fácil a captação desta fase por analistas mulheres, pela vantagem em representarem transferencialmente substitutos maternos. Elas lhe transmitiram impressões que o fizeram conjecturar, juntamente com as reflexões destas, que tal fase de vinculação materna guardaria uma relação íntima com a etiologia da histeria, caracteristicamente feminina, bem como a fase em questão. Além disso, que nesta dependência da mãe se acha o germe da posterior paranoia na mulher. Tal germe se acharia no temor de ser morta ou devorada pela mãe, angústia que radica na hostilidade contra a mãe por causa das restrições que impõe no curso da educação e cuidados corporais, com o mecanismo projetivo facilitado pela imaturidade da organização infantil.

Na conferência sobre *A feminilidade* (Freud, 1932), ele vai ainda mais longe nas suas observações e teorizações sobre a importância da fase pré-edípica do relacionamento entre a menina e sua mãe, uma vez que não acha possível compreender a mulher sem levar em conta a fase da vinculação à mãe, anterior ao complexo de Édipo. Além da tendência à agressão e à rebeldia pelos limites e coerções que a mãe impõe, depois de ter seduzido e despertado a erogeneidade pelos cuidados sexuais, a esta são dirigidos os desejos sexuais infantis característicos das fases psicossexuais oral, anal e fálica, com seus impulsos ativos e passivos que, não podendo ser satisfeitos, são fonte de hostilidade. Também toda a ambivalência afetiva entre amor e ódio está presente nesta primeira relação amorosa, destinada ao fracasso. A mãe é também feita responsável pela falta de pênis percebida no complexo de castração da menina, que segue caminhos diferentes daquele do menino, pelo fato de a diferença sexual anatômica produzir diferentes consequências psíquicas.

É a partir destas observações que Freud dirá, em relação à paranoia, que as investigações sobre o período pré-edípico da menina trouxeram importantes descobrimentos. "Assim, descobrimos que o medo a ser assassinado ou envenenado, que pode logo constituir o **nódulo de uma enfermidade paranoica**, se dá neste período anterior ao complexo de Édipo, sendo a mãe a pessoa temida"(Freud, 1932, p. 3169). Ora, Freud não fala aqui que isso se refere apenas à menina, ou seja, pode referir-se também ao menino. Mas, nestes dois textos em que aborda a sexualidade feminina, a partir de uma postura de diferenciação psicossexual da trajetória da sexualidade masculina, ele, por diversas vezes, faz observações sobre a trajetória do menino. Diz, por exemplo, que a agressão contra a mãe é transferida no momento edípico para o pai, intensificando a hostilidade a ele dirigida e preservando a mãe do ataque hostil. Diz, também, que a bissexualidade da mulher é mais intensa que a do homem, devido a seu trajeto diferencial na sexualidade. Não haveria aqui um desconcerto e uma hesitação em atribuir igual importância à fase pré-edípica na trajetória psicossexual do menino? Ou seja, que no menino também está presente a fantasia passiva em relação à mãe fálica — ser a menininha da mamãe —, e não apenas a mulherzinha do papai. Fantasias que trazem toda a problemática do destino do feminino no homem, bem menos abordada por Freud do que o destino do masculino na mulher e que levará à questão final do descobrimento do complexo de castração que é a rocha da castração ou a recusa do feminino. Fantasias que trazem toda a problemática da identificação do menino com a mãe, identificação às vezes primária e maciça, como mostrou, por exemplo, Ruth Mac

Brunswick a respeito do episódio paranoico do Homem dos Lobos. Este descobrimento do núcleo pré-edípico da paranoia, que relativizaria ou complexificaria a problemática homossexual inconsciente nela presente, parece ser a contribuição destes textos sobre a feminilidade à nossa questão.

Green (1971), ao falar da feminilidade e da paranoia, dirá que, se Freud só falou dos germes da paranoia nas mulheres, devido à dependência da mãe, escritores posteriores a ele realçam a fixação na mãe com respeito à paranoia nos homens. Para ele, um fator importante na paranoia masculina é que ela constitui uma luta em duas frentes: uma contra a feminilidade e a outra contra a hostilidade (ao pai), a feminilidade e a agressividade unidas na mesma rejeição radical. A paranoia desfaz identificações, e a vacilação narcísica no paranoico é expressa pela despersonalização. O paranoico vive no mesmo dilema que o histérico, perguntando-se sobre sua identidade sexual; mas, enquanto no histérico a pergunta se dá no nível das identificações secundárias —"quem sou eu, homem *ou* mulher?"— para o paranoico ela se dá ao nível da identificação primária: "quem sou eu, homem *e* mulher?" O paranoico tem relações sociais ressexualizadas a um grau extremamente elevado. Quer eliminar o mal completamente, livrar o mundo da destruição em todas as suas formas. Começa este projeto renegando ou recusando sua própria agressividade destrutiva. "Deseja ser preenchido somente com o amor. Havendo expulso o mal, ele agora tem de aceitar tudo em nome do amor e bem soberano. Então, encontra o outro ou os outros e os acha maus e violentos. É aí que o conflito se inicia: se aceita passivamente a violência deles será destruído, mas se deve lutar contra sua violência, terá de ele mesmo usar a violência" (p. 112). Os impulsos destrutivos nos paranoicos são convertidos em masoquismo.

Para terminar este passeio pela paranoia e o feminino, vale a pena apontar a mudança de Freud, dezessete anos após o texto sobre a moça paranoica que contrariava a teoria psicanalítica sobre a questão da identificação da mulher com sua mãe. Ele diz, em seu artigo de 1932, que esta se dá em dois extratos, ambos importantes no futuro e nenhum deles suficientemente superado no desdobramento da vida sexual: um, anterior ao complexo de Édipo que, repousando na vinculação amorosa, toma a mãe como modelo, e outro, baseado no complexo de Édipo, que quer afastar a mãe e substituí-la junto ao pai. Freud dirá que a primeira é a mais decisiva para o futuro da mulher, pois a prepara para a aquisição das qualidades que necessitará para seu papel na função sexual, cumprindo suas inestimáveis funções sociais. Nela, adquirirá o atrativo para o homem, que converte a vinculação edípica à mãe em paixão, ainda que, muitas vezes, seja o filho que receba o que ele esperava obter.

3
A trajetória da conceitualização do quadro clínico da paranoia depois de Freud: alguns autores psicanalistas

A paranoia em Ferenczi: o papel da homossexualidade e do erotismo anal

Contexto e história

Sándor Ferenczi nasceu na Hungria, em 1873. Formado em medicina em Viena, em 1894, já se interessa pelos fenômenos psíquicos e pela hipnose. É como neurologista que encontra Freud pela primeira vez, em 1908, quando começa uma longa relação com aquele que se tornaria seu mestre, analista e amigo. Começa a praticar psicanálise em Budapeste. Morre repentinamente em 1933, em consequência de problemas respiratórios provocados por uma anemia perniciosa. Em seus últimos anos, cercado de controvérsias com os psicanalistas, deu novos rumos à psicanálise com trabalhos e conceitos muito criativos. Devido à polêmica, em especial com Ernest Jones, que havia sido seu analisando, e com Freud, sua doença foi cercada de boatos inverídicos sobre surtos paranoicos que teria tido nos últimos tempos.

Paranoia

A abordagem de Ferenczi da paranoia é muito próxima da de Freud. Para ele também, em seus três artigos em que aborda o tema, é a homossexualidade que desempenha o papel principal na patogênese da paranoia. Os pacientes acionam o mecanismo paranoico contra uma escolha de objeto homossexual. Na paranoia, trata-se do ressurgimento da homossexualidade até então sublimada. O enigma que resta saber é: quais são as condições para que a bissexualidade infantil evolua diferentemente para a heterossexualidade, a homossexualidade, a neurose obsessiva ou a paranoia? Em *O papel da homossexualidade na patogênese da paranoia* (1911), ele apresenta quatro casos que confirmam as teorias de Freud.

Em *Um caso de paranoia deflagrada por uma excitação da zona anal (complemento para o problema das relações entre a homossexualidade e a paranoia)* (1911), ele confirma a importância primordial da inversão sexual na patologia da paranoia. Na observação de numerosos paranoicos, a doença era provocada por fracasso da sublimação social da homossexualidade. São indivíduos cujo desenvolvimento foi perturbado no nível da passagem do amor egocêntrico para o amor objetal e que, em consequência de uma fixação narcísica infantil e de causas posteriores fortuitas, recaíram no estágio de desenvolvimento da inversão sexual, que se tornou intolerável para a sua consciência e os força a defender-se da perversão. Relata o caso de um camponês com mania de perseguição que tem a ideia fixa de que todo homem que se aproxima dele é um inimigo que quer envenená-lo, que o aponta com o dedo e que zomba dele, etc. Se o galo canta no pátio, se um estranho cruza com ele na rua, tudo é por causa dele. Seu ciúme da mulher, acrescido de seu desinteresse sexual atual por ela e seu desinteresse por atividades sociais antes altamente investidas indicavam a projeção de sua preferência por seu próprio sexo. Sua mudança psíquica havia ocorrido após duas intervenções cirúrgicas sucessivas por causa de uma fístula anal. Ele achava que a segunda havia sido mal feita, tendo-lhe trazido uma angústia mortal. Sua mulher confirma que suas ideias delirantes só apareceram após o desaparecimento da parestesia e da angústia provocada pela cirurgia. Mais tarde acusará o cirurgião de ter cometido propositalmente o erro. A necessidade de uma intervenção ativa de homens (os médicos) em torno do orifício anal do paciente pôde despertar, fazendo reviver lembranças infantis, as tendências homossexuais latentes ou sublimadas. Conhecendo a significação simbólica do bisturi, é mais particularmente a segunda intervenção, realizada sem anestesia, a que pareceu ter podido, por causa do ferimento causado, reavivar num modo regressivo a representação infantil do *coitus a tergo* (tendo o instrumento cortante sido profundamente introduzido no reto). Ferenczi perguntou sem rodeios ao paciente se na infância havia feito coisas proibidas ao que, com surpresa, ele relata um episódio por volta dos cinco ou seis anos, com um camarada, o mesmo que é hoje seu inimigo mais encarniçado, com quem brincava de galo e galinha, sendo que ele aceitara o papel passivo de ser galinha. Seu parceiro enfiava no ânus o pênis em ereção ou o dedo, ou cerejas que ele retirava com um dedo. Praticaram esta brincadeira até dez ou onze anos, quando compreendeu que era imoral e repugnante e deixou de pensar nisso. Só sentia desprezo por todos esses horrores. Essa lembrança mostra a fixação homossexual efetivamente muito intensa e prolongada do paciente, recalcada com energia e depois, em parte, sublimada. Por isso a brutal intervenção cirúrgica na zona erógena anal tinha criado forçosamente condições favoráveis ao despertar do desejo de repetir o jogo homossexual infantil sempre vivo no inconsciente. Mas o que outrora não passava de um jogo de crianças, a sexualidade, fora reforçado, desde então, até constituir-se na pulsão impetuosa e ameaçadora de um homem adulto e vigoroso. Não é de se surpreender que o paciente tenha tentado se garantir contra a localização anormal, perversa de uma tal quantidade de libido, procurando primeiro transformá-la em parestesia e angústia para depois projetá-la no mundo externo sob a forma de uma construção delirante. A parestesia que procedeu a eclosão da mania de perseguição (a subida da fístula anal até o estomago) apoiava-se com certeza na mesma fantasia inconsciente homossexual-passiva que fundou a organização delirante. Ele tentou resolver sua sexualidade desviando completamente do homem para voltar ao autoerotismo anal; seu delírio de perseguição corresponde ao "retorno do afeto recalcado": um despertar de seu amor pelos homens, por muito tempo sublimado, depois totalmente rejeitado. O "galo que cantava" no seu pátio, com seu lugar privilegiado no sistema delirante do paciente, também representava, sem dúvida, o seu inimigo mais encarniçado, o camarada de seus jogos de infância em que ele fazia o papel de galinha. Prognóstico incerto, no qual poderia ocorrer o desaparecimento mais ou menos total das ideias delirantes, se a fístula anal sarasse completamente, com melhora de sua condição física, reencontrando sua capacidade de sublimação de viver seus interesses homossexuais pelo canal da atividade social e da amizade em vez de uma grosseira perversão, menos inconsciente.

Em seus escritos póstumos foram encontradas anotações reunidas sob o nome de *Paranoia*, escritas ao redor de 1922. Ferenczi fala primeiro das relações entre alcoolismo e paranoia. O alcoolizado tem uma aumentada capacidade paranoica de projeção ao entregar-se à bebida. A censura, no sentido da repressão, falta no paranoico, já que todo o inconsciente passa ao consciente na forma da projeção. A ingestão do álcool conduz a uma acentuação da libido, uma ativação do inconsciente, resultante de um maior trabalho de projeção. O traço mais visível da paranoia do alcoolizado é a irrupção da homossexualidade, sob a máscara do ciúme hipocritamente exteriorizado com respeito ao sexo oposto. Também no homem normal a sublimação homossexual se relaxa com a ingestão de bebidas alcoólicas (beijos, abraços, etc.).

Em relação à percepção paranoica, Ferenczi fará agudas observações que muito se aproximam do artigo posterior de Freud *A negação*; ele falará da luta do paranoico contra o testemunho que lhe oferecem seus sentidos e suas recordações. O que se ama fica introjetado, absorvido no próprio eu. Na produção do amor objetal, introjeta-se a percepção objetiva. Aquilo que não se ama é recusado da consciência por repressão ou projeção. Na paranoia, os órgãos dos sentidos corrigem por um tempo as ideias de relação primitivamente indefinidas e carentes de objeto. Mas logo os órgãos do sentido, como as recordações, submetem-se ao desejo de conectar os sentimentos de relação com objetos adequados (ilusões, alucinações, truques de memória). O paranoico projeta, tomando como base a mais leve desculpa etiológica. O paranoico associa evidentemente suas paixões e suas desagradáveis ideias de relação ao fato de que sua aguçada visão percebe corretamente o leve grau de persistente interesse sexual que todos os homens, ainda que não conscientes dele, sentem com relação a todos os seres viventes, mas, de acordo com sua própria maneira de ser, o exagera quantitativamente. No entanto, as queixas paranoicas não só contêm um elemento de verdade, na medida em que constituem a descrição de uma realidade endopsíquica, como contêm provavelmente um rastro de realidade objetiva, distorcida de maneira delirante. As falsificações alucinatórias do paranoico são uma confirmação, à maneira da realização onírica de desejo, de sua ideia delirante. Representam a vitória de seu desejo projetivo sobre a evidência de seus sentidos.

Ferenczi faz uma observação sobre a sensação de estar sendo observado por portar roupa nova, dizendo que ela se constitui por exibicionismo projetado. Faz também uma analogia entre sonho e paranoia: um sonho é uma projeção paranoide, a transformação de um estado subjetivo no qual algo de que se vê privado o sonhante se transforma numa representação objetiva, com uma mudança de sinal que é a realização de desejos. Nos sonhos, diz ele, somos erotomaníacos: todas as mulheres são apaixonadas por nós, ou porque estamos insatisfeitos na realidade, ou porque as odiamos.

Finaliza o artigo sugerindo indicações técnicas para análise do paranoico:

1) Não se deve discutir com um paranoico.
2) Suas ideias delirantes devem ser aceitas, isto é, tratadas como se fossem passíveis de ser objetivamente

reais, se bem que isso deve ser feito com certas precauções.

3) Pode-se conseguir um vestígio de transferência mediante certa adulação (especialmente observações em que se reconheça sua inteligência; todos os paranoicos são megalomaníacos).

4) Os paranoicos interpretam seus sonhos melhor do que ninguém. Sabem interpretar seus sonhos; falta-lhes censura.

5) É difícil fazê-los falar mais além do que eles mesmos expõem ou mostram. Mas um paranoico (quando se acha em um bom estado de ânimo) facilmente se mostra disposto a permitir-se um jogo desinteressado de ideias (isso é o que ele entende por análise). Isto lhe permite descobrir as coisas mais importantes, mas não é fácil conseguir que o paranoico continue com esse jogo. Se se observa que o tratar de induzi-lo a isso o piora, será melhor deixar que continue à sua maneira.

6) O paranoico se ofende quando se toma a liberdade de assinalar-lhe seu inconsciente, porque nada de seu lhe parece inconsciente, conhece-se a si mesmo completamente. "O certo é que conhece a si mesmo muito melhor do que eu conheço os não paranoicos; salvo o que projeta, tudo seu está facilmente a seu alcance", conclui Ferenczi.

Ferenczi aprofundou muito o estudo da homossexualidade masculina propondo muitas diferenciações, uma verdadeira nosologia dela, sob o nome que ele propõe de homoerotismo, por realçar, ao contrário do termo biológico de sexualidade, o aspecto psíquico da pulsão. Diferencia o aspecto neurótico obsessivo do homoerotismo ativo ou de objeto do homoerotismo subjetivo ou passivo, este mais na linha da perversão (Ferenczi, 1914).

Ferenczi, ao trabalhar com pacientes dito difíceis, fará descobertas muito importantes que prepararão o caminho para Balint e Winnicott trazerem as suas contribuições nas décadas seguintes. Por meio de modificações na técnica analítica, enfatizando, muitas vezes, que o que é considerado dificuldade na análise do paciente, diz respeito à questão de até que ponto foi a análise do analista, permitirá proporcionar aos pacientes em análise, um estado de regressão no qual eles poderão reviver traumatismos muito precoces. Para ele, o papel do analista refere-se sobretudo a alguém com quem se possa compartilhar e comunicar alegria e sofrimento, o que cura o trauma. A partir destas experiências, descobre o valor da figura da ternura, da benevolência e do acolhimento da mãe na constituição do psiquismo, garantindo um espaço para a transferência materna na análise, embora também atribuísse importância à ternura do pai. Elabora a noção de autoclivagem narcísica que ocorre muito precocemente, sobretudo em crianças mal acolhidas e amadas a partir do nascimento, que sofreram traumatismos precoces. Sob a pressão de um perigo iminente, um fragmento delas mesmas se cliva sob a forma de instância autoperceptiva, querendo vir em sua própria ajuda desde a primeiríssima infância. Através da figura de um bebê sábio, falante, que costuma aparecer nos sonhos de pacientes adultos — criança que se põe a ensinar sabedoria a toda sua família — mostra o quanto as crianças que sofreram muito moral e fisicamente pelo medo dos adultos enlouquecidos, amadurecem subitamente, adquirindo inclusive traços fisionômicos de sabedoria e idade e têm uma tendência a envolver maternalmente os outros, transmitindo a eles seus conhecimentos penosamente adquiridos pelo tratamento de seus próprios sofrimentos (Ferenczi, 1931).

A paranoia em Lacan: paradigma de um sistema de pensamento

O contexto de uma história de vida

Jacques Marie Émile Lacan nasceu em Paris, em 1901, numa família de pequenos comerciantes burgueses, vindos de uma longa linhagem de negociantes de tecidos, vinagres e condimentos, católicos devotos. Lacan cedo rejeita o comércio, sonhando com a glória e o poder intelectual. Casa-se aos trinta e três anos, com Marie-Louise Blondin, com quem teve três filhos: Caroline, Thibaut e Sybille. Em 1939, Lacan passa a se relacionar com Sylvie Bataille, ex-mulher de George Bataille, criando sua filha Laurence e tendo mais uma filha, Judith, que teve de ser registrada com o nome Bataille, devido ao fato de Lacan e Sylvie ainda serem legalmente casados. Sybille nasce quase ao mesmo tempo que Judith. Esta passa muitos anos desconhecendo a existência dos irmãos e estes a dela. Judith só passará a ter Lacan em seu nome na sua juventude e, mesmo assim, por cerca de dois anos, quando se casa com Jacques Alain Miller, que será o responsável oficial pela obra de Lacan após sua morte.

Lacan fez parte da segunda geração de psicanalistas na França, chegando à psicanálise no começo dos anos 30. A partir de um discurso freudiano transformado, tornou-se chefe de escola, fazendo parte, sempre de maneira polêmica, do movimento psicanalítico. Em1963, será forçado a deixar a

Associação Internacional de Psicanálise, pelas discordâncias desta com sua concepção do tempo de sessão e com suas concepções sobre formação. Em 1964, ele funda a Escola Francesa de Psicanálise que, após um rico trajeto povoado de cisões e dissensões, será dissolvida por ele pouco antes de sua morte.

Na juventude, Lacan abandona os valores cristãos familiares, após grave crise melancólica, e se dedica à filosofia, especialmente a Espinosa e a Nietzsche e à descoberta do primeiro surrealismo e de Joyce. Faz seus estudos de medicina no início dos anos 20, especializando-se como psiquiatra. Seu mestre predileto em psiquiatria foi Clérambault, que, baseando-se na síndrome de automatismo mental, separou as psicoses alucinatórias dos delírios passionais. Classificou, entre estes, aquilo a que chamou de *loucura do amor casto*, a erotomania, cuja fonte principal reside num enorme orgulho sexual, representação que, mesmo sendo louca, não deixava de ser lógica. Não obstante o seu conservadorismo doutrinal, Clérambault partilhava com Freud e os surrealistas a ideia de que a loucura era vizinha da verdade, a razão da desrazão, a coerência do desregramento. Sua influência transparece no primeiro escrito de Lacan, *Estrutura das psicoses paranoicas* (1931), cujo estilo já anunciava o da tese de 1932. Lacan começa por homenagear Emil Kraeplin, Paul Sérieux e Joseph Capgras, cujos trabalhos haviam permitido isolar a paranoia. Mas propõe modificações seguindo o ponto de vista clínico e médico-legal. Divide o domínio das psicoses paranoicas em três tipos: a constituição paranoica, o delírio de interpretação e os delírios passionais. Para o primeiro, propunha sem crítica as teses clássicas que colocavam a constituição paranoica organizada em torno de quatro temas: superestima patológica de si, desconfiança, falsidade de julgamento, inadaptabilidade social. Lacan reivindicava, para descrever a estrutura paranoica, uma doutrina conservadora, que abandonaria um ano mais tarde. O paranoico era então descrito por ele como um mau soldado, um aluno sempre punido, um autodidata admirado pelos porteiros ou um pobre revoltado. Mas, se colocado na direção certa dos acontecimentos pela fortuna, pode tornar-se um grande intelectual, um reformador da sociedade, da sensibilidade. A descoberta freudiana era apenas mencionada, mas para dizer da sua incapacidade de curar a paranoia. No limiar dos anos 30, a teoria psicanalítica ainda não se tornara um instrumento para Lacan (Roudinesco, 1993).

O contato com o texto de Salvador Dali, *O asno podre*, em que este sustentava uma tese original sobre a paranoia, permite que ele rompa com a doutrina das constituições e passe a uma nova apreensão da linguagem no domínio das psicoses. É no quadro da busca do surrealismo, a partir do segundo manifesto, da invenção de um modo criativo de conhecimento da realidade, que Dali põe a serviço do movimento sua famosa técnica da paranoia-crítica. Para ele, a paranoia funcionava como uma interpretação delirante da realidade, um fenômeno pseudo-alucinatório que permitia o aparecimento de imagens duplas, cuja existência tornava caduca a concepção psiquiátrica da paranoia como erro de julgamento ou delírio racional. Todo delírio já é uma interpretação da realidade e toda paranoia uma atividade criadora lógica. No momento em que Lacan lia a obra de Freud, ele encontrava na posição de Dali, a teorização de sua experiência clínica em matéria de paranoia. Lacan traduziu para a *Revue Française de Psychanalyse* o artigo de Freud *Acerca de alguns mecanismos neuróticos no ciúme, na paranoia e na homossexualidade*, o que fazia parte tanto da sua busca de uma nova concepção da paranoia como da tradução de Freud em curso na Sociedade Psicanalítica de Paris (Roudinesco, 1993).

Primeiro momento: Da psicose paranoica em suas relações com a personalidade

"O ano de 1931 foi, portanto, uma época de transição para Lacan. Ele começou a efetuar uma síntese, a partir da paranoia, de três domínios do saber; a clínica psiquiátrica, a doutrina freudiana e o segundo surrealismo. Síntese que se apoiava sobre um notável conhecimento de filosofia — Espinosa, Jaspers, Nietzsche, Husserl e Bergson, em particular— e que lhe permitirá elaborar a tese de Medicina, que será sua grande obra da juventude, *Da psicose paranoica em suas relações com a personalidade,* de 1932, e que fará dele um chefe de escola" (Roudinesco,1993, p. 48). Esta obra é baseada no encontro de Lacan com Marguerite Pantaine, que ele chamou de Aimée, como psiquiatra perito policial que era, trabalhando, sob a chefia de Clérambault, numa chefatura de polícia com alienados. Aos trinta e oito anos, em 18 de abril de 1931, ela tirou uma faca da bolsa para tentar assassinar a atriz francesa Huguette Duflos, quando ela chegava ao teatro para representar. Nada de grave aconteceu a esta, mas Margueritte foi dominada, presa e, após mergulhar em um delírio por vinte dias, foi internada na clínica de Saint-Anne, com um diagnóstico de "delírio sistemático de perseguição à base de interpretações com tendências megalomaníacas e substrato erotomaníaco". Lacan a encontra pela primeira vez em 18 de junho de 1931. "Ao cabo de uma incrível investigação, o brilhante psiquiatra apropriou-se do destino desta mulher para construir um caso no qual projetou não apenas a sua própria representação da loucura feminina, mas também suas obsessões familiares e fantasísticas. Tomou dela seus textos, fotografias e toda a história de sua vida, com avidez feroz e sem lhe restituir nada jamais. Se Lacan só se interessava por esta mulher para ilustrar sua doutrina da paranoia e redigir uma obra teórica que faria dele o fundador de uma nova discursividade freudiana, ela sempre se mostrou rebelde a ele e acusou-o por toda vida de ter feito dela o objeto de um saber psiquiátrico cujo caráter repressivo ela rejeitava" (Roudinesco, 1993, p. 49-50).

A inspiração de Espinosa se faz notar na tese, ao enfocar a paranoia — a loucura em geral — não mais como um fenômeno deficitário decorrente de uma anomalia, mas como uma diferença ou discordância em relação à personalidade normal. Lacan propunha cinco noções para definir a natureza do fenômeno paranoico: a personalidade, a psicogenia, o processo, a discordância e o paralelismo. Essa definição inaugura um modo de pensamento tópico, à maneira de Freud, que se manifestará ao longo de toda sua trajetória intelectual. O sujeito como a soma das representações conscientes e inconscientes empregadas dialeticamente numa relação com outrem e com a sociedade, é assim que ele é colocado na tese de 1932. Essa concepção vai no sentido de uma fenomenologia psiquiátrica, que se corrige com a noção de personalidade da forma como ela é forjada por Lacan. Esta era dotada de uma organização específica que ele chamava de *psicogenia*. Um sintoma de natureza psicogênica deveria ser determinado pela história do sujeito — referir-se à história psíquica do sujeito — e o tratamento, depender de uma modificação da situação vital desse mesmo sujeito. Sem rejeitar a causalidade orgânica, ela se encontra fora da psicogênica. "Dessa perspectiva, a etiologia da paranoia e da psicose em geral dependia de uma história concreta do sujeito em suas relações com o mundo, mesmo quando interviesse, eventualmente, uma sintomatologia de origem orgânica" (Roudinesco, 1993, p. 61).

Por que a escolha deste caso clínico, de Marguerite, para demonstrar o conjunto doutrinal da primeira parte da tese? É o próprio Lacan quem o diz (Lacan, 1932) no início de seu trabalho: primeiro, pela observação quase cotidiana desta doente por um ano e meio e um exame completo feito através de todos os meios que nos oferecem o laboratório e a pesquisa social. Segundo, pelo caráter demonstrativo de certos problemas nosológicos e patogênicos da paranoia particularmente em suas relações com a personalidade, que este tipo clínico pode demonstrar.

No seminário sobre as psicoses (Lacan, 1955-1956), ao refletir sobre a significação do delírio, Lacan marcará bem qual foi a sua maior contribuição na tese. Pascal fez elogio à loucura necessário, Kraeplin conceituou o delírio paranoide, dependente de causas internas. Capgras acrescentou ao elemento emocional da vida do sujeito delirante uma crise vital ao qual se liga em suas relações externas. Wernicke postulou o delírio de relações. Clérambault propôs a importante diferenciação entre psicose paranoica e psicose passional e a diferenciação entre delírio de interpretação e delírio de reivindicação. Lacan conceitua o fenômeno elementar do delírio. É sempre a mesma força estruturante que está trabalhando no delírio, quer o consideremos em uma de suas partes, quer em sua totalidade. "O delírio não é deduzido, ele reproduz sua própria força constituinte, é ele, também, um fenômeno elementar" (p. 28). Elementar com o sentido de *estrutural*. Toda a dificuldade de abordar o problema da paranoia resulta de que ela se encontra no plano da compreensão. O fenômeno elementar está no nível da interpretação.

Mas Roudinesco aponta também outras razões para a escolha do caso. Tal como em Marguerite, a vontade de ser bem-sucedido foi, para ele, o significante maior de um desejo de mudança de identidade. Ela era como um duplo de si mesmo, aspirando o mesmo êxito intelectual, a mesma celebridade. Mulher autodidata e solitária cujo destino poderia ter sido o seu se, em vez da carreira médica, tivesse se entregue à errância e ao delírio.

Ao abordar o caso Aimée, Lacan passa do domínio da psiquiatria para o da psicanálise. A partir de então, é Freud quem dará os conceitos clínicos e a filosofia a base teórica para seu procedimento. Mostrava, com o caso, três coisas: que a significação inconsciente do motivo paranoico aparecia num mecanismo de delírio a dois, no qual a irmã mais velha substituía a mãe, que a paranoia de Margueritte surgia no momento de perda do primeiro filho e que a erotomania estava ligada à homossexualidade (Roudinesco,1993). Ela se interessava por mulheres célebres porque representavam seu ideal de eu, mas ao mesmo tempo, pelo príncipe de Gales para satisfazer sua rejeição das relações heterossexuais e para desconhecer as pulsões experimentadas em relação a seu próprio sexo. Ao atacar a atriz, atacava seu próprio ideal. Se ela fere a si mesma e realiza assim seu próprio castigo é porque transforma sua reivindicação paranoica em uma paranoia de autopunição. E Lacan fazia desse mecanismo um verdadeiro protótipo, a ponto de querer acrescentar esta entidade nova à nosologia já tão cheia da psiquiatria. Aplicando a teoria das três causas, a causa eficiente seria o conflito moral com a irmã, que determinava a estrutura e a permanência do sintoma e traduzia-se numa fixação da personalidade no estádio do complexo fraterno: a causa ocasional, a que provocava uma modificação na organização do sujeito; e a causa específica era a tendência concreta e reativa — a pulsão autopunitiva — no caso de Aimée. Com esta teoria, Lacan acentuava a recusa de uma origem única e a determinação múltipla da psicose. Não há também essência da doença, já que sua natureza é dada pela natureza da cura. Lacan privilegiava assim a história da personalidade, e a paranoia aparecia como um remanejamento desta, como uma mutação no eu, um hiato entre a situação anterior e a eclosão do delírio. A paranoia de autopunição ainda tinha o traço marcante de ser curável, através mesmo do ato criminoso que produz o sujeito acometido de um delírio, o que reabria toda a questão da tratabilidade e prevenção da loucura. Prudentemente, preconizava um tratamento adaptado à natureza da doença, abandonando o tratamento repressivo de quando ainda era o adepto de Clérambault, fazendo o elogio do tratamento psicanalítico, da profilaxia e da tolerância. Lacan abordava a loucura não como oposta a um resto de razão que permanecia em seu interior multiplamente determinado: abordava-a a partir da revolução freudiana e do primado do inconsciente. Ele se recusava a integrar a psicanálise à psiquiatria, mostrando ainda "a necessidade absoluta de fazer sobressair o inconsciente freudiano de toda nosografia psiquiátrica" (Roudinesco, p. 64-5).

Mas o avanço teórico que ele realizava no terreno do saber psiquiátrico era defasado da terminologia que ele usava para pensar este avanço. Isto porque continuava prestando tributo a uma certa leitura de época da segunda tópica de Freud, pautada na análise do eu e das resistências, em detrimento da exploração do inconsciente. Roudinesco nos diz que duas interpretações da segunda tópica eram possíveis a partir de 1920: uma que visava o primado da determinação do inconsciente sobre o sujeito (o isso mais forte que o eu) e outra que tendia a atribuir, pelo contrário, um lugar preponderante ao eu. Essa segunda leitura prevaleceu, impôs-se no interior da Associação Psicanalítica Internacional, no entre-guerras, pois facilitava o estabelecimento das regras-padrão para a formação de analistas. É por intermédio dela que Lacan descobre a prática psicanalítica. "Seu início de análise com Loewestein, em 1932, não é alheio a esta defasagem, bem como ao mal-estar de não ter podido analisar Aimée por não ser ele próprio analisado ainda. Isto ilustra o lugar ocupado pela tese em seu percurso: ainda uma obra de psiquiatria embora sendo já um texto de psicanálise" (Roudinesco, 1993, p. 66).

Em 1933, Lacan publica dois textos sobre a paranoia: *O problema do estilo e a concepção psiquiátrica das formas paranoicas da experiência* e *Motivações do crime paranoico*: *o crime das irmãs Papin*. Neste último, ele relata o caso de duas irmãs, empregadas domésticas, que por um motivo fútil — a falta de luz em casa — mataram e esquartejaram suas patroas. Lacan, ao investigar as razões do crime paranoico, apresenta a concepção de que o outro é o que o criminoso queria ser; então ele tem de anular o outro para que possa existir, senão perde-se nele. Para ele, o que provocou o crime foi a realização de fantasias arcaicas estruturantes do psiquismo do criminoso, fantasias de estripação, a que chamou de corpo despedaçado. As fantasias paranoicas, evidenciadas por Lacan, estão presentes em todos nós, mas a diferença é que o paranoico as coloca em prática (Leite, 2000).

Segundo momento: O estádio de espelho (1936-1949), A família (1938), A agressividade em psicanálise (1948)

Esses três textos fazem parte da elaboração lacaniana sobre o imaginário.

O estádio de espelho (Lacan, 1936-49) foi apresentado pela primeira vez em 1936, no Congresso de Marienbad. Nesta primeira versão, é a constituição da estrutura psíquica que se elabora, bem como a constituição da realidade. Na segunda versão, de 1949, será a constituição do eu que será o foco de Lacan. Como Melanie Klein, Lacan foi conduzido a uma releitura da segunda tópica de Freud que ia no sentido oposto ao da psicologia do ego. Esta fazia uma leitura da segunda tópica na qual o eu era uma diferenciação progressiva do isso, agindo como representante da realidade e tendo a seu cargo conter as pulsões. As leituras de Klein e Lacan, ao contrário, estudavam a gênese do eu em termos de identificação, e não de autonomização do eu. "Se a primeira opção buscava tirar o eu do isso a fim de fazer dele o instrumento de uma adaptação do indivíduo à realidade externa, a segunda procurava reconduzir o eu ao isso para mostrar sua estruturação em função de imagos emprestadas do outro" (Roudinesco, 1993, p. 125).

Para sua concepção de estádio de espelho, Lacan toma emprestado de Wallon a experiência por ele descrita de um rito de passagem entre os seis e oito meses na qual a criança, ao olhar-se no espelho, se reconhece com júbilo e unifica seu eu no espaço. Mas, em Lacan, o estádio de espelho tem a ver com o lugar que toma o outro como espelho que antecipa a imagem unificada da criança que, na experiência atual, vive seu corpo como despedaçado, fragmentado: "corps morcelée", dirá Lacan. E é precisamente porque o homem sente da maneira mais penosa a ameaça do despedaçamento da representação da unidade do corpo humano que ela deve afirmar-se. É nos seis primeiros meses de prematuração biológica que vem fixar-se esta angústia do despedaçamento. O estádio do espelho é uma operação psíquica, ontológica, pela qual se constitui o ser humano numa identificação com seu semelhante quando percebe, em criança, sua própria imagem no espelho. Ele é a matriz do devir imaginário do eu, o eu ideal. Lacan toma ao pé da letra e ao mesmo tempo inventa, aprofundando, o conceito principal do texto freudiano "*Introdução ao narcisismo*", do narcisismo como um novo ato psíquico que unifica as pulsões autoeróticas.

Em 1938, Lacan foi convidado para escrever o verbete "família", no volume VII ("A vida Mental"), da *Encyclopédie française*, que Wallon fora encarregado de preparar. Este famoso texto de Lacan sobre a família trazia nos seus intertítulos um certo número de conceitos e noções que iriam servir posteriormente de armação para o conjunto da teoria lacaniana: imago do seio materno, complexo de desmame, apetite da morte, nostalgia do todo, identificação mental, estádio do espelho, complexo de castração, supereu arcaico, declínio da imagem paterna, formas delirantes do conhecimento, neurose de autopunição, prevalência do princípio masculino. Segundo Roudinesco, estes termos procediam de diversos horizontes do saber, e neles se achavam misturadas todas as disciplinas que haviam nutrido o pensamento do jovem Lacan. Tratava-se de uma síntese entre o vocabulário da psiquiatria e a terminologia da escola psicanalítica francesa, ao qual se acrescentava uma leitura firme do artigo *Os primeiros estádios do conflito edipiano*, de Melanie Klein, e uma influência filosófica de Kojève e Wallon que permitiu a elaboração de uma teoria do imaginário mais kleiniana que freudiana, segundo a autora. Quanto à análise sociológica da família, a influência de sua frequentação no Colégio de Sociologia o levou a formular a ideia de que o pertencimento de um sujeito a seu ambiente não devia mais ser definido como um contrato entre um indivíduo livre e uma sociedade, mas como uma relação de dependência entre um meio e um indivíduo, ele próprio determinado por ações específicas devidas a um modo preciso de interiorização dos elementos do meio. A família era então, ao mesmo tempo, um cristal tradicional de um organismo social e um objeto antropológico a ser submetido a rigorosos critérios de análise científica.

Utilizando o conceito freudiano de *complexo*, para descrever uma estrutura na qual predominava o fator cultural em detrimento da fixidez instintual, que tinha como elemento constitutivo a imago — lugar da representação inconsciente — Lacan tenta compreender a estrutura da instituição familiar, tomada entre o fenômeno cultural que a determina e os vínculos imaginários que a organizam. Prefigurando o que será a tópica lacaniana do real, imaginário e simbólico, três estádios formavam o modelo de toda a interpretação do desenvolvimento individual: o complexo do desmame, o complexo de intrusão e o complexo de Édipo.

Lacan dirá que o complexo do desmame fixa no psiquismo a relação de amamentação sob o modo parasitário que as necessidades da primeira idade do homem exigem; ele representa a forma primordial da imago materna, fundando os sentimentos mais arcaicos e estáveis que unem o indivíduo à família. Roudinesco resume com maestria: "Assim, o desmame deixava, no psiquismo, o vestígio da relação biológica que ele interrompia, ao mesmo tempo que dava expressão a uma imago mais antiga: aquela que, no nascimento, havia separado a criança da matriz, que a obrigava a uma prematuração específica de que resultava um mal-estar que nenhum cuidado materno podia reparar. Esta prematuração distinguia o homem do animal. Quanto à recusa do desmame, ele fundava o aspecto positivo do complexo;

restabelecia sob a forma de uma imago do seio materno a relação nutricial interrompida. A existência dessa imago dominava então o conjunto da vida humana, como um apelo à nostalgia do todo. Ela explicava, na mulher, a permanência do sentimento da maternidade. Mas, quando esta imago não era sublimada para permitir o vínculo social, tornava-se mortífera. Pois, nesse caso, o complexo não mais respondia às funções vitais, e sim à insuficiência congênita dessas funções, donde um "apetite de morte" capaz de revelar-se em suicídios não violentos, tais como a anorexia mental, a toxicomania (pela boca) ou a neurose gástrica. 'Em seu abandono à morte, o sujeito busca reencontrar a imago da mãe" (p. 158).

O complexo da intrusão era definido como a fixação, pela identificação mental, da relação dual do sujeito com seu semelhante. Uma mesma estrutura narcísica do eu era construída tendo por elemento central a imagem do duplo, seja no drama doméstico do ciúme fraterno, em que a ordem dos nascimentos situava cada um na posição dinástica de um privilegiado ou de um usurpador, seja no estádio de espelho, em que cada um restaurava a unidade perdida de si próprio. Quando o sujeito reconhecia o outro, sob a forma de um vínculo conflitual, ele chegava à socialização. Quando, ao contrário, reencontrava o objeto materno, apegava-se a um modo de destruição do outro que tendia à paranoia (Roudinesco, 1993).

O terceiro estádio é o do complexo de Édipo, que introduziria uma triangulação capaz de definir a forma específica da família humana. Lacan sublinhava que Freud fora o primeiro a mostrar a importância da sexualidade na questão da instituição familiar, fundando sua teoria numa dissimetria quanto à situação dos dois sexos. "Mas, em seguida, propunha uma 'revisão psicológica' do problema do Édipo, que consistia em operar uma junção entre seus próprios trabalhos e os de Melanie Klein, dos quais acabava de tomar conhecimento" (p. 158).

"A *agressividade em psicanálise*" (Lacan, 1948) é um texto que integra certas teses kleinianas aos temas já enunciados. À leitura da segunda tópica que estabelecia uma diferença entre o eu (*moi*), lugar imaginário de todas as resistências e o *je*, indicação de uma posição de realidade do sujeito, ele toma emprestada a noção kleiniana de posição paranoide, fazendo do eu (*moi*) uma instância de desconhecimento organizada numa estrutura paranoica. Ao postular a hipótese da existência de tal estrutura, Lacan postula que a técnica analítica serve para pôr em cena a transferência negativa ao induzir, contra o desconhecimento do eu, uma paranoia dirigida. "Desse modo, Lacan concordava com Melanie Klein quanto à necessidade, na formação analítica, de conceder um lugar primordial à transferência e de não fazer do eu o lugar de uma apropriação do isso. Mas conservava uma orientação que lhe era própria sobre a questão da separação entre o *je* e o eu (*moi*) e sobre a questão da paranoia dirigida" (Roudinesco, 1993, p. 206).

Terceiro momento: O seminário sobre as psicoses (1955-1956)

Este momento, conhecido como a segunda retomada estrutural, faz parte da elaboração do simbólico e é marcado pela introdução do conceito de foraclusão e de nome-do--pai. Lacan conduz este seminário comentando longamente a paranoia do presidente Schreber. Já tivemos ocasião de discutir acima a gênese da diferenciação dos quatro mecanismos de defesa: denegação, renegação, repressão e recusa ou rejeição. Lacan propõe traduzir o termo *Verwerfung* por foraclusão, por tratar-se de um mecanismo específico da psicose em geral, definido a partir da paranoia, que consistia numa rejeição primordial de um significante fundamental para fora do universo simbólico do sujeito. Os significantes foracluídos, ao contrário dos reprimidos, não são integrados ao inconsciente do sujeito, mas retornam ao real por ocasião de uma alucinação ou de um delírio que vem invadir a fala ou a percepção do sujeito.

Mas é também a partir da paranoia de Schreber que Lacan vai teorizar a noção de nome-do-pai, já utilizada desde 1953, mas formulada pela primeira vez como conceito em 1956. Vai também formular a binaridade A/a (Autre/autre), o estabelecimento definitivo dos termos, grande Outro e pequeno outro. O inconsciente seria o discurso do Outro, enquanto o lugar do pequeno a era o do eu imaginário, que se tornava um resto preso ao real e não simbolizável, objeto como falta e como causa do desejo. Mas para conceber a binaridade A/a, Lacan fará, em 1954, toda uma distinção precisa entre ideal do eu e eu ideal que não existia como tal em Freud. Neste, eu ideal era uma formação intrapsíquica que designava o ideal de onipotência narcísica do sujeito, forjado no modelo de narcisismo infantil. Nunberg, em 1932, havia tornado o eu-ideal uma formação geneticamente anterior ao supereu. Dizia que, ao longo de sua evolução, o sujeito deixa atrás de si o seu ideal narcísico, embora aspirando retornar a ele, em especial nas psicoses. Lacan vai definir o eu-ideal como uma formação narcísica pertencente ao registro do imaginário, que tinha sua origem no estádio do espelho, e o ideal do eu como uma função simbólica capaz de organizar o conjunto das relações do sujeito com outrem. Neste sistema, Lacan, inspirado em Lévi-Strauss, introduzia a universalidade do tabu do incesto como passagem da natureza à cultura. Ela permitia pensar uma oposição entre a função simbólica do pai, representante da cultura e encarnação da lei, e a posição imaginária da mãe, dependente da ordem da natureza e condenada a fusionar-se com o filho, como objeto fálico de um pênis faltante. Daí que Lacan entende a fase edipiana como passagem da natureza à cultura. Se a sociedade humana é dominada pelo primado da linguagem (o Outro, o significante), isto implica que o polo paterno ocupa, na estruturação histórica de cada sujeito, um lugar análogo. Haverá, em relação ao polo paterno, um deslocamento de termos de função do pai a função do pai simbólico — à metáfora paterna — para finalmente a função ser designada pelo conceito de nome-do-pai, concomitante à teorização da noção de foraclusão e tributário do estabelecimento de uma teoria do significante. A passagem da natureza à cultura se dá porque o pai, "sendo a encarnação do significante por nomear o filho com seu nome, intervém junto a este como privador da mãe, dando origem a seu ideal do eu" (Roudinesco, 1993, p. 291).

Roudinesco aponta o quanto a invenção por Lacan, entre 1953 e 1963, de um sistema estrutural fundado na revalorização de uma função simbólica que o pai tem remete à própria história de Lacan. Sua posição, no texto sobre a família de 1938, de um declínio inelutável da imago paterna na sociedade ocidental, remetia à posição enfraquecida de seu próprio pai. Educado tiranicamente ele próprio por um pai temível, Alfred Lacan mostra-se um pai afetuoso, devotado, cheio de boa vontade, mas incapaz do menor interesse pelo gênio intelectual do filho mais velho, que ele considerava um ser volúvel e irresponsável. Partindo do rebaixamento da condição paterna com a qual havia sofrido em sua infância, ele fazia surgir o conceito de nome-do-pai do horror que lhe inspirava ainda a figura de Émile, o pai do pai. E juntava-se a esta lembrança o peso de sua própria experiência de paternidade. Sentindo-se culpado por não ter podido dar seu nome à filha, Lacan teorizava a ideia de que somente um ato de fala — uma nomeação — podia permitir um pai autenticar sua descendência.

Como vimos no capítulo anterior, na análise do caso Schreber Freud não fez nenhuma aproximação entre o sistema educativo do pai e a gênese da paranoia no filho, ainda que já tivesse observado a analogia entre os delírios paranoicos e os grandes sistemas rígidos que pretendem transformar a natureza humana. No quadro da nova teoria das psicoses proposta por Freud, cujo modelo paradigmático era a paranoia, viu, nos berros de Schreber contra Deus, a expressão de uma revolta contra o pai; depois, viu na homossexualidade recalcada a fonte do delírio e, por fim, na transformação do amor em ódio, o mecanismo essencial da paranoia. Quando Lacan comenta as memórias do presidente Schreber, durante todo o ano de 1955, sua posição em relação à paranoia é muito diferente da de Freud. A paranoia não era uma defesa contra a homossexualidade, mas era dependente estruturalmente de uma função paterna. Da leitura do texto de Schreber, fazia surgir os vínculos entre os enunciados educativos do pai e a loucura do filho. Mas Lacan também transformava as ideias freudianas que aproximavam conhecimento paranoico de conhecimento racional e teórico, nas quais o primeiro era atribuído ao investimento homossexual e o segundo, à rejeição deste. Não se torna louco quem quer. Louco seria aquele que tem uma ideia adequada da loucura, a ponto de esta, longe de ser uma realidade, converter-se numa verdade que o homem traz em si como limite à sua liberdade. Se Lacan partilhava com Freud a ideia de que a paranoia era o paradigma das psicoses, a introdução dos novos conceitos fizeram-no entender a paranoia de Schreber como uma foraclusão do nome-do-pai. Se vários analistas — inclusive Freud — haviam notado o vínculo entre o sistema educativo do pai e o delírio do filho, Lacan foi o primeiro a teorizá-lo e a precisar seu funcionamento no delírio autobiográfico de um narrador louco. Sob a pena deste, aparecia um universo povoado de instrumentos de tortura estranhamente semelhantes às aparelhagens de normalização descritas nos manuais educativos que traziam na capa o nome de D.G.M. Schreber, esse "nome-do-pai" excluído ou censurado das *Memórias* ou da "memória" de seu filho. Conceitualmente, isto quer dizer que o nome, a função significante primordial encarnada pelo pai através das teorias educativas que pretendem reformar a natureza humana, havia sido foracluído do universo simbólico do filho e retornava no real delirante do discurso do narrador (Roudinesco, 1993).

Para Lacan, Gottlieb, o segundo nome do pai de Daniel Schreber — que significa literalmente "amado por Deus" — condicionou o delírio de Schreber, em que acreditava ser a mulher de Deus e ser fecundado pelos raios do Sol-Pai-Deus. Também a palavra em alemão para escritor é semelhante ao sobrenome Schreber, determinação significante que justificaria a paródia que representaram suas "memórias".

Leite (2000) nos diz que Schreber, como signo da loucura, mostraria a inexorabilidade da determinação simbólica, que seria a responsável, com sua estrutura de linguagem, pela outra cena que, por sua vez, determina o palco real de nossas vidas. Diferente e sobreposto a Aimée, na maneira de Lacan propor o entendimento da psicose de Schreber, o ideal perseguido por ele viria do Outro, como significante.

Leite (2000, p. 163) esquematiza assim:

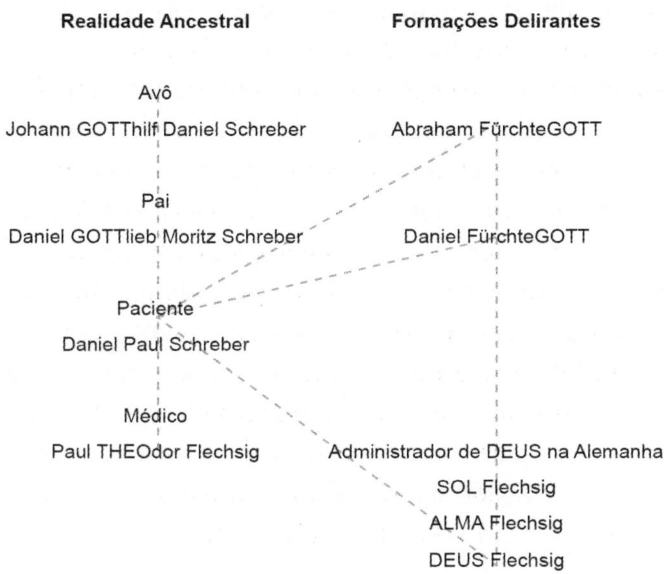

Aulagnier (1979) retoma o comentário de Lacan sobre o caso Schreber no seminário sobre as psicoses para mostrar como Lacan sublinhara o papel cúmplice que tem uma realidade que vem confirmar que estes pais podem impor regras e regulamentos rígidos, mas que são incapazes de se colocarem como agentes de uma lei, da qual eles deveriam reconhecer antes de tudo que são os sujeitos. Lacan (1955-1956) dirá que, quer o pai seja um dos que fazem as leis, ou um pilar de fé, exemplo de integridade e devoção, virtuose, virtuoso, servo de uma obra de salvação, da nação, da natalidade, da segurança, da ajuda, da igualdade, do pior, todos estes ideais só servem para fornecer um excesso de ocasiões nos quais ele só pode estar em posição de demérito, de insuficiência, de fraude, que só concorrem para excluir o nome do pai de sua posição no significante. Apoiando-se em Lacan e tomando a posição de Deus no delírio de Schreber, Aulagnier (1979) dirá que o educador do corpo que foi o pai de Schreber — educador do engano, pois exercia sua violência em nome de uma ética que velava a pulsão sádica — apareceu ao filho como uma força tal que, diante dela, toda resistência teria sido vã. Assim só duas conclusões seriam possíveis: ou toda a Lei é má, ou a Lei exercida pelo pai é uma série de abusos de poder ilegítimos e imperdoáveis, a prova de que Deus é mau. As anotações do pai de Schreber exemplificam, para a autora, "certos traços frequentemente encontrados no pai do paranoico: para a criança que a sofreu e que assistiu a seus excessos, é indiferente que a força ilegal seja exercida em nome de uma ética, de uma lei, do alcoolismo, do psicopatológico ou da violência exercida pela sociedade" (p. 245).

Quarto momento: A psicose e o real

Este momento faz parte da elaboração do real e se deve ao deslocamento que a prática analítica sofreu pelo reconhecimento da sobredeterminação do campo simbólico pelo campo do real. Vinte anos depois do seminário III, em 1976, Lacan retomou o tema da psicose pela biografia de Joyce. É na ideia de uma estabilização da estrutura psicótica do autor pela sua produção literária que funcionaria como suplência do simbólico, que podemos localizar o substrato das reflexões deste período. A principal característica do discurso psicótico é a não formação de uma cadeia pelos significantes. Os fenômenos elementares descritos pela psiquiatria — o delírio e a alucinação — não fazem nem laço nem vínculo social por meio da linguagem. Se na alucinação a característica principal é a ausência de justificativa e dúvida e, no delírio, a certeza é sua marca maior, eles excluem o sujeito psicótico do vínculo estabelecido pela linguagem, pois não demandam um saber no outro. Isto tudo indicaria, para Lacan, que a produção psicótica está fora do discurso, mas não da linguagem (Leite, 2000).

A causa da psicose dever-se-ia a um acidente ocorrido na estruturação do complexo de Édipo, que seria a ausência do nome-do-pai, o que faria com que o sujeito não acedesse à falta e, portanto, não pudesse entrar no eixo metonímico da linguagem. "Assim, a psicose, ao produzir efeitos fora da significação, seria uma situação clínica exemplar para demonstrar a face material do significante e o predomínio do gozo sobre o sentido" (p. 120). Também na psicose, pelo fato de uma interpretação produtora de sentido não ser operativa, seria demonstrada a existência de um ato analítico que abriria a possibilidade de um outro tipo de interpretação, que apontasse a face de gozo do significante. A partir daí, Lacan diferenciará o inconsciente lacaniano do freudiano (Leite, 2000).

Antes de Joyce, ao falar da loucura de Wittgenstein em querer atingir por meios lógicos o além da razão, Lacan fará a crítica a todo o movimento humano que pretenda instrumentar um único acesso à verdade que, pelo viés analítico, não existe e só poderia ser alcançado pelo delírio. Lacan, em 1975, teria dito que ele próprio era um psicótico na medida em que a psicose seria um fato de rigor. Mas, com Joyce, Lacan exemplificou a ideia de estrutura psicótica, de alguém que poderia ser clinicamente psicótico, mas não desencadear um surto psicótico. Se a estrutura depende dos acidentes na elaboração do complexo de Édipo, o estado psicótico depende, para seu desencadeamento, da ocorrência de certas circunstâncias. Alguém sem esta estrutura psicótica nunca seria um psicótico, mesmo se quisesse sê-lo. A escrita em Joyce funcionaria como uma suplência do nome-do-pai que estabilizaria sua estrutura. Lacan nos deixou com as perguntas sobre a função da escrita e da arte como efeito de estabilização (Leite, 2000).

A psicanálise restituiu ao psicótico sua verdadeira função de arauto da condição humana, de porta-voz de seu Real. Se, para Foucault, a cultura é a responsável pela causa da psicose, para a psicanálise, ela é responsável pela sua condição. "Mais que tudo, o signo loucura revisto pela psicanálise, e particularmente por Lacan, operou um efeito de reordenamento ético, pois a loucura foi, e sempre será, pela afirmativa ou pela negativa, um questionamento global de tudo o que é humano e talvez seja a indagação mais profunda sobre a sua liberdade e o sentido de sua existência" (Leite, 2000, p. 165).

A paranoia em Piera Aulagnier: cena primária e delírio

A reflexão sobre a paranoia praticamente conclui o magistral livro de Piera Aulagnier *A violência da interpretação* (1975). As marcas da formação freudiana e lacaniana se fazem bastante presentes, mas a marca da observação clínica traz um olhar absolutamente original, de uma sensibilidade fina e perspicaz de quem acompanha de corpo e alma o sofrimento paranoico e consegue determinar, na filigrana e em comparação com a esquizofrenia, como se dá a constituição do delírio e suas causas. Ela parte da cena primária, mas menos para falar da fantasia da criança ou da fantasia filogenética que sucumbe ao recalcamento primário. Ela a toma no sentido de determinar o que de fato é percebido e vivido pelo paranoico, em criança, na organização familiar, sobretudo em relação aos enunciados discursivos de seus pais, que vão determinar a teoria que fará sobre sua origem. Atribui um lugar privilegiado à realidade histórica, sem que isso implique numa desvalorização do originário e da fantasia inconsciente, mas só os confirme.

Logo no início, ela diz que não pretende fazer uma teoria da paranoia, mas mostrar como um ódio percebido marca o destino dos paranoicos e torna-se o eixo em torno do qual eles elaboram sua teoria sobre a origem. "Ódio que, como uma feiticeira, se inclina sobre seu berço, desde a entrada neste mundo: o resto de suas existências será uma luta, em desigualdade de condições, contra o malefício que os persegue inexoravelmente" (p. 226). Ela pretende isolar as características que qualificam a organização familiar encontrada pelo sujeito e o discurso que ele ouve, pois é esta organização que, em vez de determinar o espaço onde se dará a constituição do eu, o converte em espaço onde poderá constituir-se a paranoia.

Utilizo-me de suas palavras, na apresentação resumida que faço, do capítulo denominado "Sobre a paranoia: cena primária e **teoria delirante primária**" (Aulagnier, 1975, p. 226-273).

O delírio

Para a autora, o delírio paranoico tem três características:

1. A necessidade que tem o sistema de não permitir a menor abertura, a mais ínfima possibilidade de

dúvida ao interlocutor. Uma falha no sistema desencadearia uma avalanche que lançaria o paranoico num abismo sem fundo.

2. O conceito de ódio é nodal na teorização sobre o mundo que o paranoico faz; em torno dele gravitará o conjunto de seus sentimentos, reações e ações. Ele é uma necessidade absoluta para não haver desabamento.
3. A possibilidade de preservar, em seus discursos e em suas fantasias da cena primária, um lugar para os pais, com a condição de que entre eles seja figurada uma relação conflitiva, frequentemente uma relação de ódio. Não é só uma projeção, mas a resposta amplificada dada a um escutado e a um visto que determinaram que a cena exterior fosse adequada à fantasia de rejeição e inadequada à fantasia de reunificação.

O paranoico mantém com o ódio uma relação privilegiada, e o delírio interpretativo revela o lugar ocupado pelo ódio que os outros lhe manifestam. O objeto persecutório não lhe dá tréguas porque ele existe na medida em que possa exercer contra o paranoico o seu desejo de perseguição, que é vivido sempre como desejo de destruição. Ele é perseguido porque é invejado por um bem que ele possui, qualquer que seja ele, material, sexual, ideológico, e deve ser eliminado porque representa um perigo real na intenção dos outros, que lhe imputam um poder nefasto e ameaçador sobre eles. O paranoico pode reivindicar este poder e até sacrificar-se por ele, mas este sacrifício não visa à felicidade, mas sim a uma ordem e a uma lei que serão impostas, e não oferecidas. Ódio do ódio, na relação do paranoico a seus objetos, mas, sobretudo, necessidade do ódio e de torná-lo inteligível, razoável e sensato.

Piera Aulagnier apresenta-nos, então, o retrato da família, construído por aquilo que ela acha que se deve prestar a maior atenção na clínica: os relatos sobre a relação do casal parental, sempre caracterizada pela intensidade e erotização do conflito e pela expressão manifesta de uma animosidade que pode chegar ao ódio, extensivo às vezes até ao país de origem.

A **mãe** do paranoico faz com que o analista sinta um mal-estar enorme, pois o quadro que ele faz dela é marcado pela ambiguidade, sentimento parecido com aquele que deve ter sido vivenciado pela criança. É mais fácil e correto referir-se a uma problemática própria do casal do que privilegiar uma problemática puramente materna, pois a este impreciso do discurso materno se opõe um estilo de relação entre os pais que parece repetir-se fielmente e, nos pais, encontra-se frequentemente a presença de traços paranoides. Ao falar da mãe, os paranoicos traçam um retrato de quem porta a ética forjada a partir do dever, do trabalho e da abnegação, de tal forma que, sendo quase perfeita, não deixa espaço para a criança poder expressar sua crítica. Ainda que esta intua que algo é falso, ambíguo e confuso, não pode descobri-lo e fundamentá-lo, mesmo que a mãe não aja com violência. Inicialmente, então, o paranoico encontra-se num clima de desconfiança silenciosa e culpabilizante, que se transformará num traço de caráter. É a mãe que faz advertências, e não ameaças. Sensatas, supostamente interessadas a quem se dirigem, explicativas e não impostas, uma justa medida que demonstra e assim acusa a desmesura da voz paterna. Protetora do excesso da voz paterna, ela assim reforça, para a escuta infantil, os temores e os medos que a voz do pai pode suscitar. A criança, então, desconfiará dessas advertências, tornadas fonte de angústia, com seu lado ao mesmo tempo de grito e de proteção. O discurso materno é estoico, só se encoleriza para proteger os inocentes que podem se tornar vítimas — a começar pelos filhos — e insinua que sempre soube que as coisas acabariam mal. Há entre filho e mãe o reconhecimento de uma relação de amor, mas que, sendo por dever, nega o próprio amor. Em alguns casos, a mãe é o verdadeiro homem da casa que, diante das falhas da prática e ética paternas, assumiu o encargo de sustentar a família, trabalhar e apelar, em última instância, para a lei dos juízes, da polícia ou dos psiquiatras. Mas exerce esse poder por dever e sem prazer. Nada pode ser detectável como abuso de poder, o que acontece frequentemente do lado do pai; no entanto, este discurso comedido se opõe à desmesura das acusações e reivindicações formuladas contra o pai.

O excesso de comedimento oposto à desmesura paterna explica o sentimento de desconfiança vivenciado pela criança, cuja única causa deveria ser o pai. Mas a criança intui que a causa deveria ser buscada na mãe, ali onde nada se manifesta de forma patente. Ainda é importante notar a ausência do gozo prazeroso, pois só se goza por dever e, na mãe e no casal, deve-se preservar o desejo de um desejo mau, que não deve ser fonte de prazer, mas estar sempre presente. Tudo o que se refere à maternidade se vê submetido à noção de dever e, se há prazer, ele está ligado ao dever, e não ao gozo devido a um prazer. O excesso que ela reivindica não se deve a uma pulsão masoquista, mas à necessidade de preservar um estado de conflito justificado em relação ao desejo do pai, o qual garante a impossibilidade de um acerto de contas, já que ele estará sempre em dívida. A ausência do termo *gozo* se deve ao fato de que seu sentido essencial é o de uma vivência recíproca que anula toda a culpabilidade, todo a mais e a menos entre aqueles que o vivenciam. A falta do gozo no discurso do porta-voz materno determina uma transmissão incorreta do desejo de ter filhos, pois este pressuporia a participação igualitária dos dois desejos, cujo produto é a criança. O desejo do pai é reconhecido, mas como este "contra", a partir do qual a mãe e a criança vão lutar. O prazer ético deve substituir o prazer, pois, se ela reconhecesse o desejo do pai como promotor de prazer, ficaria incompatível com a noção de conflito permanente exigida pelos dois parceiros. Por isso, a aquisição da linguagem e da imagem corporal, feita pela criança, não pode desembocar em dois espaços unificados, pois falta um termo no discurso da mãe referente ao prazer. A nominação, a interpelação e o reconhecimento do pai se dão como o agente de um poder nefasto e desejo perigoso que poderia, se realizado, implicar em um mal. A criança escuta da mãe que ela não pode realizar o desejo paterno, embora o conheça, e as justificativas que dá — a realidade paterna que escolhe — permitem que a formulação feita no registro secundário mantenha sua ordem lógica. Confrontada com um discurso que exprime sofrimento, reivindicações, ameaça e direito de retaliação, a criança não pode deixar de perceber o veredicto feito pela mãe sobre o desejo do pai.

O **pai** do paranoico apresenta frequentemente os seguintes traços, segundo Aulagnier:

- O veredicto em relação ao desejo da mãe é de que ele é, também, sempre mau e perigoso.
- Ele instrumenta o exercício de um poder de tal forma que se transforma em abuso manifesto e violento.

- A criança sempre acaba descobrindo os sinais de uma decadência social ou a aparição de traços caracteriológicos, cujo aspecto patológico é evidente para o olhar da criança.
- A reivindicação de um "saber" que será o depositário incontestado e incontestável de um sistema educativo que é imposto com violência para o bem da criança.
- Atua seu desejo de procriação, fazendo uma equivalência entre alimentar e alimentar o espírito. No lugar do seio, que ele não pode jamais dar, o pai se coloca como o único dispensador do "saber", tentando criar, por meio deste "dom", uma relação de dependência absoluta que, no que se refere às suas possíveis consequências, não tem nada a invejar àquela que a mãe pode estabelecer com o lactante.

Vemos, então, que Piera mostra que o que caracteriza o discurso pelo qual cada progenitor "fala" de sua relação ao parceiro é a presença de sentimentos nos quais o conflito se expressa constantemente, nos quais o ódio é frequentemente encontrado. O discurso é testemunha de um excesso e da repetição incansável dos mesmos temas, afirmados com a mesma violência.

A autora passa, então, a pensar o que a criança "escuta" e como ela forja a teoria delirante sobre a origem. O psiquismo forja uma interpretação cênica de todo o acontecimento presente na cena exterior que é para ele uma fonte de emoção intensa, seja porque ele testemunha uma experiência vivida pelos atores numa mesma tonalidade afetiva ou porque projetou esta interpretação sobre os signos percebidos. Quando, para o protagonista, um espaço exterior carregado de ruído e fúria (do luto, do conflito, da dor, do ódio ou do amor) for representado, se apresentará — em um primeiro tempo da atividade psíquica — como um equivalente da cena primária: o coito parental. Este é fonte de emoção intensa para quem o olha e não será diferenciado de um outro visto, se ele comporta a mesma reação emocional. Até aqui, vimos que o casal, efetivamente, erotiza a disputa conflitiva, vivendo-a com grande intensidade afetiva e frequência, o que mostra que ela é, em primeiro lugar, o substituto de uma relação sexual. O olhar de quem olha não é excluído, mas é excluída qualquer consideração sobre a emoção que o visto e escutado poderiam provocar nela. Seu olhar e escuta são apreciados pelos atores, torna-se uma testemunha bem-vinda, esquecendo-se de que se trata de uma criança, pois basta a cada um que ela possa testemunhar, sem que eles tenham de ouvi-la, o fundamento e a supremacia de seus gritos, de suas ameaças e exigências. A erotização que a criança faz do "escutado" da cena, na qual se exprime e se atualiza o conflito, é induzida e reforçada pela erotização com a qual ela foi previamente dotada pelo casal e pelo prazer de "mostrá-la", como prova a exibição que a acompanha. Se o termo *gozo* não existe para o saber infantil, o mesmo já não se dá com o ódio, que a criança conhece de maneira profunda na primeira fase de sua existência, daí sua tendência a amplificar para o ódio tudo o que mais tarde ela relativizará como zanga, rancor, cólera. Assim, as manifestações exteriores próximas do ódio serão cada vez mais identificadas com o próprio ódio, e esta equivalência será cada vez mais inquestionada.

Esta situação traz uma mensagem que a criança deve adaptar às exigências da inteligibilidade e atribuição de sentido. A criação de uma significação, compatível com o "escutado" e com a exigência identificatória do eu será a tarefa do pensamento delirante primário e da teoria delirante infantil sobre a origem, que torna sinônimos, conflito e desejo, situação de casal e situação de ódio, estabelecendo como causa das origens e de sua própria o conflito de desejos. Isto permite ao paranoico fundamentar sua origem em dois desejos e situá-los em sua configuração da cena primária. Este primeiro pensamento sobre a origem confronta a atividade psíquica com uma elaboração que deixará irremediavelmente sua marca. Engendrado pelo conflito, efeito do ódio, resultado da realização de dois desejos, dos quais um tem de ser sempre combatido, o sujeito se descobre como produto contraditório, como espaço estraçalhado por dois desejos antinômicos. Estabelece-se então a equivalência entre vivenciar o desejo, vivenciar o conflito e vivenciar o ódio, a partir do momento em que se tornam sinônimos *desejar o desejo* e *desejar o conflito*, estar em situação de conflito e estar desejando. Se a origem da existência — de si próprio como do mundo — remete ao estado de ódio, o sujeito só poderá se preservar vivo e preservar a existência do mundo na medida em que persista algo a "odiar" e alguém que o "odeia". A **teoria delirante primária** sobre a origem é constituída na primeira fase da história infantil e atribui ao ódio e ao conflito o lugar que ocupou, em outros sujeitos, o desejo e o amor. Esta é a lógica que fundamenta a relação paranoica com o mundo, quando se instala o delírio, isto é, quando se desmantelam as defesas que o sujeito tinha construído.

Defesas

A construção das defesas, na infância e adolescência, se dá pela escolha de um dos pais, passando a considerar o outro como único responsável pelos erros, cuja cicatriz indelével o sujeito carrega. Nos casos acompanhados por Aulagnier, a escolha recaiu sobre o pai. Isso se deve àquilo que acontece com todas as crianças, que ao ultrapassar a fase oral, na qual a mãe é presença absoluta, busca no pai um aliado poderoso que permita tomar uma certa distância do porta-voz materno, autorizando-se a pensar que não cairia, tal apelo para o pai, no vazio ou nas garras do mal. Momento de idealização da imagem paterna pelo temor de volta a uma relação siderante e siderada com a mãe que, tendo sido feita, apontou que poderia levar à renúncia do ser; mas também pela atração que exerce sobre o eu infantil a demonstração da força, do poder e da autoridade que se aproximam a sua própria fantasia de onipotência e das formas que ele lhe atribui em seus jogos, seus sonhos diurnos e estórias que se contam. Mas como terá de mostrar constantemente sua fidelidade, sua submissão, e oferecer-se como aliado de seu prazer, e não só de seu direito — não há inibição do fim sexual — o idealizado é também o erotizado, o aliado aquele que se espera seduzir sexualmente. A tentação homossexual, sempre próxima da vivência paranoica, tem aí sua origem, por isso a intensidade da angústia que ela reativa e a necessidade de um violento desmentido a lhe opor.

Esta via defensiva, terceira fase (após uma primeira, a construção da **teoria delirante primária** e uma segunda, a percepção de si mesmo como conflito quando se percebe desejando), será frequentemente obstaculizada por um fracasso agudo, quando o pai revela, ao olhar da criança, a ilegalidade de sua força, o quanto seus gritos desmascaram o que ele não tem. A violência e a força revelam a miséria, o ridículo e o fracasso que elas encobrem. A rigidez do legislador aponta os abusos que ele comete em nome de uma lei que ele trai, as ideias e ideologias são cruamente desmentidas por este pobre coitado que se coloca para os outros como defensor delas. Este visto decepcionante é intolerável, e quem olha é dominado pelo horror da degradação, forma que toma o horror da castração. Com a perda do suporte de sua idealização, desaparece a possibilidade de preservar na cena exterior o que tinha projetado, ou seja, a possibilidade de idealizar uma das duas imagens, de torná-la aliada e de encontrar no ambiente familiar um lugar e uma voz através da qual a verdade e a lei seriam verificáveis. O sujeito se percebe, então, como o lugar do conflito — do ódio — onde a verdade é indeterminável. Ele tentará preservar, em negativo, a idealização do pai, tornando-o o que o discurso materno queria, o lugar de um desejo mau, sem o brilho com o qual era dotado e ele passa a combatê-lo, aliando-se à vítima. Idealiza o sofrimento materno, e, então, o "homem da casa" se torna a pobre mulher que é preciso proteger. Solução que produz o caráter paranoide, com traços de certa rigidez, certa desconfiança, convicção acerca de seus direitos e de seu saber, cortina encobridora cuja rigidez aparente deixa entrever o abismo no qual estes sujeitos se sentem a cada passo, ameaçados de cair. O passo em falso acionará o **pensamento delirante primário**, e o mundo se tornará tal qual o delírio paranoide o remodela, a fim de que o absurdo da sua situação familiar adquira um sentido: remodela o escutado e o visto numa lógica sem falha e adequada ao postulado sobre a origem, criado pelo **pensamento delirante primário**.

O perseguidor e a perseguição

A idealização e o vínculo erogeneizado que liga perseguido a perseguidor são invariantes presentes em toda a relação do psicótico ao último e único objeto que ele conseguiu preservar do naufrágio no qual soçobrou o resto de seus bens. Na paranoia, as particularidades da relação ao perseguidor incluem uma exigência de comunicação. A certeza, que todo o delírio oferece, só adquire este valor quando ele é posto a serviço do direito e do dever que o sujeito se atribui de comunicá-lo e impô-lo aos outros. Além disso, o sistema lógico que sustenta a relação persecutória retoma o postulado sobre a origem, convertendo-o em dogma: para que haja existente e mundo, é preciso que o combate entre os dois não se esgote, permaneça em atividade contínua, possibilitando a coincidência entre ódio e vida. O modelo da cena primária é projetado sobre o mundo, pois o delírio protege um saber sobre a dualidade do casal, que substituiu a categoria da diferença pela categoria do antinômico, o que é ainda uma forma de não cair no caos da indiferenciação e de oferecer a possibilidade de preservação do investimento de um "não-eu".

O perseguidor, para o paranoico, ou é alguém conhecido, em geral da família — o que é o mais perigoso pelas ações que desencadeia — ou está representado por uma classe (judeus, ricos, miseráveis, juízes, maçons, etc.) que serve para mediatizar um conflito direto, que corre o risco de se transformar em luta de morte, já que se pode combatê-la não através do assassinato ou qualquer outro enfrentamento direto, mas por escritos, reivindicações, processos. Além disso, pode repetir o que ele fez na infância, aliar-se aos perseguidos, o que permitirá ao sujeito paranoico negar seu lugar de excluído, já que ele participa de uma coletividade forjada por sua imaginação, à qual ele se faz defensor ferrenho. O desvendamento do erro pode trazer a pulsão homicida atualizada em si ou no outro, por isso a importância daquilo que foi acionado para evitar um enfrentamento direto e que também preserva a possibilidade de manter um investimento na cena exterior, ao qual não pode renunciar, mas em relação ao qual se coloca na posição daquele que existe contra. A razão da perseguição se dá porque o paranoico defende a posição do herdeiro. A consequência disso é que ele se vê odiado e detestado por um bem que possui, geralmente um saber que é fonte de poder, que ele tem direito de exercer, porque é fundado na ordem da verdade. Isto se justifica parcialmente, porque repousa em um saber que o sujeito tem, mas que idealiza de forma megalomaníaca. Sem pretender ser o fundador, coloca-se como o único interprete fiel e o único herdeiro legítimo. Assim, consegue preservar um lugar para o enunciado dos fundamentos, garantido por uma outra voz que não a sua. Mas, ao reivindicar a ocupação de um lugar de filiação particular, sai da fantasia de autoengendramento, da clausura da autorreferência exclusiva. Isso, no entanto, o coloca como profeta único que só encontra infiéis que não ouvem a mensagem verídica. O autodidata costuma ser frequente entre os paranoicos. Existe ele, o referente e os outros; portanto, ele triangula, mas de tal forma que revela o defeito da primeira triangulação e a fragilidade de suas fundações.

Mas o traço decisivo na problemática paranoica se refere ao **pai**. Como vimos mais acima, existiu uma primeira fase, posterior à relação oral com a mãe, na qual o pai real foi dotado pela criança dos atributos da onipotência, que ele confirmava pela manifestação de uma violência real explícita ou velada, como a imposição de uma ideologia. O pai, nesta primeira fase, longe de estar ausente, ocupa todo o palco, suscita admiração e seduz a criança. Depois deste momento de idealização da imago paterna, sucede a experiência que tornará a castração simbólica impossível, seja porque a violência do pai, se ultrapassa certos limites, vai tornar a castração igual a uma verdadeira mutilação, e não uma vivência partilhada por todos os sujeitos, seja pelo horror da degradação que traz uma decepção inaceitável. No que aparecia como signos de poder e força, revelam-se signos de psicopatia, decadência ou delinquência, o que torna impossível instalar o defensor de uma lei — o representante dos outros — e de preservar as referências identificatórias necessárias ao processo de identificação.

O perseguidor desvia um desejo de morte do qual ele é o objeto privilegiado, e, por isso, o risco de passagem ao ato suicida está sempre presente. Entende-se aí o que o paranoico se arrisca a encontrar caso o sistema delirante seja colocado em questão: a função de tela protetora que tem a pulsão sádica, último bastião que o sujeito, pode opor a uma representação de si mesmo que o confrontaria com a imagem de um espaço que foi efetivamente desintegrado pelo ódio dos outros, um objeto que o casal tratou como o que eles arriscavam na partida que jogavam entre si.

Filho do conflito, efeito do ódio, criador de uma **teoria delirante sobre as origens** que o preserva do retorno a uma posição mais arcaica, mas que o impede de investir em um projeto adequado às funções e ao funcionamento do eu, o paranoico nos mostra, através de seu discurso, o poder criador de significações e de sentidos que possui o delírio. Mostra-nos, também, o papel de uma realidade histórica que obrigou significações e sentidos a mudarem de rumo, a renunciarem a participar dos postulados do meio, e que não foi capaz de oferecer ao sujeito as peças de identidade necessárias para que ele tivesse direito de cidadania no mundo. Em tal realidade, tais peças identitárias devem, por estrutura, parecer adequadas à definição que o discurso do meio fornece a todos.

Ao falar do espaço onde a paranoia pode constituir-se, Aulagnier aponta que a psicose mostra, exemplificado em estado puro, o papel primordial que tem a interação da criança pequena desde o primeiro momento e para sempre com as forças em ação no espaço extra-psique que ela encontra, ao qual ninguém escapa, e que se manifesta em qualquer modo de existência.

Para ela, ao delirar, o eu cria uma interpretação sensata da violência sofrida. A problemática paranoica mostra como a psique, ao fazer coincidir desejo e ódio, consegue dar sentido a uma cena desenvolvida por um casal, pelo qual o sujeito deve ter sido engendrado, mas à qual ele deve também o fato de ter encontrado, no espaço do não-eu, um discurso insensato, porque efetivamente despojado daquilo que asseguraria sua lógica e função: um enunciado sobre os fundamentos, que falasse do desejo e da legitimidade do prazer que podemos esperar dele.

A paranoia em Pierre Fédida: a questão do assassinato do pai

Sem dúvida, a formação filosófica e a veia poética de Pierre Fédida, psicanalista francês e escritor de psicanálise, dão o tom e as tonalidades com que lerá a questão da paranoia em Freud, sobretudo a partir dos textos iniciais analisados no início deste ensaio, *A psicopatologia da vida cotidiana* e o *Manuscrito H*, mas também o mito filogenético freudiano do homem originário que aparece em *Totem e tabu*. Se este autor está aqui privilegiado, entre tantos outros criativos e originais, contemporâneos seus, é por duas questões imbricadas que parecem fundamentais (daí a epígrafe com um trecho de seu texto): a primeira, a da paranoia como vestígio psicopatológico de uma hostilidade originária, constitutiva, em negativo, do humano, pois a pretensão de sua desaparição é condição da criação do humano; a segunda, a questão do esquecimento do assassinato do pai em psicanálise e a banalização desse mito fundador.

Fédida inicia expondo a ambiguidade do conceito de pessoa, "essa propriedade humana civilizada da vida, que progressivamente se impôs como uma conquista da cultura e como um progresso no espírito sobre a barbárie do assassinato" (p. 25), no mito de sua origem. A pessoa procede, na origem, de uma dupla operação iniciada pela renúncia à violência e ao assassinato, que é a violência absoluta. O mito fundador de *Totem e tabu*, que fornece as causas de tal renúncia, coloca que, se o homem originário é este ancestral de nosso inconsciente e de sua violência, o tornar-se humano corresponde a uma modificação essencial da identificação e da projeção e a uma descoberta da função da representação do outro que torna possível tal modificação. A universalidade dos ideais, que criam imperativos normativos ligados ao semelhante — ao respeito à pessoa — comuns à humanidade, passa por uma instrumentalização da linguagem, posta a serviço da representação do semelhante e dando intencionalidade aos conteúdos de comunicação, criando uma discursividade jurídica implícita à comunicação. Pessoa, valor ideal de um semelhante, que traz o valor da compreensão mútua e da comunicabilidade, significando que a intersubjetividade constitui a subjetividade. Por outro lado, se o conceito de pessoa corresponde à inibição de ações assassinas até então provocadas pelo outro-hostil índice de morte, **"o *paranoico* poderia ser este *vestígio* psicopatológico que ainda testemunha que a *pessoa* é um produto da violência e nada esquece da hostilidade originária e nem da ameaça que representa a presença do *outro* pelo *simples fato da sua existência*"** (Fédida, 1996, p. 27). Como afirma Freud, a interiorização da agressividade não leva à sua eliminação, mas a uma psiquização dos conflitos, que não mais se darão no exterior enquanto combates. E Fédida se pergunta, evocando o texto freudiano na *Psicopatologia...*: não seria o paranoico essa personagem que dispõe da acuidade da vista dirigida às manifestações dos signos do outro e que não deve deixar nada à sombra de sua memória ou de sua consciência? A normalidade distancia o outro em um semelhante que universaliza a pessoa no anonimato e que banaliza a morte em desaparição, enquanto que o paranoico encontra o outro como uma violência da morte sempre provável.

Fédida apresenta uma hipótese interessante e original sobre a razão pela qual Freud não escreveu o seu trabalho anunciado sobre a projeção. Ele afirma que a questão da percepção do outro ficou em suspenso, pois o caminho seguido pela descoberta da transferência, assim como o lugar destinado ao sonho, que realiza um modelo de projeção, afastariam a questão de uma reflexão sobre a intersubjetividade. O que garante a projeção normal é a consciência das modificações interiores trazidas pela auto-observação. Mas, ao contrário, se a violência é da ordem de uma projeção deformada, seria como se a outra pessoa no exterior se tornasse o aparelho infernal de percepção. É essa operação violenta que Freud não explora, segundo Fédida, e que Schreber descreveu tão bem ao visualizar o corpo do outro como um dispositivo óptico capaz de penetrar e modificar o próprio corpo. Na paranoia, a projeção destina à outra pessoa, de modo animista, "a força física da corporeidade psíquica" (p. 29).

Fédida evoca Ferenczi e nos diz que sua correspondência com Freud traz inúmeros esclarecimentos sobre a paranoia, além de dar toda a perspectiva do papel desempenhado pelo complexo paterno e pela homossexualidade na gênese da paranoia sob sua relação com a transferência. Duas pessoas em presença aumentam o teor violento do que é psíquico e a capacidade deste psíquico de se defender contra sua própria violência.

A violência procura aniquilar a vida psíquica. O quase paradigma de Ferenczi do adulto homem violador ou assassino aponta para a apropriação do que não pode existir separadamente. O que está em jogo é "a intolerável individuação da criança através de sua manifestação de pessoa psíquica e a tentativa, pela violência, de uma reapropriação originária da criança pelo genitor" na qual "a possessão genital fosse um ato de refiliação da criança à mãe do pai", no qual "o órgão genital do homem desempenha o papel violento de um laço de filiação à mãe — pelo afastamento da mãe da criança" (p. 30-31).

A partir da reflexão sobre as descobertas e explorações ferenczianas a respeito da situação a dois na psicanálise, Fédida tentará compreender a descoberta psicanalítica da transferência e seu contraponto, que para ele é a teorização da paranoia. A violência selvagem da transferência, não domesticável pela teoria ou pela técnica, foi sempre reconhecida por Freud, naquilo que ela é capaz de esclarecer sobre a natureza da violência psíquica na relação primordial com a hostilidade suscitada pelo outro ou para com ele experimentada, pela ameaça de despossessão do eu próprio e sua transformação em estrangeiro.

Com isso, consegue justificar por que a transferência é impossível ao paranoico. No fenômeno transferencial, que se dá entre duas pessoas, ocorre uma "abseintização"[12] da pessoa do analista, uma alucinação negativa que o torna ausente em presença. Aqui, ao se apresentar em presença, evita-se a presentação[13] do mesmo. Na paranoia, há uma inversão do fenômeno transferencial, pois, na visão aguçada do paranoico, a pessoa é infinitamente reiterada como o mesmo, como presentação deste mesmo, visão alucinatória do corpo em frente e da menor de suas manifestações como signos. É pela anulação da ausência que fica impedida a alucinação negativa constitutiva da transferência a partir da presença de uma pessoa. Há uma anulação da alteridade desconhecida da presença que produz, então, a pessoa como o mesmo ao qual é confiada projetivamente a capacidade de hostilidade. No paranoico, estaria ausente aquilo que, no neurótico ou no sujeito normal, tornaria possível em presença do outro o transferível, que é a presença da observação de sua vida psíquica e dos movimentos hostis que a animam.

Evocando Sartre e seu texto *Entre quatro paredes,* Fédida nos diz que esta imaginação sartriana ilustra a violência depressivo-paranoide da pessoa sem espelho e sem janela, que passa a ser penetrável pelo pensamento de uma outra. Se a paranoia é caracterizada como um conhecimento e um

12 Fecundo neologismo criado na tradução brasileira de Fédida (1996).

13 O termo presentação remete a uma ausência de representação ou de apresentação. Nestas últimas é pressuposta uma intervenção mediatizada do aparelho psíquico na transferência, que reconhece o outro como tal para ausentá-lo em presença.

julgamento lógicos que tem toda a aparência de verdade, é porque, ao não estarem mais os corpos na comunidade das percepções de sentido, cada corpo amplifica sua especularidade e destitui a intersubjetividade. A ruptura da intersubjetividade corresponde à perda das apresentações (a distância temporal dada por uma presença) e por uma majoração das representações de presentação. "Quando a pessoa se tornou espelho da pessoa, a violência do psíquico é, de alguma forma, absoluta" (p. 35). É pela forte ameaça de desaparição da pessoa que se compreende a defesa paranoica, "quando a identidade especular acentua opticamente a anamorfose da situação e exige, assim, essa reivindicação — de memória e raciocínio — do caráter quase jurídico da existência da pessoa" (p. 33).

A segunda questão, a do esquecimento do assassinato do pai em psicanálise, remete também a um esquecimento desse esquecimento. Fédida está tentando mostrar que a violência provém do psíquico. Então, critica qualquer tentativa de "humanização" da psicanálise, que esqueça o mito filogenético fundador, seja ela um neopersonalismo que se baseia na crença de uma insensibilidade clínica de Freud, ou as explicações vazias da violência que se referem à dessimbolização do pai na cultura ou à depressividade materna. O mito de origem, se retirado, enfraquece o alcance dos modelos e proposições da teorização metapsicológica, pois não esclareceria uma violência do psíquico.

O mito filogenético freudiano não lhe interessa enquanto uma sociologia da violência, que veria no sacrifício uma função ritual na transfiguração da violência recíproca em violência fundadora da humanidade cultural, segundo as ideias de René Girard. Também não é de um ponto de vista antropológico que o toma, pois, por aí, poderia ser facilmente questionado. Mas é em relação ao psíquico — à sua fundação — que o mito parece essencial.

A imagem do pai primitivo trazida por Freud é a de um ser totalitário que reina onipresente como mestre absoluto sobre as mulheres. Sua potência sexual não deixaria aos filhos nenhuma chance de instaurar a ordem das gerações. Fédida diz que aquilo que a imagem do pai primitivo reflete é da ordem da massa. O próprio da massa é realizar a presença por inflação do contato, por fusão, como na hipnose ou no estado amoroso, presença sem memória nem linguagem, que não abre para nenhuma ausência.

A maneira particular como os homens sempre souberam do assassinato do pai primitivo é o esquecimento, que é recalcamento originário constitutivo do inconsciente. O psíquico se origina deste esquecimento do assassinato, enquanto recalque originário. A partir deste mito, qualquer violência de assassinato implica um ideal idealizado, substituto do pai idealizado, expressão exterior de uma violência paranoide-melancólica da angústia suicida, sacrificial, no qual o pai seria negado enquanto estruturação simbólica do psíquico. Evocando o texto de Freud *Dostoiévski e o parricídio*, Fédida toma o ataque de morte, que se expressa nos ataques epiléticos e nas ausências epiléticas, como paradigma da questão do assassinato do pai e de seu esquecimento. A epilepsia afetiva do autor, ele deriva da melancolia e diz ser uma paranoia impossível: desejo de morte do pai para ser o próprio pai de si, identificação com o pai morto pela realização da punição contra o desejo de morte. O esmagamento pela presença do pai, muitas vezes sob a forma do supereu sádico, com extraordinária violência suicida, produz a ausência como aniquilamento e desaparição de si.

É na análise que se pode designar e deixar construir topicamente o assassinato do pai, ainda que, como diz Freud, a confissão direta da intenção do parricida a que se chega na análise pareça intolerável sem preparação analítica. Isso se daria pela própria instauração da situação analítica. "A construção do assassinato do pai engaja completamente o sítio do estrangeiro, memória da linguagem e a função de subjetivação da ausência e da morte no analista", que dependerá da natureza da representação oferecida por ele ao pai e à sua presença/ausência (p. 55). Se a certeza dada pelo pai aos filhos, diferentemente da certeza sensorial da mãe, é a do nome, ou seja, reconhecimento da paternidade pelo pensamento, a construção do pai na análise se dá a partir de uma desimaginação de sua idealidade, desimaginação sensorial do pai, o assassinato como morte do ídolo, e pela conquista espiritual do figurável, no qual as representações psíquicas dão direito à liberdade imaginativa, em presença dos corpos dos pais. A violência está na falha do pai, na falha da construção paterna que paradoxalmente remete a uma presença excessiva do pai no psiquismo do filho, recusando-lhe o poder de sua própria paternidade e de sua capacidade de fazer identificações. A paranoia torna evidente esta violência que emana dos pais, na dimensão homossexual de uma transferência sem memória e sem linguagem.

Na paranoia, a neutralidade analítica pode ser de uma violência inaudita, pela repetição de uma violência da instauração de uma presença sufocante do pai. Mas essa compreensão não anula o essencial da situação analítica: o analista constrói o sítio da análise pela sua distância de estrangeiro e de linguagem, e é isso que lhe concede essa memória filogenética do assassinato do pai. "Sua neutralidade é testemunho de ausência de sua presença em pessoa" (p. 61). O abandono dela só pode apontar para a esquiva do analista de poder ser morto pelo ódio do analisando que atravessa a experiência de castração.

O esquecimento do assassinato do pai em psicanálise pode até mesmo tomar a forma banalizadora de "uma insistência ideológica-temática sobre a função de simbolização do significante paterno" (p. 63). A qualificação paradigma-pai da linguagem que garante a instalação do sítio analítico e de sua neutralidade repousa numa presença que se torna ausência. Pois os mitos mostram que "se o pai deixa a linguagem, tornando-se visível demais e presente, desencadeia-se, então, a violência do caos" (p. 63).

A paranoia em Melanie Klein: posição inicial da vida psíquica

Lacan chamava Melanie Klein de "formidável açougueira", numa clara alusão à importância, em sua teoria, do sadismo em relação aos corpos, em especial ao corpo da mãe e do imaginário dos objetos parciais resultantes da dialética das fantasias libidinais e agressivas. Sabemos o quanto as teorias dela, também inspiradas numa leitura da segunda tópica, influenciaram sua própria teorização do campo do imaginário, ao qual ele dizia que ela tinha acesso como ninguém.

Para Melanie Klein, a gênese dos conceitos e da própria coisa não conta muito. Ela quer saber é do funcionamento do psiquismo, que percebe e descreve magistralmente, em especial o do bebê, ao qual ela teve acesso através da análise, sobretudo das crianças, território novo no campo psicanalítico. Ela não pensa a gênese das pulsões, mas as considera como dadas desde o nascimento, quase mesmo como montagens instintivas. Também a fantasia está lá, desde o início, quase como se pertencesse à montagem biológica, assim como um eu e um supereu incipientes que ganharão contornos mais nítidos com o desenvolvimento. Este consiste em superar a dialética das fantasias, expressão dos instintos, produtoras de ansiedades características das duas posições, esquizoparanoide e depressiva, do primeiro ano de vida e da entrada no complexo de Édipo precoce, que ocorre no final deste, e do complexo de Édipo tardio, ultrapassando a utilização de defesas rígidas e inibidoras. Para ela, portanto, o que se passa com o psiquismo no primeiro ano é o mais vital e crucial e determinará tudo o que venha a ocorrer depois. Os complexos de Édipo e de castração são preparados por um desenvolvimento anterior e vêm em continuidade a ele dentro de um processo linear. Eles não têm o papel central e estrutural que tem em Freud, de ser o ponto a partir do qual há uma ressignificação de tudo o que aconteceu antes, em termos psíquicos e de inscrição psíquica. Paradoxalmente, no entanto, em sua concepção das posições, afirma que elas subsistem durante toda a vida como um extrato no qual, dependendo das circunstâncias de vida, seu modo de organização — suas fantasias, suas angústias e suas defesas — podem reaparecer e predominar.

O ambiente conta para Melanie Klein, mas pouco. A maneira de a mãe lidar com o bebê ou o mundo de fantasias da mãe e seu estado psíquico, a filogenia ou a posição que a criança ocupa no desejo de seus pais e, portanto, através do desejo edípico destes na cadeia geracional, não são teorizados ou considerados por ela como fatores determinantes na constituição da subjetividade. O principal está no que acontece no mundo interno, na dialética das fantasias, na maneira de lidar com as ansiedades precoces. É isso que determina a relação com o mundo externo e com o outro.

Histórico e contexto[14]

Apesar de toda a inovação que fez na teoria psicanalítica, Melanie Reizes Klein se considerava a mais fiel seguidora de Freud. Não pensava que seus descobrimentos pudessem ser considerados uma nova teoria completa do aparelho psíquico, com conceitos que ela foi criando e transformando ao longo dos quarenta e cinco anos em que escreveu quarenta e quatro trabalhos. Seu trabalho clínico e teórico foi baseado na técnica de jogo com crianças como forma de acesso a seu inconsciente, criada em 1919. Ela nasceu em Viena, em 1882, e morreu em Londres, em 1960. Casou-se aos vinte anos com Alfred Klein, com quem teve três filhos, Melitta, Hans e Eric, indo morar em Budapeste. É lá que entra em contato com a obra de Freud, interessando-se de imediato por ela. Aos trinta e quatro anos vai se analisar com Sándor Ferenczi, análise que durou quatro anos. Conhecendo Freud e Karl Abraham em 1920, este último, impressionado com ela, convida-a a mudar-se a Berlim e lá praticar a psicanálise. Ela se separa em 1923, indo com os filhos trabalhar como a primeira analista de crianças no Instituto Psicanalítico de Berlim.

Em 1919, apresenta seu primeiro trabalho para a Sociedade Psicanalítica de Budapeste. Nele, baseada no

[14] Esta parte foi composta a partir da utilização, como roteiro, de anotações de discussões e leituras, sobretudo de Rómulo Lander e Willy Baranger, realizadas no seminário de psicanálise da criança, no curso do Departamento de Psicanálise do Instituto Sedes Sapientiae, em 1985.

atendimento do pequeno Fritz, desenvolve a ideia de que a criança usava o jogo para expressar simbolicamente seus conflitos, suas experiências, fantasias e ansiedades de modo similar à linguagem dos sonhos e que, usando o método de interpretação dos sonhos, podia interpretar os conteúdos latentes a ela. Com isso, havia descoberto a técnica psicanalítica do jogo.

Karl Abraham foi um estímulo e um apoio constante a Klein, e suas ideias muito a influenciaram, sobretudo seu estudo da libido nas fases precoces e as diferenciações que propunha, bem como sua influência na formação do caráter: na etapa oral, entre desejo de chupar e de morder, mencionando o canibalismo oral; na etapa anal, o desejo de excretar e o de reter, mencionando o sadismo anal; na etapa fálica entre as funções de urinar e ejacular, mencionando o sadismo uretral. Ela insiste em se analisar com ele, coisa que faz por pouco mais de um ano devido à morte repentina de Abraham.

Em Berlim, na análise das meninas Erna e Rita, elabora os novos conceitos de complexo de Édipo precoce e supereu severo e precoce. Nos cinco primeiros anos nesta cidade, vai aperfeiçoar sua técnica e formular novas conclusões teóricas do papel da agressão no desenvolvimento mental infantil e a relação que esta tem com os mecanismos de projeção e identificação. Ela postulava que, nos primeiros meses de vida, a criança passava por uma etapa de intensas ansiedades paranoicas, que ela depois chamou de *persecutórias*, naquilo que denominou *fase de sadismo intenso*. Sustentava que o bebê, desde muito pequeno, experimentava sentimentos de culpa devido a seus impulsos destrutivos e as suas fantasias dirigidas a seu objeto primário: a mãe e sobretudo seus seios. Ainda sem ter o conceito de *reparação*, sustentava que estes sentimentos de culpa originavam a restituição onipotente do objeto danificado.

Desde logo, as ideias de Melanie Klein causaram resistência e polêmica no meio psicanalítico. Os analistas que só trabalhavam com adultos recusavam seus achados. Além disso, a filha de Freud, Anna, que também trabalhava e escrevia sobre análise de crianças, tinha ideias muito diferentes das suas. Melanie sustentava que a análise de crianças era possível nas mesmas condições transferenciais que a dos adultos, pois seus jogos correspondiam às associações livres dos adultos, sem ser, portanto, educativa ou pedagógica. Além disso, em 1926, Melanie Klein havia apresentado suas ideias sobre a forma severa e cruel como surge o supereu na criança, muito precocemente, e como só lentamente ele evolui a uma consciência moral normal em anos posteriores. Anna sustentava o contrário. Para ela, a ausência de supereu na criança e um eu ainda imaturo determinavam a condução formadora, pedagógica e educativa da análise, na qual se deveria restringir o desenvolvimento da transferência. As duas confrontaram suas ideias em um famoso simpósio sobre psicanálise de crianças organizado pela Associação Internacional de Psicanálise, em 1927. Nele, Melanie Klein pode explicar a severidade punitiva e a natureza irreal deste supereu precoce, atribuindo-as aos próprios impulsos sádicos e canibalísticos da criança. Tal concepção traz como consequência clínica uma mudança da tarefa do analista de crianças: não mais fortalecer um supereu débil e frágil, como sustentava Anna Freud, mas reduzir a excessiva fortaleza e a severidade deste supereu precoce. Daí a importância de analisar a transferência negativa, e não só a positiva, para preservar a análise e a proteção dos pais de atitudes negativas não analisadas.

Em 1928, Melanie introduz o conceito de *complexo de Édipo precoce*, no ensaio *Estágios precoces do complexo de Édipo*. Este começaria com o desmame, com manifestações de confusão e labilidade dos impulsos, com predomínio dos impulsos sádicos orais e anais, mas com o início dos sentimentos genitais, que só predominarão no complexo de Édipo tardio. Em 1930, no trabalho *A importância da formação de símbolos no desenvolvimento do eu*, abre uma nova forma de conceber a psicose infantil, ao considerar a capacidade precoce de formação de símbolos — equações simbólicas e identificações — como a base da relação com o mundo exterior. A primeira defesa do eu ante seus impulsos agressivos é o mecanismo da expulsão, conceito que evolui para o de *splitting* (cisão) e identificação projetiva, bem como será utilizado para as suas ideias sobre mecanismos esquizoides. O sadismo é sentido como perigoso para o eu, e os objetos atacados são temidos pela sua capacidade de retaliação. Isso leva o eu a expulsar para dentro do objeto seu sadismo, conseguindo se proteger e destruir o objeto.

Melanie Klein mudou-se para a Inglaterra, em 1926, a convite de Ernest Jones. Bem recebida no princípio, começou a sofrer oposição sob alegação de que suas ideias eram muito diferentes das de Freud. Em 1932, publica seu primeiro livro, *A psicanálise de crianças*. Nele descreve o desenvolvimento precoce do supereu severo, que precede a construção da realidade e determina a magnitude do ciúme e o tipo de ansiedades nas vinculações objetais sexualizadas pré-genitais. A descrição do desenvolvimento mental precoce vai sendo modificada e ampliada com a concepção da posição depressiva, primeiro em 1935, no artigo *Uma contribuição à psicogênese dos estados maníacos-depressivos* e sobre a posição paranoide, em 1946, no trabalho *Notas sobre alguns mecanismos esquizoides*, só publicado em 1952.

Em 1948, no prefácio à terceira edição de *A psicanálise de crianças*, expõe finalmente sua escolha do termo *posição* ao se referir ao fato de que nos oito primeiros meses de vida é possível diferenciar duas fases, a posição paranoide e a posição depressiva. Numa nota do ensaio de 1934, *Uma contribuição à psicogênese dos estados maníaco-depressivos*, o termo *posição* já havia sido preferido ao de fase ou mecanismo, por permitir uma diferenciação das ansiedades e defesas presentes no desenvolvimento da criança, das psicoses dos adultos. Este termo foi escolhido porque estes fenômenos não estão confinados a essa etapa da vida, mas representam um agrupamento de ansiedades e defesas específicas que se apresentam em todos anos da infância de forma oscilatória.

A posição paranoide é a etapa na qual predominam os impulsos destrutivos e as ansiedades persecutórias e vai do nascimento até o quinto mês de vida. A posição depressiva dá-lhe sequência a partir do sexto mês e é possibilitada por uma série de progressos e desenvolvimentos do eu. Nesta etapa, os impulsos, as fantasias sádicas e as ansiedades persecutórias diminuem, e a criança é capaz de introjetar o objeto como um todo, sintetizando vários aspectos do objeto e de suas emoções em relação a ele. Amor e ódio podem estar juntos em sua mente, e se faz presente o desejo de preservar e reviver o objeto amado. O complexo de Édipo se iniciaria ao final do primeiro ano. Os conceitos destas duas posições esclarecem, para ela, os dois tipos de moralidade presentes no ser humano. A primeira, a da posição paranoide, baseia-se numa forma particular de construção ou delírio paranoico, baseada nas formas precoces de supereu na criança que contém sua própria destrutividade, em parte projetada, em parte voltada contra si. Moralidade arcaica que segue a lei de Talião, olho por olho, dente por dente. Moralidade não sintônica com o eu, neste tipo de estrutura, a análise deveria sobretudo abrandá-la e debilitá-la. A segunda moralidade é mais egossintônica: surge com a posição depressiva e está baseada na culpa depressiva dos ataques sádicos realizados na fantasia ou na realidade contra os objetos internos e externos amados, durante a posição paranoide. Após luto e reparação, eles são novamente catexizados de vida e convertidos em bons objetos que guiam e ajudam o eu em sua luta contra os maus objetos internalizados e ou externos. Em seus trabalhos sobre a depressão, Melanie Klein aprofunda a compreensão do trabalho psíquico envolvido no luto por perda de um objeto externo, que se mostra mais complicado do que se apresentava então: a perda de um objeto bom externo produz o sentimento inconsciente de haver perdido também o bom objeto interno. Afetado pela dor da perda externa e interna, o paciente deprimido ficaria indefeso ante a perseguição dos maus objetos internos, com intensificação das ansiedades paranoides e depressivas. Daí a importância da reparação para o restabelecimento do bom objeto interno, processo que fica atrapalhado pelo uso excessivo de defesas maníacas.

Em 1952, Melanie Klein transforma o conceito de posição paranoide em posição esquizoparanoide, agregando a noção de posição esquizoide utilizada em forma sinônima por Ronald Fairbain. Em *Notas sobre alguns mecanismos esquizoides*, publicado finalmente neste ano, introduz, pela primeira vez, o conceito de identificação projetiva. Ao relacioná-lo com o conceito de cisão (*splitting*) — desintegração do eu — e projeção, abre uma nova era de entendimento da esquizofrenia. Ela é a principal defesa contra a ansiedade na posição esquizoparanoide, construindo as relações objetais narcísicas características desta etapa do desenvolvimento, na qual os objetos são percebidos com as partes cindidas e projetadas do eu sobre eles. Neste trabalho descreve as ansiedades que acompanham as fantasias de intrusão e controle do objeto, assim como o efeito empobrecedor que tem para o eu o uso excessivo da identificação projetiva.

A cisão ou *splitting* tem um papel fundamental na descrição da posição esquizoparanoide, sendo um conceito importante desde o início da obra de Klein. Inicialmente, era concebida como a operação de cindir um aspecto mau do objeto para conservar o resto como bom ou, então, expulsar partes de si, expulsão violenta de aspectos sádicos tanto para aliviar o eu como para atacar objetos ameaçadores. Já mais tarde, a cisão é vista como um processo relativamente maduro, que, ao contrário, ocorre quando o sadismo decai, permitindo à criança restituir seu bom objeto e desviar-se dos maus que a assustam. Este nível de cisão ocorreria depois da unificação do objeto bom e mau na posição depressiva. A cisão sofreria uma evolução da posição paranoide à depressiva e continuaria até que o amor e a confiança pelo objeto real e o internalizado estejam firmemente estabelecidos. Ela está presente na etapa das defesas maníacas com que o eu, já mais integrado, defende-se da dor psíquica da posição depressiva, antes que a reparação possa substituí-las no estabelecimento de uma nova relação com a realidade psíquica e externa. A relação maníaca com o objeto se dá pelo seu controle onipotente, triunfo e desprezo, contra os sentimentos depressivos de valorização do objeto, dependência a ele, temor de perdê-lo e culpa por atacá-lo.

A análise da transferência — sobretudo, da negativa — e uma postura que buscava sempre na sessão a compreensão e interpretação precoce e profunda da natureza e função da ansiedade, através da captação feita da fantasia inconsciente do momento, tanto nas análises infantis como dos adultos, levaram Klein a ter um acesso à formação muito precoce do supereu e seu papel na vida psíquica. Não só ele começava a atuar e ter um papel no desenvolvimento mental numa idade muito mais precoce do que propunha Freud, como dizia que ele é algo que a criança sente operando internamente de uma maneira concreta, como resultado de experiências e fantasias a partir da introjeção dos pais e sobretudo dos impulsos destrutivos em relação à mãe, que se traduzem nas angústias advindas de ataques imaginários ao corpo da mãe, com fezes e urina, e ao pai que ela supõe estar dentro da mãe e que produzem culpa e perseguição.

Em 1955, no seu trabalho *A técnica psicanalítica do jogo, sua história e seu significado*, Klein coloca algumas das ideias que interessam para o nosso tema da paranoia. A descrição das angústias infantis se aplica também às dos adultos psicóticos, o que vai levá-la a falar de natureza psicótica das ansiedades infantis. É na relação da criança com seus objetos internalizados que se aclaram as várias situações de perseguição interna e seus conteúdos psicóticos. O temor à retaliação deriva da própria agressividade individual, e o eu aciona suas primeiras defesas para diminuir as ansiedades produzidas pelos próprios impulsos destrutivos, que, na maior parte das vezes, surgem do sadismo oral. A relação oral sádica com a mãe e a internalização de um peito devorado e consequentemente devorador criam o protótipo de todos os perseguidores internos.

Em 1957, Klein, em *Inveja e gratidão*, dirá que estes sentimentos são opostos e recíprocos e operam normalmente desde o nascimento e que o primeiro objeto de inveja e gratidão é o peito que alimenta. Até então, a inveja como conceito psicanalítico só aparecia ligada a situações de carência afetiva ou no estudo detalhado da inveja do pênis. Mesmo referida por Klein em suas obras anteriores, ligada às fantasias orais, uretais e anais de natureza sádica, será só no trabalho de 1957 que ela conectará a inveja com os ataques fantasiados ao peito materno, ao desejo de danificá-lo e possuí-lo. Neste trabalho, ela estuda os efeitos da inveja inconsciente sobre a formação do caráter e a natureza das defesas contra ela. Ao estudar os efeitos da inveja exagerada, ela expõe detalhadamente a evolução anormal da posição esquizoparanoide: uma confusão produzida pela incapacidade para cindir, ausência do mecanismo da idealização se juntam às descobertas anteriores de anormalidades severas do funcionamento mental precoce como a introjeção dos objetos fragmentados pelo ódio, o uso excessivo da cisão e a persistência dos estados narcisistas.

Para Melanie Klein, assim como para Freud na etapa final de seu percurso teórico, a anormalidade ou patologia é sempre um fator quantitativo; daí a frequência com que aparecem as palavras *uso excessivo* ou *excesso*; por exemplo: uso excessivo de mecanismos de defesa como cisão e defesas maníacas ou excesso de sadismo oral. O outro extremo, a ausência, é tão patológico como o excesso, pois tudo o que descreve esteve ou está presente em qualquer ser humano.

Assim, para tomarmos o caminho que nos interessa para o exame das contribuições de Melanie Klein à compreensão e terapêutica da paranoia, os mecanismos de defesa utilizados na posição esquizoparanoide não são apenas mecanismos que protegem o eu de ansiedades imediatas e esmagadoras, mas são também etapas graduais no desenvolvimento (Segal, 1964). Em circunstâncias favoráveis, um bebê não passa a maior parte de seu tempo em estado de ansiedade, mas dormindo, alimentando-se, experimentando prazeres reais ou alucinatórios e, assim, assimilando gradualmente seu objeto ideal e integrando seu eu. Mas todos os bebês têm períodos de ansiedade que, juntamente com as defesas, constituem o núcleo da posição esquizoparanoide e que são parte normal do desenvolvimento humano. Da mesma forma, no mais normal dos indivíduos haverá situações que despertarão as mais primitivas ansiedades e que colocarão em funcionamento os mais primitivos mecanismos de defesa. Além disso, certas realizações do eu na posição esquizoparanoide são realmente muito importantes para o desenvolvimento posterior, cujas bases são por elas estabelecidas. O *splitting* ou cisão, por exemplo, permite ao eu emergir do caos e ordenar suas experiências. No início, o processo de divisão em objeto bom e ruim pode ser excessivo e extremo. No entanto, ordena o universo das impressões emocionais e sensoriais da criança e constitui uma precondição da integração posterior, base da futura faculdade de discriminação, cuja origem é essa diferenciação primitiva entre bom e mau. Também a capacidade adulta de prestar atenção e suspender a própria emoção a fim de formar um juízo intelectual necessita da capacidade de divisão temporária reversível. A divisão também é a base do que será mais tarde o recalque, cuja intensidade dependerá de a divisão primitiva ter sido mais ou menos rígida e excessiva, determinando maior ou menor comunicação entre inconsciente e consciente. Alguns elementos da ansiedade persecutória e da idealização estão sempre presentes e desempenham um papel nas emoções adultas. Um certo grau de ansiedade persecutória é pré-condição para que se seja capaz de reconhecer, apreciar e reagir a situações verdadeiras de perigo em condições externas. A idealização é a base da crença na bondade dos objetos e na própria bondade e é a precursora de boas relações de objeto. A relação com um objeto bom geralmente contém um certo grau de idealização e persiste em várias situações, tais como na apreciação da beleza, na paixão, na formação de ideais políticos e sociais, emoções não racionais, mas que aumentam a riqueza e variedade da vida. A identificação projetiva também está na base da empatia, do colocar-se no lugar do outro e da formação simbólica primitiva (Segal, 1964).

A paranoia no quadro da psicopatologia das posições esquizoparanoide e depressiva

Os pontos de fixação das psicoses estão nos primeiros meses da infância. Na doença psicológica, ocorre regressão a uma fase em que estavam presentes perturbações patológicas, criando bloqueios e constituindo pontos de fixação. Na medida em que o psicótico regride aos primeiros meses da infância, regride a uma fase que já possuía características patológicas em sua infância. O ponto de fixação da doença psicótica está na posição esquizoparanoide e no início da posição depressiva. Quando ocorre regressão a esses pontos primitivos do desenvolvimento, perde-se o sentido de realidade, e o indivíduo se torna psicótico. Se a posição depressiva foi alcançada e, pelo menos, parcialmente elaborada, as dificuldades encontradas no desenvolvimento posterior do indivíduo não são de natureza psicótica, mas de natureza neurótica (Segal, 1964).

O grande poder de fantasias — como as de desejo de sugar do pai o que este havia retirado do seio da mãe — associa-se a mecanismos paranoicos que estão relacionados com um intenso sadismo oral. Elas consequentemente preparam o caminho para impulsos particularmente agressivos contra o interior do corpo da mãe, o que é característico dos distúrbios psicóticos (Klein, 1932a). O ponto de fixação para a paranoia é esse período da fase de exacerbação do sadismo, no qual os ataques da criança ao interior do corpo da mãe e ao pênis que ela imagina lá se encontrar são efetuados por meio dos excrementos venenosos e perigosos. As situações de angústia ligadas a esses ataques dão origem a delírios de relação e de perseguição. Concordando com Abraham, Melanie Klein diz que, no paranoico, a libido regride ao primeiro estádio anal (expulsivo), pois, a seu ver, a fase do sadismo máximo é introduzida pelos impulsos oral-sádicos e termina com o declínio da primeira fase anal. Ela expõe como, na fase mencionada, são empregados, conjuntamente e em sua total capacidade, os diversos meios do sadismo. "O primeiro período da fase sádica caracteriza-se pela extrema violência do ataque desfechado contra o objeto (*ela estava até aqui falando do ponto de fixação da esquizofrenia*). Num período posterior desta fase, coincidindo com o primeiro estádio anal, no qual os impulsos anal-sádicos tomam a liderança, prevalecem métodos mais sutis de ataque, como o uso de materiais venenosos e explosivos, especialmente contra o corpo da mãe. Os excrementos agora representam venenos, e a criança, em suas fantasias, utiliza as fezes como agentes perseguidores contra os objetos, inserindo-os secretamente, no ânus e em outros orifícios do corpo desses objetos, por uma espécie de mágica e lá os deixando. Em consequência, começa a temer seus excrementos como substância perigosa e prejudicial ao seu próprio corpo e a recear os excrementos incorporados de seus objetos, dos quais espera ataques secretos similares, através do mesmo meio perigoso. Assim, essas fantasias geram o medo de ser envenenado e de ter uma multidão de perseguidores no interior de seu corpo e constituem a base dos temores hipocondríacos. Servem também para incrementar o medo suscitado pela equação do objeto introjetado com fezes, pois esse objeto torna-se ainda mais perigoso por ser equiparado ao cíbalo (excremento endurecido) tóxico e destruidor.

Como a criança, o paranoico, em razão de seus impulsos uretrais sádicos, vê igualmente na urina uma substância perigosa que queima, fere e envenena; acha-se inconscientemente preparada para encarar o pênis como um órgão sádico e a sentir pavor do perigoso pênis do pai (o perseguidor) que ela introjetou. (*Klein cita, numa nota, autores que pensam que a ideia paranoica do perseguidor é derivada da ideia inconsciente do cíbalo no intestino e da equação deste cíbalo (excremento endurecido) com o pênis perseguidor. Ela também constatou que o medo de pedaços de matéria fecal visto como perseguidores deriva, em última instância, das fantasias sádicas nas quais a urina e as fezes eram empregadas como armas venenosas e destruidoras contra o corpo da mãe*). No período em que efetua ataques por meio de seus excrementos venenosos, os temores da criança de sofrer ela mesma ataques subterrâneos por parte de seus objetos introjetados e externos tornam-se mais multiformes, de acordo com a maior variedade e sutileza de seus próprios procedimentos sádicos; e estes impulsionam os mecanismos de projeção, que passam a funcionar com o máximo de suas possibilidades. A angústia alastra-se e é distribuída por muitos objetos e fontes de perigo no mundo exterior, de sorte que ela espera agora ser atacada por um grande número de perseguidores. O caráter pérfido e oculto que ela atribui a estes ataques levam-na a observar o mundo circundante com olho atento e suspeitoso, reforçando assim suas relações com a realidade, embora este relacionamento seja falso e unilateral; por outro lado, como ela teme o objeto introjetado a despeito de seus mecanismos de projeção, é constantemente incitada a manter esses mecanismos operando" (Klein, 1931 e 1932a, p. 198-200).

O ponto de fixação da paranoia é a etapa do sadismo na qual os ataques são imaginados como envenenamentos e predominam os impulsos sádicos anais e uretais. Igualmente a Freud, ela achava que os pontos de fixação da demência precoce e da paranoia estão na etapa narcisista, a demência precoce precedendo a paranoia (Klein, 1930a).

Na mais recuada realidade da criança, não é exagero dizer que o mundo é um seio e um ventre cheio de objetos perigosos por causa do próprio impulso da criança em atacá-los. O curso normal do desenvolvimento consiste em avaliar gradativamente os objetos externos através de uma escala realista de valores. O simbolismo, além de fundamento da fantasia e da sublimação, propicia a base na qual se constrói toda a relação do sujeito com o mundo exterior e com a realidade em geral. O objeto do sadismo, em seu auge, e do impulso epistemofílico — que surge simultaneamente a ele — é o corpo materno com seus conteúdos fantasiados. As fantasias sádicas dirigidas contra o interior do corpo da mãe constituem a relação primeira e básica com o mundo exterior e com a realidade. Do grau de êxito com que atravessa esta fase dependerá a medida em que possa alcançar, em seguida, um mundo externo que corresponda à realidade. Os excrementos, os órgãos, as coisas animadas e inanimadas são equivalentes entre si e produzem ansiedade nesta primeira realidade fantástica da criança (Klein, 1930a). Para o psicótico, o mundo — e isto, na prática, significa objetos — é avaliado no nível original; isto quer dizer que, para ele, o mundo é ainda um ventre povoado de objetos perigosos. Uma generalização válida para as psicoses é que as agrupações principais correspondem às defesas contra as principais fases do desenvolvimento do sadismo (Klein, 1930b).

Assim como Freud, ela também vai pensar a estreita conexão entre a paranoia e as formas mais agudas de neurose obsessiva. A gravidade da doença obsessiva depende da gravidade das perturbações paranoides que imediatamente a precederam, ou seja, do caráter da angústia suscitada pelas primeiras situações de perigo. Isso porque o segundo estágio anal sádico, ponto de fixação da neurose obsessiva (retenção), é preparado pelo primeiro estágio anal-sádico (expulsão) — no qual estão presentes estádios paranoides rudimentares — e o supera. Se os mecanismos obsessivos não conseguirem superar adequadamente essas perturbações, seus traços paranoides subjacentes aflorarão à superfície ou poder-se-á sucumbir a uma franca psicose paranoica (Klein, 1932b).

As mesmas raízes psicológicas podem desenvolver-se até constituir a paranoia ou a criminalidade. Certos fatores levarão a uma maior tendência de o criminoso suprimir as fantasias inconscientes pondo-as em ação na realidade[15]. As fantasias de perseguição são comuns em ambas as circunstâncias. O amor não está ausente nos criminosos, mas escondido e enterrado de tal forma que só a análise pode trazê-lo à luz nos conflitos profundos nos quais brotam a angústia e o ódio. Uma vez que o objeto persecutório

15 Remeto ao livro *Psicopatia* de Sidney Kiyoshi Shine, nesta mesma coleção.

odiado era originalmente, para o nenê, o objeto de seu amor e da sua libido, o criminoso está agora na situação de odiar e perseguir seu próprio objeto amado; sendo esta uma situação intolerável, é preciso suprimir toda a recordação e consciência de qualquer sentimento de amor por qualquer objeto. Se no mundo não há senão inimigos — e é isso que o criminoso sente — a seu modo de ver, seu ódio e destrutividade se justificam plenamente, situação que alivia alguns de seus sentimentos inconscientes de culpa. O ódio é utilizado para encobrir o amor, mas não devemos esquecer que para a pessoa que está sob a contínua tensão da perseguição, a segurança do seu próprio eu é a primeira e única consideração (Klein, 1934a).

Uma terceira aproximação diagnóstica que ela faz é entre depressão e paranoia. O paranoico alcança a posição depressiva, mas os sofrimentos relacionados a ela lançam-no de volta à posição paranoica; mas como a posição depressiva foi alcançada, a possibilidade da depressão está sempre presente. Por isso, encontramos, com frequência, a depressão junto com a paranoia grave e também em casos menos severos.

"Diria eu que o paranoico introjetou também um objeto real e total, mas não conseguiu chegar a uma identificação completa com ele, ou, se a tanto chegou, não foi capaz de mantê-la" (Klein, 1934b, p. 366). Fracassa porque a ansiedade de perseguição é grande demais; existem suspeitas e ansiedades de natureza fantástica que dificultam a completa e estável introjeção de um objeto bom e real. Introjetando-o como tal há pouca possibilidade de conservá-lo como bom, uma vez que dúvidas e suspeitas de todo o gênero farão com que o objeto amado se transforme logo em perseguidor. Assim, a sua relação com os objetos totais e com o mundo real está ainda influenciada pela sua primeira relação com objetos parciais interiorizados e com fezes como perseguidores e pode ceder outra vez a estes últimos. Para Klein, parece característico do paranoico que, embora desenvolva um forte e agudo poder de observação do mundo externo e dos objetos reais, esta observação e o seu sentido de realidade estão, todavia, falseados: a sua angústia de perseguição e suas suspeitas fazem com que olhe as outras pessoas principalmente do ponto de vista se são perseguidores ou não. Quando a angústia de perseguição está em ascensão no que se refere ao eu, não são possíveis nem uma identificação completa e estável com outro objeto — no sentido de considerá-lo e compreendê-lo como ele realmente é — nem uma capacidade plena para o amor.

Com tais ansiedades de perseguição funcionando, também não pode suportar o peso adicional de ansiedades por um objeto amado e pelos sentimentos de culpa e remorso que acompanham essa posição depressiva, na qual teria de fazer muito menos uso da projeção, pelo temor de expulsar objetos bons e assim perdê-los e de ferir objetos externos bons, ao expulsar do seu interior o que é mau. O depressivo está cheio de dor e de ansiedade pelo objeto e lutará para uni-lo de novo num todo, enquanto, para o paranoico, o objeto desintegrado é principalmente uma multidão de perseguidores, pois cada pedaço cresce de novo e torna-se um perseguidor. Equipara-se à introjeção de muitos pedaços de objetos pela multidão de fezes perigosas. Quanto às inibições e ansiedades relativas à comida, a ansiedade de absorver substâncias destrutivas ou perigosas dentro de si será paranoica, enquanto que a ansiedade de destruir objetos bons externos — mordendo-os e mastigando-os — ou a de pôr em perigo o bom objeto interno, introduzindo substâncias más do mundo exterior, será depressiva. A ansiedade de pôr em perigo um bom objeto interno incorporando-o dentro de si mesmo é depressiva. Por outro lado, em caso de fortes traços paranoicos, apresentam-se fantasias de atrair astutamente um objeto externo para o interior, que é considerado como uma caverna cheia de monstros perigosos. Aqui vemos as razões paranoicas do uso excessivo do mecanismo da introjeção, ao passo que o depressivo o usa para incorporar um objeto bom. Quanto aos sintomas hipocondríacos, as dores e outras manifestações que, na fantasia, são o resultado dos ataques dos objetos perseguidores internos contra o eu são tipicamente paranoides. Os sintomas que derivam, por outro lado, dos ataques dos objetos maus internos e do isso contra os bons — isto é, uma luta interna em que o eu se identifica com o sofrimento dos bons objetos — são tipicamente depressivos. Na mania, o eu procura refúgio não somente da melancolia, mas também de uma situação paranoica que não pode dominar (Klein, 1934b).

A incapacidade de um sujeito para superar a posição depressiva infantil pode resultar em depressão, mania ou paranoia. Há casos de incapacidade para sentir o luto em que os sentimentos amorosos são sufocados e os de ódio aumentam. O eu utiliza diversos modos para cuidar dos temores paranoides que são tanto mais fortes quanto mais se reforça o ódio. Os objetos maus internos são subjugados, imobilizados e, ao mesmo tempo, denegados, bem como fortemente projetados no mundo exterior. Há pessoas que, incapazes de sofrer o luto, podem escapar de um ataque maníaco-depressivo ou de paranoia somente por uma severa restrição de sua vida emocional, que empobrece sua personalidade total (Klein, 1940).

A paranoia em Winnicott: o conceito de falso self

Contexto e história

Talvez nenhum psicanalista tenha inovado tanto a abordagem do tratamento da psicose e a concepção de saúde e doença, bem como da constituição do psiquismo nos primeiríssimos tempos, quanto Donald W. Winnicott. Com ele, finalmente, o papel desempenhado pelo meio ambiente em que a criança está inserida, pelos cuidados maternos e pelo próprio estado psíquico da mãe, ganha destaque e importância na reflexão e conceitualização do desenvolvimento emocional primitivo.

Nascido na Inglaterra, em 1896, Winnicott obtém seu diploma de medicina em 1920. Em 1923 inicia sua análise com James Strachey. Atua como pediatra em dois hospitais, onde ficará por quarenta anos. Casou-se duas vezes e não teve filhos. Em meados dos anos 30, torna-se analista pela Sociedade Britânica de Psicanálise. Faz supervisão com Melanie Klein de 1935 a 1940, recebendo o filho desta, Eric, em análise. Em 1940, inicia uma segunda análise com Joan Rivière. Na guerra atua como psiquiatra nas Forças Armadas. Sua segunda mulher acabaria se analisando com Klein, de 1954 até a morte desta, após Winnicott ter intercedido a seu favor, alegando a Klein ter tido de renunciar ele próprio a fazer um tratamento com ela para se dedicar à análise de seu filho com liberdade.

Para situar o lugar de Winnicott na Sociedade Britânica de Psicanálise, do qual foi eleito presidente por duas vezes, convém lembrar que, a partir dos anos quarenta, ela foi sede de disputas extremamente violentas. Essas disputas levaram, em 1946, ao estabelecimento de dois programas de formação. Havia dois grupos antagônicos, os discípulos de Anna Freud e os kleinianos, além de um certo número de analistas que se recusava a aderir a um ou outro e que se agrupou sob o nome de *Middle Group*. Foi nesse grupo intermediário que Winnicott encontrou o seu lugar. Seu relacionamento com Anna Freud foi neutro. Já entre ele e Melanie Klein, teceu-se uma longa amizade, que seria sombreada por suas divergências teóricas e técnicas, ainda que ele tenha sempre frisado seu total reconhecimento a ela, na sua contribuição decisiva para o estudo da vida dos bebês e para o campo da psicopatologia (Arcangioli, 1995).

Aqueles que estudam Winnicott percebem a leitura cuidadosa de Freud que sua obra traz, ainda que ele próprio pareça desconfiar dela. Na ocasião de seu primeiro mandato como presidente da Sociedade Britânica de Psicanálise, entre 1956 e 1959, escreveu a um colega: "Sinto-me engraçado ao ocupar a cadeira de Presidente, pois não conheço meu Freud como um Presidente deveria conhecê-lo, embora me sinta impregnado de Freud até a medula óssea" (Arcangioli, 1995, p. 183). Ele sempre afirmou que a técnica freudiana era perfeita para o tratamento da neurose, naquelas pessoas que haviam tido um ambiente suficientemente bom nos primórdios da infância, tendo a base da saúde mental da personalidade estabelecida pelas técnicas naturalmente adquiridas por uma mãe preocupada com o cuidado do bebê, e que apresentavam um sofrimento devido a angústias surgidas da vida pulsional ocorridas entre pessoas. Não foi este o campo em que trouxe novas contribuições. Seu interesse voltou-se para a vida dos recém-nascidos, dos bebês e para os distúrbios cuja etiologia era anterior à fase edipiana. O estudo da influência do ambiente no ser psíquico é o que o levará a ampliar o campo de reflexão e aplicação da psicanálise. Foi pioneiro ao estudar os conflitos interpsíquicos — e não mais só intrapsíquicos, como em Klein — das distorções psíquicas provocadas por um ambiente patogênico. Isso o levou a propor toda uma reformulação da técnica clássica para o tratamento de pacientes que, na sua primeira infância, haviam deparado com um ambiente que fracassara na adaptação às necessidades. Morre em 1971, em Londres, em decorrência de uma doença pulmonar e cardíaca.

Algumas concepções winnicottianas

Em Winnicott, o ser vem do não ser. O bebê está muito mais próximo do não ser do que o adulto. Fragmentado, desintegrado ainda enquanto psique e soma, ele nasce com tendências inatas a se desenvolver e a se integrar, aquilo que Winnicott chamou de funcionamento dos processos de maturação. Seu livre desenrolar seria o que ele conceituaria como saúde, enquanto que a doença seria seu entrave. É a mãe o primeiro ambiente que interage com o bebê e que permitirá ou não o livre desenrolar de suas tendências.

Winnicott chamou de *preocupação materna primária* a capacidade de a mãe viver um estado alterado em que ela se identifica plenamente com o bebê para se adaptar perfeitamente às suas necessidades. Esta *mãe suficientemente boa* permite ao bebê experienciar um sentimento de continuidade da vida, que é o sinal de emergência do *verdadeiro self*. Este difícil conceito winnicottiano diz respeito à sensação de se sentir real, com uma vida física e psíquica baseada em suas tendências inatas, um *self* criador, expresso primeiramente pelo gesto espontâneo do bebê. Winnicott distingue dois aspectos do *self*, um verdadeiro e um falso, presentes em proporções diferentes em todo o ser humano.

Winnicott chamou de *mãe suficientemente boa* aquela que realiza com sucesso as três funções primordiais e cruciais para atender às necessidades corporais e de desenvolvimento psíquico do eu: o *holding*[16], o *handling*[17] e a apresentação gradual do mundo para o bebê. Estas funções realizam-se simultaneamente e permitem a integração somato-psíquica do bebê, a integração no espaço e no tempo, a personalização e a sensação de estar habitando em seu corpo. Além disso, permitem um contato gradual com o meio externo ao bebê, que não é, então, sentido como invasivo. Ao contrário, a mãe garante sua onipotência, a ilusão de que é ele quem cria o mundo dos objetos de suas necessidades, indo de encontro a ele no desconhecimento do seu estado de dependência à mãe. Numa maternagem suficientemente boa, o amor é expresso inicialmente em termos físicos, produzindo uma adaptação às necessidades do eu que permitirão o indivíduo poder começar a existir e, ao fazê-lo, ter experiências daquilo que é habitualmente colocado como o campo da instância psíquica isso. A base para o estabelecimento do eu é um suficiente "continuar a ser", que não foi interrompido por reações à invasão. Para ele, a habilidade do bebê de usar a ilusão é fundamental, pois sem ela não é possível qualquer contato entre a psique e o meio ambiente. Ela é criada pela mãe, numa primeira mamada teórica, na qual o potencial

16 *Holding* é a sustentação física e psíquica, o modo de segurar a criança que leva em conta a sensibilidade cutânea, auditiva e visual do bebê, sua sensibilidade a quedas e sua ignorância do meio externo. Ele instaura sequências repetitivas — através dos cuidados cotidianos que simplificam a realidade externa — dando referenciais estáveis.

17 *Handling* é o manuseio ou manipulação do bebê durante os cuidados.

criativo do indivíduo, que se origina da necessidade, produz prontidão para uma alucinação. Simultaneamente, o amor e a profunda identificação da mãe com o bebê tornam-na consciente de suas necessidades, a ponto de fazê-la fornecer algo, mais ou menos no lugar e hora certos, que é repetido várias vezes (Winnicott, 1952). Para Winnicott, no início, o bebê passa por uma fase de dependência absoluta de sua mãe ou substituto, na qual não existe separação entre ele e o mundo, e a mãe age de maneira a estar disponível à excitação potencial do bebê. Ela permite a ele — no suceder das mamadas nas quais ela apresenta o seio ou a mamadeira de tal forma que ele acha que os cria — assumir a capacidade de experimentar relações estimulantes com as pessoas e as coisas, experimentando emoções e sentimentos de amor e ódio sem que eles sejam uma ameaça potencial, fonte de angústia insuportável. São estas primeiras capacidades permitidas pelo cuidado materno que o levarão a viver um estado fusional com a mãe que, pouco a pouco, após o sexto mês de vida, se transforma em uma fase de dependência relativa.

Neste segundo momento, gradualmente o bebê perceberá a mãe como separada de si, antes que possa perceber o mundo exterior a ele. Depende dela para satisfazer suas necessidades; sua fantasia fusional não corresponde à realidade. É aqui que a observação dos bebês no segundo semestre de vida, feita por Winnicott, foi preciosa. Ele concebe que neste momento ocorre aquilo a que chamou de *fenômenos transicionais*, ou seja, a criação de um *espaço transicional* de ilusão compartilhado com a mãe, de não separação psíquica. Esses fenômenos se dão num espaço intermediário entre a realidade externa e a interna. Além de atividades transicionais, o bebê, na ausência física da mãe, escolhe um *objeto transicional* — um cobertor, um pedaço de pano, uma fralda, etc. — ao qual atribui as qualidades tranquilizadoras da mãe e os valores afetivos do mundo compartilhado com ela. Isto lhe permite enfrentar a experiência difícil da desilusão, de separação, geradora de angústia depressiva.

O *espaço transicional* é uma espécie de colchão que ameniza — amortece — o impacto ocasionado pela percepção conscientizadora da existência de uma realidade externa, com coisas e pessoas e, do relacionamento da realidade externa com a interna, esta última povoada de fantasias próprias a cada um. Ele persiste por toda a vida, ainda quando os *fenômenos* transicionais se tornem difusos e o *objeto transicional* seja desinvestido quando se torna desnecessário para a criança. Será ocupado por atividades lúdicas e criativas extremamente variadas, que terão sempre a função de aliviar o ser humano da tensão sempre presente do relacionamento entre realidade externa e interna (Winnicott, 1951). Para Winnicott, permitimos ao bebê esta loucura e só gradualmente exigimos uma distinção clara entre o subjetivo e aquilo que pode ser objetiva ou cientificamente provado. Nós, os adultos, diz ele, usamos as artes e a religião para o descanso do teste de realidade e da aceitação da realidade que todos nós necessitamos. Já a psicose é caracterizada quando se necessita de uma indulgência especial com esta área (Winnicott, 1952).

Na fase de dependência relativa, que iria dos seis meses aos dois anos, a criança se conscientiza de sua sujeição à mãe e não só tolera melhor as falhas de adaptação da mãe, mas se torna capaz de tirar proveito delas para se desenvolver. A criança já progrediu consideravelmente, reconhece os objetos e as pessoas como fazendo parte da realidade externa, percebe a mãe como separada dela e faz uma união entre sua vida psíquica e seu corpo. Como sua capacidade de se situar no tempo e no espaço já se desenvolveu, pode antecipar acontecimentos, prevendo a chegada do alimento trazido pela mãe pelos barulhos de sua preparação. A mãe, por sua vez, desliga-se pouco a pouco da identificação intensa que teve com o filho no primeiro momento, retomando sua vida pessoal ou profissional, introduzindo falhas moderadas de adaptação ajustadas ao desenvolvimento da criança, que permite a ela vivenciá-las sem prejuízo, tirando proveito delas para seu crescimento (Arcangioli, 1995).

A tarefa da mãe suficientemente boa muda nesta fase, pois a mãe tem de lidar com a dificuldade de a criança unificar a vivência de duas mães. A primeira é a "mãe dos momentos de calma e tranquilidade", que cuidou do bem-estar da criança e é ternamente amada por ela. A segunda é a mãe da hora das refeições, na qual está presente uma excitação em que a agressividade está implicada. "Em virtude do componente agressivo presente no componente oral, o bebê passa a imaginar que a satisfação de sua fome acarreta uma deterioração do corpo da mãe, que cava nele um buraco, um vazio" (Arcangioli, 1995, p. 191-2). Como na fase anterior ela não reconhecia sua dependência à mãe, ela não se preocupava com esta destruição. Agora, para sentir que a mãe dos momentos de excitação não foi destruída, ela precisa sentir que a mãe dos momentos tranquilos, que aparece logo após os momentos de tensão pulsional, é a mesma pessoa. Por isso, a mãe suficientemente boa nesta fase é aquela que sobrevive, não morre, não desaparece, mas, após a tensão, continua a cuidar da criança com a mesma ternura e atenção. Ela sobrevive também quando não se ausenta por um tempo que ultrapasse a capacidade da criança conservar uma representação viva dela, acreditando na sua existência. A criança passa a sentir uma angústia depressiva, uma inquietação, pois é a mãe em sua totalidade que ela corre o risco de destruir com seus ataques agressivos. Com a culpa que sente, passa a atividades de reparação e restauração da mãe, tanto na fantasia como na realidade, quando sentida como danificada e destruída. A experiência de sobrevivência da mãe permite à criança aceitar como suas as fantasias e os pensamentos ligados à experiência pulsional, distinguir progressivamente essas fantasias e pensamentos do que ocorre na realidade externa e ter a experiência de uma relação de excitação que não é nem destrutiva nem desestruturante (Winnicott, 1952).

Assim, a passagem da dependência para a independência implica uma era delicada do desenvolvimento e é especialmente do seu sucesso que depende o estabelecimento da saúde mental na comparação com a psicose. Se tudo correr bem, o meio ambiente criado pelo indivíduo se transforma em algo suficientemente semelhante ao meio ambiente geralmente percebido (Winnicott, 1945 e 1952).

Distúrbios psíquicos que se originam na primeira infância

Em *Psicose e cuidados maternos* (1952), Winnicott dirá que um certo grau de psicose na infância é normal e que o diagnóstico de psicose na infância é feito quando o meio ambiente não consegue esconder ou aguentar distorções do desenvolvimento emocional, fazendo com que a criança necessite se organizar em torno de uma determinada linha defensiva que possa ser reconhecida como uma entidade doença. As perturbações psicóticas têm início antes que a criança tenha-se tornado uma pessoa total, se relacionando com pessoas totais. O desenvolvimento emocional nos seus estádios primitivos se refere exatamente aos mesmos fenômenos que aparecem no estudo da esquizofrenia adulta, dos estados esquizoides em geral e das defesas organizadas contra a confusão e a não integração. Uma adaptação falha às necessidades da criança resulta na invasão do meio ambiente de tal modo que o indivíduo tem de reagir a esta invasão. Nesta situação, o sentido do *self* se perde e só é recuperado por um retorno ao isolamento, cada vez menos puro, quanto mais a criança se afasta do início, envolvendo cada vez mais uma organização defensiva como repúdio à invasão ambiental. Há aí, então, uma distorção psicótica da organização meio ambiente-indivíduo (ver figura 1, Winnicott, 1952, p. 380):

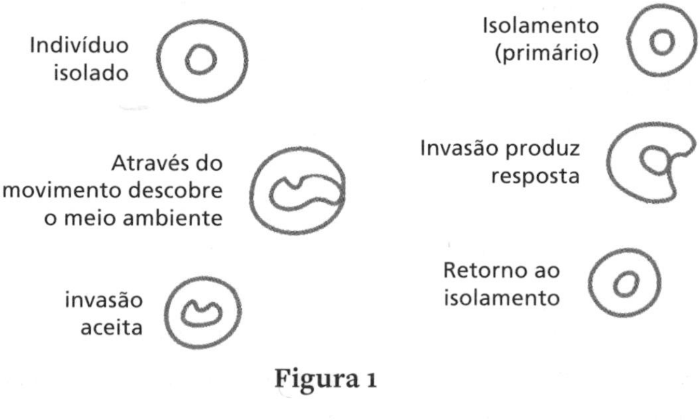

Figura 1

Uma tendência para uma clivagem básica na organização meio-ambiente-indivíduo pode ter início devido ao fracasso do meio ambiente inicial em se adaptar ativamente. No caso extremo de clivagem, a vida interior secreta contém muito pouco que tenha sido derivado da realidade externa e é verdadeiramente incomunicável (ver figura 2, Winnicott, 1952, p. 381):

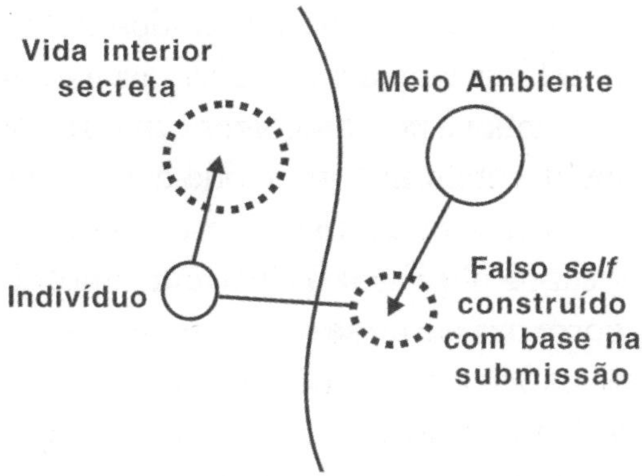

Figura 2

Se a adaptação da necessidade nunca é completa, é através dos processos intelectuais que os fracassos do meio ambiente são gradualmente levados em conta, compreendidos, tolerados e mesmo preditos. A compreensão intelectual converte a adaptação ambiental não suficientemente boa em adaptação suficientemente boa, compreensão esta que será favorecida se o meio ambiente se comportar de maneira uniforme. Uma adaptação variável devida à imprevisibilidade do meio ambiente é traumática e anula os efeitos positivos de ocasionais acessos de adaptação, que são extremamente sensíveis.

Mas esses processos intelectuais, chamados de atividade mental, podem também ser explorados de modo a se tornarem inimigos da psique. Vejamos algumas situações colocadas por Winnicott. A capacidade intelectual restrita, devido a um tecido cerebral geneticamente mal dotado, pode ocasionar uma diminuição na capacidade de transformar uma adaptação a um ambiente não suficientemente bom em uma adaptação ambiental suficientemente boa. Daí as psicoses serem comuns nos deficientes mentais. Mas mesmo um tecido cerebral excepcionalmente dotado pode capacitar um bebê a lidar com um sério fracasso de adaptação à necessidade, embora possa ocorrer uma degradação da atividade mental, com uma hipertrofia dos processos intelectuais relacionada a um colapso esquizofrênico potencial. Quando existe uma tendência à clivagem muito acentuada, o indivíduo corre o risco de se deixar seduzir por uma vida falsa e as pulsões ficarem do lado do meio ambiente sedutor. Uma sedução bem-sucedida desta forma produz um falso *self* que parece satisfatório à observação, mas que mantém latente a esquizofrenia. O falso *self*, desenvolvido sobre uma base de submissão, não consegue atingir a independência da maturidade, exceto, talvez, uma pseudomaturidade em um meio ambiente psicótico.

Em outro texto sobre as raízes primitivas da agressividade (Winnicott, 1950-1955), ele desenvolve ainda mais a descrição e o conceito de falso *self*. Quando o meio ambiente é constantemente descoberto e redescoberto por causa da motilidade, cada experiência no interior do narcisismo primário enfatiza o desenvolvimento a partir do centro e o contato com o meio ambiente como uma experiência do ser ainda indiferenciado entre eu e isso. Quando o meio ambiente invade o bebê, o que há, em vez desta experiência, é uma série de reações a invasões. Neste caso, a única coisa que permite uma existência individual é uma retirada para o descanso, a motilidade sendo apenas experimentada como uma reação à invasão. Quando nem mesmo este lugar de descanso existe, o estado de narcisismo primário não produz um indivíduo. Este desenvolve-se como uma extensão da casca, e não do cerne, e como uma extensão do meio ambiente invasor. O que resta do cerne fica tão ocultado que é difícil o acesso, mesmo numa análise muito profunda. O verdadeiro *self* fica oculto, e temos de lidar clinicamente com o complexo falso *self*, cuja função é manter o verdadeiro *self* oculto. Este indivíduo é falso porque nele não há impulsividade pessoal, já que ela existe apenas como reação às invasões. "O falso *self* pode ser convenientemente sintônico com a sociedade, mas a falta do *self* verdadeiro produz uma instabilidade que, quanto mais a sociedade é levada a acreditar que o falso *self* é o verdadeiro *self*, mais evidente se torna. O paciente se queixa de uma sensação de futilidade" (p. 365). Em *Preocupação materna primária* (Winnicott, 1956), ele comparará o sentimento de realidade entre o bebê que recebeu uma provisão ambiental suficientemente boa e o que não recebeu. No primeiro caso, ela permite que o bebê comece a existir, ter experiências, construir um eu pessoal, dominar as pulsões e enfrentar todas as dificuldades inerentes à vida, e "tudo isso é sentido como real pelo bebê, que se torna capaz de ter um *self* que pode até mesmo se dar ao luxo de eventualmente sacrificar sua espontaneidade e mesmo morrer" (p. 497). Mas sem uma provisão ambiental suficientemente boa, este *self* que pode se dar ao luxo de morrer nunca se desenvolve. A sensação de realidade está ausente, se vive ou no caos ou com a sensação última de futilidade. Este falso *self*, que além do que foi apontado acima se livra das experiências pulsionais passando por elas, está só ganhando tempo. O falso *self* enreda o bebê como um mecanismo de defesa primitivo a partir da ameaça de aniquilação, e as tendências inatas se anulam ou são pressionadas pela maneira inadequada com que a mãe lhes impõe expressão através de uma pressão que cria um modo de ser falso e artificial. Ao chegar à idade adulta, comporta-se como um camaleão que se funde com o meio ambiente ou reage especularmente aos outros. Ao contrário, o *self* individual começa como uma soma da experiência de repouso e o gradual estabelecimento de uma capacidade de aguardar a recuperação das aniquilações resultantes das reações às invasões ambientais. O bebê imaturo está sempre à beira de uma angústia impensável, inimaginável, portadora de uma ameaça de aniquilação que se exprime por várias sensações e são a essência das angústias psicóticas: despedaçar-se, ter a impressão de uma queda infindável, sentir-se levado para alturas infinitas, não ter relação com o próprio corpo e, por fim, não ter orientação espaço-temporal.

Vejamos agora como Winnicott concebe o potencial paranoico de um indivíduo. Ele se origina num fracasso ambiental relacionado à atividade de integração-desintegração. Se pensarmos do ponto de vista do bebê, a unidade da psique é inicialmente vivenciada por poucos momentos, que depois vão se transformando em períodos longos e variáveis. Também será gradual e instável a maneira pela qual a psique se alojará no corpo. No início, portanto, toda a integração está facilmente sujeita à desintegração. No desenvolvimento saudável normal, os perseguidores pertencentes ao novo fenômeno, o exterior, são neutralizados pela dedicação materna pelo *holding*, pela compreensão e empatia, que permitem uma adaptação sensível, tornando o isolamento primário do indivíduo um fato. A atividade de integração é, portanto, um momento perigoso, que produz um indivíduo bruto, um paranoico em potencial na organização total meio ambiente/indivíduo. O fracasso ambiental justamente neste ponto dá início a um indivíduo com potencial paranoide. Na defesa contra as terríveis ansiedades do estado paranoide no início da vida, frequentemente é organizado um estado de introversão patológica defensiva, no qual a criança vive permanentemente em seu próprio mundo interno (colocando todo o bom dentro de si e projetando o mal para fora), que, no entanto, não está firmemente organizado. A recuperação de uma introversão patológica envolve um retorno para fora, para um mundo que a criança vê cheio de perseguidores e, quando a recuperação chega a este ponto, a criança regularmente torna-se agressiva. Daí a importância de se cuidar bem do ataque-em-defesa para que ela não volte ao estado de introversão.

Winnicott tem uma concepção positiva da agressão. Não só ela se origina do potencial de motilidade, como é necessária para criar o objeto externo. Daí ele ver muito mais perigo para a pessoa, e também para a sociedade, na maneira como se reprime a agressividade do que nela própria.

Na sua origem, ela é atividade, sendo a experiência pulsional sua principal fonte. Ela faz parte da expressão primitiva do amor. E este amor se exprime inicialmente em termos orais. É o amor erótico oral que traz dentro de si a base da maior parte da agressividade real, a agressão pretendida pelo indivíduo e sentida como tal pelas pessoas à sua volta. Há um primeiro estádio de pré-preocupação, no qual o bebê não percebe sua crueldade ou destruição, pois não percebe que o objeto destruído por sua excitação é o mesmo que ele valoriza nos intervalos tranquilos entre as excitações, seu amor excitado incluindo um ataque imaginário ao corpo da mãe. A agressão aqui é condição para a capacidade de amor, o relacionar-se com os objetos. O segundo estádio é o da preocupação, que traz consigo a capacidade de sentir culpa pela agressão, que será a base da atividade social satisfatória. Surge, então, num terceiro momento, a possibilidade de sentir raiva à frustração. Num quarto e último momento, com o crescimento do mundo interno, a criança passa a se preocupar não apenas com os efeitos dos impulsos sobre sua mãe, mas em si própria. Ela deve levar em conta não só o bom dentro de si, mas os seus ataques raivosos, que a deixam se sentindo repleta do mau, maligno e persecutório dentro de si. A ameaça a si, que vem de dentro, coloca em risco o bom que forma a base de sua confiança na vida. O manejo do mundo interno será condição do manejo do mundo externo. É aí que entram em ação os mecanismos de defesa normais e patológicos contra a agressão. Para Winnicott, o indivíduo, na saúde, consegue armazenar a maldade dentro de si para utilizar em um ataque às forças externas que pareçam ameaçar o que ele considera que vale a pena preservar. A agressão tem aí um valor social e pessoal, com a preservação da objetividade, o inimigo podendo ser enfrentado com economia de esforço, bem diferente do que acontece na agressão maníaca ou delirante (Winnicott, 1950-1955).

Na pré-história da agressão — na experiência mais primitiva do isso — está a motilidade que o bebê deve ser capaz de gastar. É por isso que ele precisa das frustrações da realidade, pois se a satisfação fosse completa, deixaria insatisfeita a raiz da motilidade. Esta motilidade primitiva é variável e o que não é utilizado dela pelo isso — ou seja, não se fundiu ao potencial erótico para encontrar satisfação através da gratificação pulsional — precisa ser utilizado de outras maneiras; por isso existem maneiras muito diferentes pelas quais as pessoas experimentam sua agressividade. Necessitam de algo contra o qual possam fazer força, precisam encontrar uma oposição que, se não experimentada, constitui ameaça ao bem-estar. Na saúde, o indivíduo, por definição, desfruta da busca da oposição apropriada, e a motilidade se funde com o erótico; na doença, é este que quer se fundir com a motilidade, como o caso do sádico compulsivo a partir de uma erotização dos elementos agressivos, única maneira de estabelecer uma fusão que não estava normalmente estabelecida nos primórdios. Ele só se sente real quando é destrutivo e cruel (Winnicott, 1950-1955).

O que está sendo dito é que é certamente o componente agressivo que leva o indivíduo a necessitar de um não-eu ou de um objeto que sente ser externo. É a impulsividade inicial e a agressão decorrente dela que faz com que um bebê necessite de um objeto externo. e não apenas de um objeto que o satisfaça. De maneira patológica, no entanto, muitos bebês têm um potencial agressivo que faz parte da reação à invasão, que é ativado pela perseguição. Aí é que passa a ocorrer de a perseguição ser bem-vinda, porque ele só se sente real ao reagir a ela. Modo falso de desenvolvimento, pois ele necessita de uma perseguição contínua. A quantidade deste potencial agressivo não depende de fatores biológicos (que determinam a motilidade e o potencial erótico), mas do acaso das invasões iniciais do meio ambiente e, frequentemente, das anormalidades psiquiátricas da mãe e do estado do meio ambiente emocional dela (Winnicott, 1950-1955).

Na relação sexual adulta e madura, tem-se a compreensão de que não é apenas a satisfação puramente erótica que necessita de um objeto específico. É o elemento agressivo ou destrutivo do impulso fundido que fixa o objeto e determina a necessidade que se sente da presença, da satisfação e da sobrevivência reais do parceiro (Winnicott, 1950-1955).

O tratamento das "doenças da pulsão agressiva"— grupo que inclui para ele a paranoia, entre outras, como a psicose maníaco-depressiva, algumas formas de depressão, a tendência antissocial e a hipocondria — deve levar em conta sobretudo um manejo técnico que lide com o sentimento de falta de sobrevivência da mãe aos ataques agressivos, nos embates entre amor e ódio, entre agressividade e libido, com a preocupação pelas consequências do ódio e com culpa. O que importa, então, é que o analista não morra, que sustente a situação analítica sem fazer represálias, em resposta ao ódio exprimido ou atuado pelo paciente.

Para concluir, não poderíamos deixar de trazer a oposição contrastante entre a paranoia e a ingenuidade, como dois tipos extremos de desenvolvimento, trazida pela arguta conceitualização de Winnicott, em *Natureza humana* (1990). Uma fonte muito precoce na disposição paranoide, embora não inata nem verdadeiramente constitucional, mas sim pautada numa ênfase no cuidado fornecido pelo ambiente, aparece quando o bebê se vê às voltas com uma expectativa de perseguição. A aglutinação do *self* constitui um ato de hostilidade para com o não-eu, e o retorno para o lugar de descanso não é mais o retorno para um lugar de repouso, porque o lugar foi modificado e se tornou perigoso. Já a base para a ingenuidade — para a incapacidade de esperar perseguição e para uma irrevogável dependência da boa provisão ambiental — aparece quando a ausência de expectativa de perseguição ocorre porque o cuidado fornecido pelo ambiente foi a causa principal que obrigou o *self* a se aglutinar, sem a contribuição de fatores pessoais referentes à vivência das experiências funcionais. A criança normal encontra-se entre os dois extremos, existindo nela tanto a expectativa de perseguição como do cuidado capaz de protegê-la. Isto constitui a base da capacidade de substituição do cuidado recebido por um cuidar de si mesmo, podendo alcançar uma grande independência, impossível tanto no extremo paranoide como no extremo ingênuo.

4
Algumas observações sobre a função do ódio

A dança milenar hindu *Odissi*[18], executada nos templos de culto aos deuses, inicia-se com uma reverência, que é um cumprimento chamado *namascar*. Ele invoca todas as forças da natureza, em especial a da terra, para que ilumine e dê forças para dançar. Em relação à terra, ele exprime que se vai bater nela — porque se vai percurtir o som — não para a machucar, mas para acordar, puxar para si as forças dela, pois aquele que dança é o instrumento de uma homenagem à terra, à vida e aos homens. Não será este cumprimento a expressão de uma agressividade necessária sempre presente, desde os primórdios da vida de cada ser humano, entre ele e esta mãe-terra indispensável? Ela tem de ser "dispensada", mas doando-lhe sempre — sem desfalecer e, ao mesmo tempo, renovando-se — as suas forças. Por esta positividade que uma ação agressiva pode ter, ao dizer que a paranoia é

18 Agradeço os ensinamentos a Zina Filler.

uma patologia da pulsão agressiva, na qual o ódio é o afeto que ocupa a cena principal, precisamos fazer algumas observações sobre a função do ódio e as manifestações de sua exacerbação.

O ódio é esta tormenta que, de alguma forma, em muitos momentos e em várias circunstâncias, está presente na vida psíquica de todos os seres humanos. Se é assim, então sua presença deve ter uma função — deve ter uma gênese — o que é confirmado pela constatação, na clínica psicanalítica, de que sua ausência traz consequências patológicas. Quando não há a possibilidade de expressar, viver, entrar em contato de alguma forma com as nossas mais arcaicas e primitivas fantasias agressivas — o que nos impede de reagir à agressividade do outro, por excessiva suscetibilidade a ela — temos, por exemplo, a doença psicossomática, na qual a pulsão em bruto estoura no corpo, produzindo a dor orgânica de origem psicossomática. Por alguma falha no ambiente inicial de acolhimento materno do bebê, que inclui a vida psíquica dos pais, produziu-se uma falha no psiquismo que não pode transformar a pulsão em vivências psíquicas, fantasias, afetos, atos. Então, a pulsão, conceito-limite entre o psíquico e o somático, geradora do psíquico, volta-se sobre a sua borda somática, em algum momento da vida em que uma tensão exagerada, a partir do meio exterior, solicite mais do que se pode dar. O que se pode dar não pode exceder aquilo com que a camada defensiva — que se criou para lidar sem registro do conflito psíquico consigo próprio, com o outro, e com o mundo — pode lidar. Tal defesa, frequentemente, não é suficiente, já que sua ação instrumental, que é por demais adaptada às exigências concretas do mundo, não sabe lidar com afetos, sentimentos, fantasias sexuais e agressivas, pois foi construída como defesa a estes. Mas o ser humano não escapa de ter de dar alguma resposta à dor, ao prazer e ao sofrimento. E quando ele não está apto, pela construção de um amplo e complexo aparelho psíquico, a dar conta desta demanda, é na resposta simples, bruta e concreta — mas perigosa e mortífera — do adoecer do corpo que ele se esconde da intensidade e da complexidade da vida.

Incursionando pela clínica, em Clélia, somente após muitos anos, as fantasias agressivas primárias em relação aos pais puderam ganhar cena no lugar das sucessivas úlceras de duodeno que teve a partir da adolescência, confrontada com a pressão de satisfazer os altos ideais do eu incorporados a partir dos ideais de seus pais, em especial de seu pai, para quem nenhum desempenho era bom se não fosse aquele que garantiria o primeiro lugar. A mãe havia falhado severamente no contato físico dos primeiros tempos do bebê, pela sua própria depressão enrustida, que a impediu de amamentar ou de dar o *holding* necessário para uma satisfatória integração psique-soma. O pai aparece em um sonho esfaqueado no estômago e a mãe, de estômago explodido, de onde saíam tripas e sangue, aparece em outro; esta foi a forma com que, aliviada, Clélia conseguiu dar expressão a fantasias muito primitivas a partir das vivências igualmente primitivas de ódio e voracidade que pode se permitir viver afetiva e fantasisticamente, no tempo do final de sua análise. Talvez os pais — eles próprios envolvidos apaixonadamente em agressões, críticas e exigências mútuas e aos filhos, em cenas das quais muitas vezes não a poupavam de assistir — não tivessem podido acolher as brincadeiras e falas agressivas da criança, sempre cheias de ricos e múltiplos sentidos, tão essenciais para o crescimento — este que é sempre desprendimento, de certa forma violento, do outro original — dando a impressão a ela de que o seu ódio deveria ser banido de sua vida psíquica, pois senão ele provocaria destruições terríveis a seus pais, figuras tão essenciais e também tão amadas. Atenta ao outro — ao dano que poderia causar ou receber pelo ódio — cedo instrumentalizou o pensamento de maneira paranoica, ficando atenta ao menor indício de desafeto ou hostilidade em si ou no outro, frente ao qual ela se punha como missão eliminar, minimizar, escamotear, transformar no contrário, para que prevalecesse uma interpretação amorosa do mundo.

Em Freud, no seu primeiro estudo sobre a sexualidade (1905), a agressividade é gesto, postura e motilidade, pois aparece ligada à apreensão do objeto sexual por parte do homem, o que ele chama de pulsão de domínio. Num segundo momento, como um dos polos de expressão pulsional, em *As pulsões e suas vicissitudes* (1915d), aparece o afeto do ódio, par do amor, mas que com ele executa uma dança no psiquismo, no qual um pode se transformar no outro. Aqui é importante notar que o ódio é um *afeto*, e não um *sentimento*. O afeto é uma tradução imediata da pulsão — *quantum* pulsional — na borda entre o registro econômico e o tópico, na borda da significação, na prontidão de se ligar ao representante representativo da pulsão. O sentimento, por sua vez, é uma manifestação de superfície, *quantum* mediado e atenuado pelos significados. Poderíamos dizer que os sentimentos ligados ao afeto de ódio seriam a irritação, a raiva, a ironia, o cinismo, etc. Amor e ódio formam um par constante, no qual um pode se transformar no outro, como destino pulsional. Recordemos quando Freud, em Schreber, descreve a transformação do amor a Fleichsig em ódio. Já num terceiro e último movimento, em *O mal-estar na cultura*, a gênese da agressividade está na fúria destrutiva e no prazer narcisista. Atenuada, a agressividade serve para a luta necessária pela sobrevivência.

O ódio, a fúria e a erotomania, expressões das pulsões indomadas que o paranoico conhece tão bem, lembram-nos de que, em princípio e para sempre, somos todos animais. Se a fera nasce com sua montagem instintiva para sobreviver na selva, na qual perseguir, matar e comer, trepar com qualquer um de sua espécie, sem respeitar qualquer consanguinidade, fazem parte da sua existência, é muito arduamente e, sem dúvida, devido ao seu prolongado estado de desamparo corporal e neurofisiológico inicial — que fazem com que ele dependa prolongadamente de um outro — que o homem domina a sua animalidade, selvageria e ferocidade. Este domínio, no entanto, jamais será total, ainda que a sua sobrevivência dependa para sempre de um social que pressupõe este domínio, do qual se torna sujeito. O paradoxo é que o bebê, no seu estado — perceptível por um outro — de maior impotência para lidar sozinho consigo próprio, de seu ponto de vista acredita que cria o mundo, que a mãe é ele e, durante boa parte da primeira infância, expressa de várias formas seus desejos de onipotência. O substrato desses arcaicos desejos de onipotência é produzido pela vivência fusional com a mãe e, quando esta não é possível, pela exacerbação das fantasias de autoengendramento, presentes em todos os seres como defesa contra o desamparo — os momentos de queda na morte de si a que o bebê está mais do que nunca exposto, por estar tão próximo do não ser do qual recém chegou. A experiência com o mundo exterior, onde vai vivenciar os seus limites, vai se encarregar de progressivamente desmentir essa onipotência que, no entanto, permanecerá inconsciente, sempre passível de ressurgir. Não há razão ou consciência que elimine para sempre os seus monstros. Então, temos aí a irrupção de um ódio narcisista que é a expressão agressiva e destrutiva da ruptura, pelo mundo exterior, desta crença desejante onipotente inicial do mundo interno, ainda que, no início, esta separação seja tênue e que seja a própria constituição dela que às vezes parece ser intolerável e geradora de ódio. Daí a importância do outro — um ser humano adulto — que sustenta este processo, por ter passado por ele, que mantém a ilusão necessária para que a realidade não irrompa bruscamente na imaturidade do pequeno ser, para que se possa dar a constituição progressiva de um eu na criança separado dele próprio e cada vez mais autônomo. O próprio estádio do espelho é este momento de uma antecipação unificadora do eu ideal pelo outro, fundamental de acontecer, mas que deve se transformar, pois senão o pequeno ser ficará fixado para sempre no ideal do desejo da mãe, sem se apropriar dele para si. O ódio tem, portanto, para o homem, enquanto espécie no reino animal, uma função na sua sobrevivência, ainda que o social e a linguagem venham domá-lo, arrefecê-lo naquilo em que pode se exceder e se tornar autodestrutivo, seja voltando-se para si, seja voltando-se para o outro fundamental. Como diz Lacan, um tiro em seu inimigo é um tiro em você.

Se hipotetizarmos as primeiras reações da criança ao rosto, às expressões verbais e não verbais, ao tônus e à postura corporal do outro adulto que a sustenta, teríamos razão, em nossa ingenuidade forjada, de nos perguntarmos como se formam as reações dos bebês e das crianças de tal forma que possam ser percebidas as tonalidades de amor e ódio no outro adulto, que serão a base na qual a complicada dialética projetiva e introjetiva dos próprios afetos será estabelecida. Estamos aqui falando de níveis pré-verbais. Como uma cara fechada, um tônus muscular enrijecido e uma certa brutalidade nos gestos podem ser percebidos e qualificados como "mau", para depois serem identificados como ódio? Parece que o desconforto sentido no próprio corpo indica um desenvestimento em si pelo outro adulto. E este desinvestimento em si é que é sentido pelo bebê como "mau", suporte da projeção do próprio desconforto corporal e pulsional a partir de sua imaturidade, intrusão insuportável contra a qual cria defesas precoces, cisão entre o soma e a psique, precursor do ódio em si e do outro. Por isso, o potencial paranoide no paranoico — e em qualquer pessoa, sempre está prestes a se realizar, nas vivências persecutórias, quando confronta aquilo que ele identifica como sinais, uma cara feia, um tônus muscular enrijecido, gestos bruscos no outro que, ainda que não sejam por sua causa, ele a atribui para si. Assim, para uma analisanda, minha expressão benevolente de escuta era interpretada como a expressão de uma múmia petrificada que, aos poucos, fomos destrinchando como a vivência transferencial do rosto da mãe ocupada com o luto depressivo pela perda de um ente querido, seu pai, no início de sua amamentação, quando então parou de produzir leite, o que é um indicativo do choque traumático e da mudança de investimento por parte dela. Daí a importância, como parte da terapêutica do paranoico, dos trabalhos corporais, da descoberta de vivências sensoriais e perceptivas prazerosas, perante um outro compreensivo, indulgente, bondoso, que expressa isto pelo seu próprio corpo. O que não impede de que, muitas vezes, estas experiências sejam adquiridas em situações de rigidez e competição pelo paranoico, pois ele não sabe e não pode fazer de outro modo. Assim era para uma analisanda que me repetia continuamente que o esporte que havia começado a praticar juntamente com a procura da análise era tão ou mais importante para ela do que a análise. Coisa que eu nunca duvidei, já que ela havia retomado aquilo que na sua juventude havia abandonado em meio a um profundo conflito sexual, no qual havia feito o caminho da assunção de uma responsabilidade sobreadaptada à realidade que lhe havia trazido sucesso profissional, mas ao mesmo tempo uma sensação profunda de não vida, de irrealidade, que agora tentava amenizar ou reverter. Outra analisanda, após um surto, precisava nadar ao sol, todos os dias, para voltar a sentir seu corpo que havia se desconectado de sua cabeça durante o surto, como havíamos vivido na análise. Alguns anos depois, escolhe um outro esporte ao qual passa a se dedicar, com paixão e obstinação, proporcionando-lhe alguma sociabilidade que antes era nula.

Desde o bebê, a destrutividade tem uma função positiva quando tem a ver com a criação de um objeto fora de si, como nos mostrou muito bem Winnicott. Também em Lacan, a pulsão de morte em sua destrutividade e agressividade tem uma função positiva, como preservadora do desejo. Amor demais é entrópico, mata o desejo. Para Freud e Melanie Klein, na dialética das pulsões, a situação é colocada como favorável ao homem, quando as pulsões estão fusionadas com a prevalência de Eros sobre Thanatos. Para Lacan e para Winnicott a situação é outra, pois eles pensam de maneira diferente a defusão das pulsões: a pulsão de morte, expressa pela agressividade e destrutividade, pode ter a função de criação do novo, de outro mundo ou daquilo que está fora de si — o objeto — mas que não era percebido assim. Ainda que sempre com um preço a pagar, perdas e lutos, a destrutividade pode ter a função psíquica positiva de um renascimento, de um devir, ideia trabalhada pela inventora do conceito de pulsão de morte, Sabina Spielrein.

A clínica psicanalítica da paranoia

Consideremos, em primeiro lugar, o mundo pulsional nos fenômenos paranoicos, a agressividade oral e anal, o ódio à castração da mulher e a figura paterna, ao mesmo tempo ausente e exacerbada, execrada e idealizada.

O paradigma da mastigação está presente nestes estágios arcaicos de constituição do psiquismo, nos procedimentos necessários de incorporar, introjetar. Daí a importância dos dentes nos fenômenos paranoicos em análise. Na análise da paranoia, as mudanças profundas necessárias surgem pela liberação do sadismo oral reprimido, o que só pode ser feito através de um tratamento pessoal e intensivo, como colocou Winnicott (1955-1956). A fase em que a própria agressividade, o próprio sadismo oral e a voracidade começam a poder ser trabalhados psiquicamente, em geral são precedidos por um pesadelo de que todos os dentes caem. Outra representação interessante em sonhos ou vivências infantis alucinoides são os bichos de boca grande, como jacaré e leão. Pois, afinal, as regras dos seres humanos não são muito diferentes da anedota sobre a festa no céu em que o macaco vem dizer ao sapo que vai haver uma festa no céu. O sapo diz, abrindo bem a sua bocarra "Obaaaaaa!" O macaco continua dizendo frase após frase tudo o que haverá na festa, e o sapo sempre responde abrindo a sua bocarra e dizendo "Obaaaa!" Só que, finalmente, o macaco diz que bicho de boca grande está proibido de entrar ao que o sapo, fechando bem a sua boca, murmura baixinho: "Coitadinho do jacaré!" A vivência das fantasias agressivas é sentida, na regressão analítica, ou como não permitida, pois senão é perda certa da mãe, ou na vivência exagerada de ter destruído a mãe nos ataques orais. Como nos diz Winnicott, o amor primitivo é destrutivo, pois, totalitário, quer comer a mãe para se fazer uno a ela, absorver todas as suas propriedades. As fantasias pré-edípicas e pré-genitais em torno da mãe têm a ver com o poder fantasmático desta figura e o esforço e sofrimento de separação envolvidos na constituição de si separado dela. Ainda assim, a constituição primária paranoica do eu nos fala de uma demanda de um coração e boca insaciáveis de comida-amor não só no paranoico, que nenhuma resposta poderia acalmar. O analista deve estar atento, ao tolerar, na regressão transferencial, a liberação do sadismo oral sobre a sua pessoa — o que permite ao analisando dizer a raiva — para não embarcar numa missão onipotente e salvadora, se não quiser ser engolido de vez e objetificado, desertificado na ausência de possibilidade da sua capacidade de figuração, por um ódio que visa à pura destruição de qualquer fala ou sentido em si e no outro (Menezes, 1997).

O erotismo anal e a agressividade anal são um ponto de fixação importante na paranoia, como também nas patologias borderlines e na neurose obsessiva. A fase anal é fase tão importante, por ser paradigma da expulsão e da retenção em si, a percepção de um primeiro produto fabricado dentro do corpo, dentro de si, tão importante para a constituição do dentro e fora, do eu diferente do outro. Para a criança — antes um ser que, em fusão com a mãe, na dependência quase total de seus cuidados, absorve tudo dela como se fosse uma esponja — as zonas erógenas vão sendo filtros, pontos de apoio erógenos de criação da própria fantasmática, que fazem barreira à exclusividade da fantasmática da mãe em seu espaço psíquico. Zona de troca com a mãe, o erotismo anal pode produzir negativismo, rebeldia. O cocô ou é "só meu" ou é objeto de troca com a mãe, produto feito com o que se recebeu pela boca através dela. Soltar o cocô que é esta primeira obra, este primeiro pequeno separável de si, é ameaçador devido ao vazio intrigante que aparece quando a mãe, após valorizar tanto esta entrega — este cocô-presente para ela, cuja dádiva é acompanhada de tantos elogios narcisantes — dá a descarga na privada, provocando o sumiço do cocô que não se sabe para onde irá. Este delicado paradoxo produz uma angústia de desaparecimento de si, de si para a mãe e de si totalmente, se o mundo não existe pré-figurado, através da mãe. Este momento é o que prepara a castração, a entrada plena no mundo simbólico, que é a rede de sustentáculo que substitui a mãe na vivência do desamparo. Podemos sentir bem esta angústia presente em muitos analisandos, nas suas sublimações que produzem obra, quando sofrem inibições de produzir ou de "soltar a obra", que fugirá de seu controle, pois entrará no mundo das trocas simbólicas. *Obrar*, aliás, é sinônimo de *evacuar*.

É da clínica que me vem à lembrança um analisando que falava a sessão toda, sem pausas. Não havia possibilidade de entrada minha, tamanha a angústia que sentia e que escoava num discurso verdadeiro, mas que não permitia a entrada do outro. Precisava abarcar tudo, dar conta de tudo sozinho. A análise era uma espécie de confessionário, de laboratório de resoluções que tomava, sem pestanejar, sempre para meu espanto. Médico, tinha horror à morte, em pensar que ele ou alguém dos seus entes queridos pudesse morrer; tinha com a morte uma relação fantasiosa quase delirante. Este horror estava ligado a uma lembrança infantil de quando viu um pedaço de carne putrefada cheia de vermes. Um pai violento e paranoico, que era objeto de sua fascinação, era ao mesmo tempo a sua figura persecutória predileta, que estava sempre visível através das palavras ou invisível na sua maneira quase solipsista de viver. Nele, o outro era uma presença sufocante, ao qual ele se submetia, ou não contava para nada, já que ele não consultava os outros para decisões que os envolviam, como pude viver transferencialmente durante seus períodos de análise entremeados por períodos de ruptura para os quais eu não era nem avisada nem consultada. Esse analisando tinha um medo de altura que me fez lembrar muito o medo de uma criança a partir dos dois anos e meio, três anos; só que, se o medo do analisando tinha a ver com o temor de cair de uma altura, a criança temia que os prédios ou coisas, que estavam penduradas no ar e que eram gigantescas, caíssem em cima dela; na mesma época destes temores, a criança, agarrada ainda ao corpo da mãe, tinha intensa curiosidade em saber desta como as cidades eram feitas, como elas surgiram, como eram construídos os prédios, como se precisasse ter certeza de que o chão, o mundo e a cidade eram um solo firme, neste momento de progressivo desligamento do corpo-terra materno.

Os complexos de Édipo e de castração, esta etapa ontológica que repete a filogenia da humanização, pelo enfrentamento do tabu do incesto e da proibição da repetição do assassinato do pai, atenuam a agressividade primordial pulsional, na medida em que é numa relação a três que ela passa a ser vivida, com destinos simbólicos, com a criação de um supereu guardião da agressividade, marcado pela presença paterna como representante do simbólico e que substitui o supereu primitivo mais pulsional, de cruel severidade, pautado na figura da mãe repressora/permissora das pulsões. A ausência de uma barreira para as pulsões por parte de um adulto no exterior é tão prejudicial como sua presença excessiva, pois a pulsão emprega parte das suas forças para construir estes diques e, sem a referência externa, pode ser de uma crueldade contentora sem igual. No entanto, a imago de um pai terrível pode vir a se fixar como substituto que vem barrar a imago onipotente e onipresente de uma mãe poderosa e cruel, quando este pai não pode realmente se ocupar desta função, confirmando o imaginário inicial da criança quanto às características deste estranho e terrível forasteiro, este não-mãe. O psiquismo o forja, através da idealização, como um pai adorado, em uma transformação ao contrário do ódio impossível de ser vivido, que execra o pai. Aí, a ligação homossexual com o pai, tanto no menino como no menino-na-menina, incrementa a criação de um supereu que, apesar do colorido simbólico, é implacável. Como a mãe pode ficar legitimamente no coração, bom objeto sustentáculo do eu, sem ameaçar a autonomia? Como pode aí ficar sem que se precise de uma imago paterna terrível para fazer valer um corte na submissão à fantasia da mãe fálica, de poder ilimitado sobre o eu? Afinal, o desejo deste sempre prevalece, mas tal imago possibilita a instalação da figura de um perseguidor implacável.

Pode acontecer, em casos em que o ponto de fixação ficou no intenso prazer de odiar a mãe — que pode aparecer com coloridos masoquistas de ódio a si mesmo — de se ficar fixado no investimento psíquico das marcas de hostilidade, marcas primitivas de prazer narcisista, no qual um intenso amor ao ódio o coloca como perversão. Em Mário, era fundamental viver o ódio ao mesmo tempo na transferência e em relação à minha pessoa concreta. Ele me fulminava com o olhar muitas vezes, ao entrar na sala para sua sessão. Nestes dias, um objeto fora de seu lugar habitual podia ser o motivo-pretexto de um mutismo tenso e pesado, no qual eu pressentia o ódio, que eu transformava em palavras para que, em seguida, ele execrasse a minha falta de zelo e a desarrumação. Com este analisando, o trabalho analítico muitas vezes só podia prosseguir depois de um episódio em que eu fracassava de alguma maneira na criação de um ambiente desejante e de acolhimento, tendo alguma atitude que poderia ser interpretada como esquecimento e abandono. Era na vivência dolorosa e regressiva que se seguia na análise, após esgotarmos os sentidos vividos em relação à minha pessoa real, que surgiam sempre as recordações de situações frequentes de abandono na infância, especialmente pela mãe. Ele se sentia, então, apenas um número entre os numerosos filhos de sua mãe, número este que se transformava facilmente no zero, em sua vivência psíquica de catástrofe, após os esquecimentos da mãe, traduzido num vazio de imagens, afetos e fala na situação analítica, reproduzindo frequentemente a mesma sensação em relação à sua posição junto a mim e os outros analisandos. Após estas tormentas analíticas, nas quais paradoxalmente o ódio à analista não podia estar presente, tamanho o pavor de expulsão e abandono por parte da analista, seguiam-se momentos de criação tanto na análise como em seu trabalho artístico.

Quanto ao ódio à castração da mulher, a imagem de fantasia gerada por outro analisando, com momentos fortemente paranoicos em sua vida e na análise, parece expressá-lo bastante bem. Sedutor com as mulheres, diante daquela moça muito mais jovem, que viria a ser sua próxima companheira, ele teve uma fantasia inédita e de grande intensidade na primeira vez que teve relações sexuais com ela: fascinado e encantado com sua barriga lisa e chata, sem marcas de gravidez ou parto, ele gostaria de penetrá-la pela barriga. A fantasia foi tão forte que ejaculou na sua barriga, não conseguindo penetrá-la nesta primeira vez. A análise desta fantasia permitiu, entre outros conteúdos, o acesso regressivo ao nojo da mãe, suja e deserotizadada, nojo de ter nascido dela, que ele remontava a uma construção de lembrança de nenê, que o fez agir fortemente dentro da fantasia de autoengendramento, na qual se autoidealizava megalomaniacamente, tendo tido uma experiência alucinatória durante uma sessão de análise. Permitiu também o aprofundamento da análise das fantasias homossexuais, não tanto nas experiências com outros homens e meninos, mas nas vivências solitárias e masturbatórias de transformação em mulher, do ódio da mãe, que o rejeitaria como rejeitava sexualmente o pai, da transferência, sempre de maneira separada, para outras mulheres em sua infância, da sexualidade dirigida à mãe e da ternura a ela dirigida. Mas o que o encantou mais do que tudo na relação com esta moça era a possibilidade de exprimir plenamente seu ódio e sua agressividade, já que ela também o fazia, coisa que o tranquilizava do temor dos efeitos de sua agressividade.

No entanto, o paranoico traz em si um refinado conhecimento do feminino. Talvez, utilizando-nos da ideia de Fédida, possamos dizer que a erotomania é um vestígio psicopatológico da busca e da recusa do gozo feminino, enquanto gozo não fálico. Para a visão lacaniana, em Schreber, é menos a homossexualidade que está em jogo do que a posição feminina buscada, na concepção do desejo fantasioso de invaginação do pênis e nas mamas que, finalmente, ele desenvolveu, tendo morrido dos tumores que nelas se instalaram. Lacan dirá, a partir daquilo que Schreber buscou, que todo homem almeja a porção de divindade que existe na mulher.

Já os efeitos da figura paterna aparecem como nunca, sobretudo nos homens, quando o pai, morto de fato precocemente ou se fazendo de morto precocemente, por abandono do lar ou desinvestimento radical no filho, deixa um desconhecimento neste de um investimento identificatório, podendo, além disso, deixar uma marca traumática na mãe que faz com que ela desinvista o filho-bebê ou só o invista tomando como base a sobrevivência física, o que traz sequelas na constituição narcísica. Tudo isso deixa uma exigência de responsabilidade e de sobreadaptação para sobreviver na qual a construção de um falso *self* submetido à intrusão do trauma e das exigências sociais exteriores a si é imprescindível, ficando a inteligência instrumental no altar das prioridades das capacidades pessoais. O pai permanece, ao mesmo tempo, num lugar onde é odiado como tendo abandonado duplamente o filho— pois através de sua ausência foi abandonado, de certa forma, também pela mãe — e num outro, onde é idealizado pela sua capacidade em vida. Mas esta idealização deforma a tal ponto que é, muitas vezes, na figura de Deus onisciente, onipresente, castigador, com quem se conversa na sua presença-ausência, desculpando-se cada vez que aparece algum desejo proibido, seja de matiz agressivo, seja de matiz erótico, que um pai pode deixar de ser uma presença-ausência que se equipara a um objeto concreto. Este falso *self* é construído muitas vezes na percepção das dificuldades financeiras maternas que faz eleger os ideais de dinheiro e os signos de riqueza e status como prioritários. São muitos os casos em que se passa a valorizar apenas a sobrevivência através de uma responsabilidade acumulada, que nunca para de crescer, até que a eminência de colapso, em geral mais corporal que psíquico, vem alertar da possibilidade de fracasso deste esquema defensivo, que até então funcionou. Sem sentir a vida como verdadeiramente real, já que as demandas pessoais, afetivas e sexuais foram ignoradas, muitas vezes é quando podem aparecer os desejos homoeróticos nos quais a ausência da figura paterna começa a fazer sentido, podendo surgir a demanda identificatória de posse do próprio pênis sendo atravessado ou atravessando um corpo masculino.

Encontramos também, na análise dos fenômenos paranoicos, os efeitos da intrusão pulsional violenta dos pais na infância precoce, que se manifestam na formação do supereu. Esta intrusão nem sempre é direta, mas aparece embutida no ideal educativo. Basta nos lembrarmos do "adorado" pai de Schreber e seus rígidos e impositivos ideais ortopédicos mergulhados numa visão mística e fusional do mundo. Assim, o sadismo inconsciente embutido na rigidez educacional do adulto está relacionado ao desejo intrusivo de domínio da criança que depende totalmente dos primeiros cuidados corporais, psíquicos e mentais do outro adulto. Neste, é um superego pedófilo que age, mostrando a vertente pulsional erótica transformada no contrário para a sua formação. Pune-se com rigor a criança pulsional em si e na criança, seja porque ela foge ao controle, seja porque ela ameaça o próprio controle pulsional do adulto. Se na mãe a rigidez traz os resquícios do fusional fundador da relação com o filho, que se precisou abandonar e que ficou presente na fantasia ou nas marcas de uma vivência corporal, ou que nunca foi vivido pelo temor e ameaça de perda da integridade narcísica que trazia, no pai a rigidez está mais mediatizada pela fantasia de apropriação do objeto/filho enquanto posse anal e/ou fálica. A não ser quando a sua própria paranoia coisifique o filho-criança como um duplo que não pode se diferenciar em nada de si mesmo, pois perante tal ameaça de sua integridade imaginária é lhe devotado o puro ódio de destruição. Sabemos o quanto a inteligência pode ser pervertida pela pedofilia superegoica e tornar-se herdeira do ódio e da intrusão pulsional. Não é de hoje que sabemos que brilhantes ou medíocres letrados e intelectuais encontravam seu gozo sexual na pedofilia.

Podemos distinguir dois processos diferentes na complexa relação patológica entre o eu e o supereu, que levariam a uma fragilização do eu. Por um lado, a submissão do eu a um supereu sádico e cruel e, por outro, o desejo masoquista de submissão do eu ao supereu. Este último está apoiado no desejo de se livrar da ambivalência afetiva e projetar no outro o ódio e a violência de seu próprio cenário interno. Protege-se o objeto amado interno do próprio ódio. O medo de destruir o objeto amado interno pela ambivalência afetiva leva ao desejo de se submeter às suas injunções violentas incrustradas no supereu ou demandadas de fato. Parafraseando Freud, poderíamos dizer que este movimento psíquico é comandado por uma frase do tipo "É ele quem me odeia, eu não, só o amo e protejo o meu amor por ele, submetendo-me ao seu ódio".

Vamos considerar agora a falha da provisão ambiental precoce, que se traduz numa fragilidade egoica e que pede modificações na técnica psicanalítica. Na transferência de sujeitos que sofreram privação precoce, depois de reconhecer de alguma forma que a realidade os tratou de maneira violenta, há de criar o nunca vivido, para transformá-lo em marca mnêmica, em percebido, que pode ser transformado em imagens e, portanto, criar o mundo de fantasia ou ser agregado a ele. Só a partir de então pode haver distinção entre realidade e fantasia. O apego excessivo à realidade esconde às vezes um ódio a uma realidade que destruiu a possibilidade da criação de um acervo interno de fantasias, de um mundo imaginário, imprescindível para uma vida a ser habitada em um corpo-casa prazeroso.

É muito importante levar completamente a sério a desconfiança e os temores persecutórios em relação ao *setting* e ao analista. Exacerbado no início, pode ir se abrandando, se o analista tiver a sensibilidade e a paciência de inventar a partir do aqui e agora de cada temor. Para um analisando, era sempre a primeira coisa que falava que dava o mote da sessão, que eu fui aprendendo a logo ligar à sua vida psíquica, ainda que fosse uma observação aparentemente banal sobre a hora ou sobre o seu vestuário. Ele não suportava meu silêncio de escuta e espera por sua fala, reagindo com muita angústia e agressividade. Aqui, como sempre em seu ofício, o analista deve sacrificar o seu narcisismo, utilizando o seu inconsciente analisado e a suas próprias sensações contratransferenciais para interpretar aquilo que se passa com a sua pessoa concreta, ainda que aos poucos possam ir se desdobrando fragmentos de recordações e sensações com as imagos constitutivas da história psíquica, que vão fornecendo recursos confiáveis e seguros para estes momentos de intensa vivência transferencial e contratransferencial, em geral hostis. Aos poucos, a agressividade, a frieza e a desconfiança iniciais vão se transformando, ainda que seja difícil penetrar no casulo estratégico de sobrevivência que estes pacientes criam para si. Aos poucos, frestas e brechas indicam uma maior confiança no analista, sobretudo quando se deixam tocar por alguma fala deste e modificar, aos poucos, ao menos um pouco, as interpretações fechadas, muito boas, mas sem dúvida avaliadas como as melhores, que estes analisandos fazem sobre e para si. O analista tem de ter o tempo de espera de escutá-las e com elas se conformar, para que possa aos poucos introduzir pequenos desarranjos nelas, na medida em que puder ir formando junto com o paciente uma figuração do seu modo de funcionamento psíquico e mental. Pois o temor da dependência, de se tornar uma gelatina sem forma, à mercê da liquidificação, desintegração e queda no vazio, é enorme. É importante para o analista saber que este risco existe e que só se pode abandonar um modo defensivo, que foi estratégico e vital para a sobrevivência, ainda que anulador da sensação de vida real, quando se tiver vivenciado e construído outras coisas para se pôr no lugar.

A clínica psicanalítica da paranoia tornou-se possível a partir de todos os desdobramentos da teoria freudiana que desembocaram na segunda tópica e na segunda teoria pulsional, apoiados nas dificuldades encontradas em pacientes não neuróticos, em novas situações clínicas que apresentavam um aparelho psíquico bastante destruído, sempre passível de uma desintegração psicótica ou de uma paralisia do pensar e desejar. Essas dificuldades Freud encontrou menos em seus pacientes do que nos de seus colegas contemporâneos, como Ferenczi, Jung, além da teorização de Tausk sobre o "aparelho de influenciar", entre outros, que tantas contribuições trouxeram e que não pudemos aqui examinar. As novas considerações sobre a importância da presença e dos cuidados maternos na constituição do aparelho psíquico trouxeram a possibilidade de modificações nas concepções de manejo para que a técnica psicanalítica pudesse vir a dar conta destas novas situações.

Precedido por Ferenczi, Balint e Melanie Klein, é em Winnicott (1947, 1950-1955, 1954-1955, 1955-1956) que encontramos novas considerações sobre o *setting* analítico que levam à sua ampliação. Estas deram-se no trabalho com casos fronteiriços ou em fases, momentos psicóticos na análise de pessoas neuróticas ou normais, nos quais o conceito de transferência foi ampliado. Quando o eu não pode ser considerado uma entidade estabelecida, não pode haver neurose de transferência, pois esta supõe um eu intacto, capaz de manter as defesas contra a angústia provocada pela pulsão e de assumir a responsabilidade por elas. Há aí uma regressão a um estado de dependência absoluta, que reproduz o mesmo estado do recém-nascido, no qual há uma identificação primária, um processo de diferenciação está por se iniciar, e o meio ambiente é fundamental na adaptação ativa. Quando este meio fracassa, ele é registrado como invasão, como algo que rompe a continuidade do existir, não podendo se formar dentro do eu. Como já vimos, forma-se aí o falso *self*. No entanto, Winnicott é muito cauteloso ao considerar e refletir sobre as modificações no *setting* analítico necessárias ao atendimento psicanalítico de analisandos cujas experiências iniciais de vida foram deficientes ou distorcidas. Embora ele considere estes diferentemente daqueles que tiveram experiências iniciais de vida satisfatórias, o que levou à formação de um eu que pode experimentar impulsos do isso, tanto em um caso como em outro o analista segue "o princípio básico da psicanálise, segundo o qual o inconsciente do paciente conduz e só a ele se deve seguir" (1955-1956, p. 485). Portanto, mesmo ao lidar com uma tendência regressiva, é o inconsciente do analisando que indica o processo a ser seguido, e não uma diretividade do analista que o faria sair de seu papel. Assim, nos casos nos quais o eu está intacto e não há a necessidade de se preocupar com detalhes do cuidado materno, o *setting* da análise não é importante em comparação com o trabalho interpretativo. Já nos casos nos quais houve um fracasso ambiental que comprometeu o eu, o *setting* torna-se mais importante que a interpretação. O comportamento do analista, por ser suficientemente bom na adaptação à necessidade, "vai sendo gradualmente percebido como algo que faz nascer a esperança de que o *self* verdadeiro possa finalmente ser capaz de assumir os riscos que o início da experiência de viver implica" (1955-1956, p. 486). A transferência neste estado tem a característica de permitir que o passado seja o presente, promovendo uma mudança do falso para o verdadeiro *self*. Aos poucos, ao utilizar os limitados sucessos de adaptação do analista, o analisando começa a se recordar dos fracassos ambientais que promoveram rupturas, ainda que demore muito tempo para ter raiva de um tal fracasso original. Mas é somente neste ponto que pode ter início o teste de realidade. Depois de serem utilizados no tratamento, tais traumas caem sob uma repressão primária. Este momento de passagem de uma experiência de ruptura para a experiência de raiva trouxe uma descoberta surpreendente: o paciente utiliza os fracassos do analista. Estes devem ser tratados como fracassos passados que o analisando pode perceber e se sentir zangado agora. O analista, que é muito exigido em sua sensibilidade para as necessidades do analisando e em seu desejo de prover um *setting* que as atenda, deve ser capaz de utilizar seus fracassos em termos de seu significado para o analisando, devendo, se possível, se responsabilizar por cada erro, cada fracasso, mesmo que isto signifique um estudo de sua contratransferência inconsciente, pois se ele se defende não é dada a oportunidade do analisando se zangar com um fracasso passado, exatamente quando a raiva estava se tornando possível pela primeira vez (1955-1956).

Winnicott dirá que um tipo de análise não impede o outro, mas que ainda é preciso estudar os critérios através dos quais o analista pode saber quando deve trabalhar com a mudança de ênfase. Mas ele não entende esta mudança como tranquilização do paciente, termo que acha errôneo. Para ele, não existe nada mais tranquilizador para o analisando do que "uma pessoa achar que está sendo bem analisada, que está num *setting* confiável, dirigido por uma pessoa madura, capaz de fazer interpretações penetrantes e precisas", "interpretações transferenciais que usam construtivamente, em vez de explorar destrutivamente a paixão do momento", vendo seu processo pessoal respeitado. "É tolice negar que a tranquilização está presente na situação analítica clássica" (1954-1955, p. 478). Há, portanto, uma grande diferença entre aqueles pacientes que tiveram experiências iniciais satisfatórias que podem ser descobertas na transferência e aqueles cujas experiências iniciais foram tão deficientes ou distorcidas que o analista tem de ser a primeira pessoa a fornecer certas coisas que são essenciais no meio ambiente. No tratamento do paciente do segundo tipo, cada detalhe técnico da prática analítica que, no tratamento do paciente do primeiro tipo, é tido como algo natural adquire uma importância vital. O fornecimento e a manutenção de um meio ambiente comum podem ser em si uma coisa vitalmente importante na análise de um psicótico, podendo ser até mesmo mais importante que as interpretações verbais a serem feitas. Para o neurótico, o divã, o calor e o conforto podem ser símbolo do amor materno; para o psicótico, seria mais certo dizer que são a expressão física do amor do analista: o divã é o colo e o útero do analista, e o calor é o calor vivo do corpo deste (1947). Em relação ao ódio, Winnicott fará várias considerações em que comparará o analista com a mãe, dizendo que, assim como esta tem muitas razões para odiar o bebê, mas não pode de maneira alguma mostrar isto a ele, na análise do psicótico o analista tem de fazer um esforço maior para manter o seu ódio latente, só conseguindo-o se estiver completamente consciente de seu ódio. Ainda assim, em certas ocasiões, quando o ódio do analista é procurado pelo paciente, o ódio objetivo do analista se faz necessário. Se o paciente busca o ódio justificado e objetivo, deve consegui-lo, senão não alcançará o amor objetivo (1947).

Talvez não exista área mais polêmica e delicada no manejo analítico do que a consideração sobre a interpretação ou não do ódio, da agressividade e da destrutividade presentes no analisando. Em alguns casos, mostrar que estamos conscientes deles pode ser desastrosamente compreendido como uma injunção superegoica do analista; em outros casos pode ser altamente tranquilizador saber que o analista está alerta a movimentos subterrâneos de hetero ou autodestrutividade ao expressar sua percepção e, às vezes, interpretar seus conteúdos.

Por último, vale a pena considerar a importância do humor na clínica da paranoia, lembrando a surpreendente semelhança que Freud (1927b) encontra entre a paranoia e o humor, quanto ao ponto de vista econômico. Em ambos ocorre um deslocamento de grandes quantidades de catexia. Na paranoia, as ideias de perseguição se formam precocemente e subsistem durante longo tempo, sem manifestar efeitos apreciáveis até que determinado motivo vem provê-las de catexias suficientes para torná-las dominantes. Mas também a cura de tais episódios paranoicos consiste na retirada das cargas conferidas às ideias delirantes, mais do que na sua resolução ou correção. Esta ênfase no ponto de vista econômico como a possibilidade de cura na paranoia está presente também no humor. Ao recusar a possibilidade do sofrimento, o humor cumpre um lugar na larga série de métodos que o aparelho psíquico humano desenvolveu para fugir da opressão do sofrimento, série que começa com a neurose, culmina na loucura e compreende a embriaguez, o ensimesmamento e o êxtase. O humorista retira acento psíquico do eu e o translada para o supereu que, inflado, olha a pequenez do eu, assumindo uma atitude benevolente para com o eu, facilitando-lhe um pequeno gozo prazeroso. Nessa mediação do supereu, o humor diria algo como: "Olha, aí tem o mundo que te parecia tão perigoso. Não é mais do que um jogo de crianças, bom para dele se rir" (p. 3000). Para Freud, se realmente o supereu quer, por meio do humor, consolar o intimidado eu, isso mostra que temos muito o que aprender sobre a sua essência. O humor é um raro e precioso talento, tanto na sua produção como no seu gozo. O fato de o supereu consolar o eu com humor, protegendo-o do sofrimento, não contradiz por isso sua origem na instância parental. Mas talvez atenue a severa dependência com que mantém o eu e que reproduz a relação que a criança pequena mantém com os pais.

Para concluir

Os fenômenos paranoicos trazem, no seu limite, a questão do luto do ódio, do ódio pela perda tanto do objeto total como da totalização narcísica de si. Mas ele é um dos componentes do processo de luto, cuja função é a do abandono verdadeiro do objeto perdido, que fica presente, seja através da introjeção identificatória de suas características, que vão se misturar às outras próprias, seja através de sua presença no aparelho psíquico como marca mnêmica, como parte do tesouro, da riqueza interna do eu, a que se pode ter acesso pelas ressignificações e rearranjos de memória, que o aparelho psíquico está continuamente fazendo ao longo da vida para poder dar conta das transformações perenes que esta traz (Freud, carta 52, 1895-1903). Se o ódio ao objeto teve alguma vez uma função positiva, ele foi prazeroso, seja pela liberação de libido que propiciou ao promover rupturas, seja pelo afastamento da fonte que produzia desprazer, seja pelo sentido de apropriação do objeto na mistura com o amor, na crueldade primitiva do bebê. Sabemos, com Freud, que o psiquismo não abandona facilmente as posições prazerosas que uma vez já usufruiu, e se isso vale para o amor, vale para o ódio também. A destrutividade, manifestação muda da pulsão de morte, é produzida por esta compulsão à repetição do mesmo, produzida por esta fixação ao passado prazeroso conquistado, ainda que sua repetição produza dor masoquista. O ódio pela frustração, pela perda e pelo abandono só pode ser perdido por um trabalho de luto, no qual possa ser reconhecido, vivido e depois despreendido, ao se viver também a culpabilidade dele resultante; se este trabalho não acontece, o ódio e a culpabilidade tornam-se um quisto perene de dor, mágoa e ressentimento. O ódio é o que origina a descoberta do objeto, este não-eu, a partir do amor de si, fundamental para o eu — primeira unidade constituída no fundamental amor do outro, a partir da fragmentação das pulsões autoeróticas. Se o ódio é originário, o trabalho do amor tece os fios de Eros despreendidos pelo luto do ódio. É este luto do ódio que preserva o objeto perante os fenômenos de vida e de morte. O objeto é de fato perecível, e o eu o aceita, após seu assassinato na fantasia, barreira máxima à sua onipotência, que ele tem de reconhecer, para poder, então, amá-lo com ternura, com todas as suas características, que outrora classificava como perfeições ou imperfeições, que atribuía ao objeto idealizado e temido pela idealização de seu poder ilimitado sobre o eu (Menezes, 1997).

É todo o processo de luto, sempre no limbo entre inconsciente, pré-consciente e consciente, que torna tão complexa a transfiguração das pulsões em novos fins, condição para a sublimação. A transformação da idealização — que produz falsas renúncias, à base de submissões, nas quais as pulsões ficam intactas — em sublimação, na qual estas são transformadas, é tarefa difícil e paradoxal e não é à toa que este paradoxo tenha trazido às desconcertantes conclusões freudianas, no final de sua vida, sobre a cultura. Se ele vê um valor e função da cultura que ele outrora havia idealizado tanto, vê também sua relatividade. É o valor da natureza, frente à destrutividade da cultura, do agregacionismo e do supereu que podem aparecer. A montanha ou o mar de cada um são sempre bons refúgios de um excesso de sociabilidade que, para conter a agressividade, pode destruir a potência de criação. Esta é transformação fecunda da onipotência destrutiva, destino do torvelinho pulsional de cada um, sempre presente enquanto houver corpo vivo e desejo de expressão das forças que habitam este corpo. Ele pode se expressar seja na prazerosa criação sexual, seja nas criações sublimatórias e também prazerosas artística, filosófica, científica, culinária, artesanal, etc.

Mas os fenômenos paranoicos trazem ainda no seu limite a questão do luto da bissexualidade, outra componente presente no trabalho de luto. Ao levar em conta o exame de realidade, em todas as consequências do complexo de castração, sem lançar mão da cisão do eu como mecanismo de defesa, o que não implica necessariamente assumir o sexo biológico, o destino do mundo da fantasia é o investimento da posição sexual, que se desdobra na passagem à ação motora, passagem ao ato de investimento e construção dos frutos da sexualidade, sejam eles sublimados ou não.

A psicanálise trouxe uma possibilidade inédita de transformação para o homem: a partir do suporte de um outro, modificar seu passado, pela ressignificação de suas marcas de memória, para transformar seu presente e seu futuro. Sem sair do lugar, mas viajando pelos vastos continentes do planeta alma, é dentro de si, através de um outro, que o homem acha a sua possibilidade de aceitação de si, de mudança e transformação. É inegável que ela pode encontrar parceiros em outros saberes e que junto a eles há muito o que explorar. É inegável, qualquer que seja o caminho que tomem neste todo indissociável corpo-alma, psique-soma humanos, que o remédio psiquiátrico, as terapêuticas advindas da neurociência e neurofisiologia, como também a filosofia, a religião, os florais de Bach e a homeopatia, ajudam o homem perante seu sofrimento. Se a novidade psicanalítica colocou em relevo o corpo erógeno, não foi sem esquecer que nas bordas deste está o suporte do corpo em seu funcionamento físico-químico-biológico e a capacidade sublimatória humana. É inegável a atuação de um remédio antipsicótico na melhoria do fluxo ideativo, de um antidepressivo que, em certos casos, ao atuar nos neurotransmissores, traz possibilidades representacionais inéditas para alguns pacientes que começam, por exemplo, a sonhar, a associar, a cometer lapsos, saindo do imobilismo psíquico depressivo. A questão é colocar, muitas vezes, o remédio como eliminador de sintomas que podem ser incômodos, mas que são benéficos ao trabalho psíquico, quando presentes em certo grau. É a ideologia da eliminação radical do sofrimento que contraria a constituição trágica do humano, na qual a dor é tão constitutiva do viver como o é a alegria. Nenhum deles pode, sozinho, oferecer o que a psicanálise oferece de possibilidade: viver o sofrimento psíquico com um outro, para poder gradativamente se apropriar dos meios de suportá-lo e transformá-lo. Se a transferência analítica traz em si, de certa forma, uma coloração paranoide, ao se atribuir a este outro um saber idealizado sobre si mesmo, que quem procura uma análise acredita, ao menos parcialmente, não ter, o processo analítico se encarregará de promover a inversão: o outro não é Deus, mas um semelhante; uma psicanálise se dá na imanência, e não na transcendência. O fim da análise passa pelo luto dos objetos imaginários que a análise cria e examina. Luto que permite uma abertura para o desconhecido de si mesmo, no encontro com o outro no mundo, surpresa permanente da vida trazendo em seu bojo, para além dos limites e da morte, pela ressignificação permanente que o maravilhoso trabalho psíquico propicia, pelo próprio esforço de sua manutenção, a possibilidade de renascimentos, de devires, no tempo do finito ilimitado.

No entanto...

A psicanálise não é uma panaceia universal. Neste final de século e início de outro, ainda é a paranoia quem triunfa no social. Lucien Israel (1989) aponta-o bem. Para ele, não existe muita diferença entre o caráter anal do obsessivo e o do paranoico, a não ser que o primeiro nunca usará a violência, exceto contra si, depois de muito medicado psiquiatricamente; já o segundo usa-a com a maior desenvoltura. Em matéria de dinheiro e, poderíamos dizer também, de poder, a pessoa normal que obtém sucesso é o paranoico. Os psiquiatras, diz ele, têm medo, discreção e pudor em designar os paranoicos lá onde eles estão. "As pessoas de caráter, os homens fortes, os chefes de empresa, os conquistadores, os chefes de estado maior são frequentemente paranoicos. A área onde se pode pegá-los de calças curtas é a da esfera do amor. Porque este não é um valor de troca muito seguro" (p. 32); o amor é da ordem do emocional e não se adapta à nossa sociedade avançada e conquistadora. Ao assistirmos, através de depoimentos e documentários, menos de meio século depois do nazismo, ao genocídio camuflado de limpeza étnica cometido na antiga Iugoslávia, que teve nos campos sérvios de estupro sistematizado de mulheres bósnias o seu auge de inovação em matéria de orgia de destruição, não podemos deixar de lembrar Hannah Arendt e os filósofos da Escola de Frankfurt. Antigos colegas de repartição de cidadezinhas, que se tornaram carrascos da noite para o dia, sob a égide de um comandante sádico e sanguinário, que racional e logicamente organiza o mal, falam da banalidade do mal. A razão, quando deixa de ser crítica e se torna apenas instrumental, em vez de iluminar, produz seus monstros, a barbárie da qual ela gostaria tanto de poder tomar distância. Se esta repetição do mesmo da violência parece estar sendo a companhia constante do processo civilizatório, dimensão regressiva que é parte estrutural do mesmo, como a etapa selvagem do capitalismo atual parece apontar, que pelo menos possamos estar alertas, em nós mesmos, do automatismo de nosso narcisismo, na luta contra a reprodução incessante da violência e do mal e que possamos investir na construção perene de reinvenções éticas.

Referências bibliográficas

ARCANGIOLI, A. M. Introdução à obra de Winnicott. In *Introdução às obras de Freud, Ferenczi, Groddeck. Klein, Winnicott, Dolto e Lacan*. Rio de Janeiro: Jorge Zahar, 1995.

AULAGNIER, P. *A violência da interpretação*. Rio de Janeiro: Imago, 1975.

COSTA, J. F. *Violência e psicanálise*. Rio de Janeiro: Graal, 1984.

FÉDIDA, P. O esquecimento do assassinato em psicanálise. In *O sítio do estrangeiro*. São Paulo: Escuta, 1996.

FERENCZI, S. (1911) Um caso de paranoia deflagrado pela excitação da zona anal. In *Obras completas — Psicanálise I*. São Paulo: Martins Fontes, 1991.

________. (1911) O papel da homossexualidade na paranoia. *Op. cit.*

________. (1922) Paranoia. In *Problemas e métodos da psicanálise*. Buenos Aires: Paidós, 1966.

________. (1914) O homoerotismo: nosologia da homossexualidade masculina. In *Escritos psicanalíticos 1909-1933*. Rio de Janeiro: Taurus, s/d.

________. (1931) Análise de crianças com adultos. *Op. cit.*

FERENCZI, S. (1933) Confusão de língua entre os adultos e as crianças. *Op. cit.*

FREUD, S. (1897-1902) *Los orígenes del psicoanalisis*. Madrid: Alianza, 1983.

________. (1896) Nuevas observaciones sobre las neuropsicosis de defensa. In *Obras Completas*, v. I. Madrid: Biblioteca Nueva, 1973.

________. (1894) Observaciones sobre las neuropsicosis de defensa. *Op. cit.*,v.I.

________. (1900) Interpretación de los sueños. *Op. cit.*,v.I.

________. (1901) Psicopatologia de la vida cotidiana. *Op. cit.*,v.I.

________. (1905) Tres ensaios para una teoria sexual. *Op. cit.*,v.I.

________. (1910a) Sobre un tipo especial de la elección de objeto en el hombre. *Op. cit.*,v.II.

________. (1910b) Conceptuación psicoanalítica de las perturbaciones psicógenas de la visión. *Op. cit.*,v.II.

________. (1911a) Observaciones psicoanalíticas sobre un caso de paranoia ("dementia paranoides") autobiograficamente escrito. *Op. cit.*,v.II.

________. (1911b) Dos princípios del funcionamiento mental. *Op. cit.*, v.II.

________. (1913) Totem y tabu. *Op. cit.*, v.II

________. (1914) Introducción al narcisismo. *Op. cit.*, v.II.

________. (1915a) Sobre las transmutaciones de los instintos y especialmente del erotismo anal. *Op. cit.*,v.II

FREUD, S. (1915b) Sobre un caso de paranoia contrario a la teoria psicoanalítica. *Op. cit.*,v.II.

________. (1915c) Duelo y melancolia. *Op. cit.*, v.II.

________. (1915d) Los instintos y sus destinos. *Op. cit.*,v.II.

________. (1918) História de una neurosis infantil (caso del "hombre de los lobos"). *Op. cit.*,v.II.

________. (1919) Más alla del principio del placer. *Op. cit.*,v.III.

________. (1920a) Sobre la psicogenesis de un caso de homosexualidad femenina. *Op. cit.*,v.III.

________. (1920b) Psicologia de las masas y analisis del yo. *Op. cit.*,v.III.

________. (1921) Sobre algunos mecanismos neuróticos en los celos, la paranoia e la homossexualidad. *Op. cit.*,v.III.

________. (1923a) El yo y el ello. *Op. cit.*, v.III.

________. (1923b) La organizacion genital infantil. *Op. cit.*,v.III.

________. (1923c) Neurosis e psicosis. *Op. cit.*,v.III.

________. (1924a) La dissolución del complexo del Edipo. *Op. cit.*,v.III.

________. (1924b) El problema economico del masoquismo. *Op. cit.*,v.III.

________. (1924c) La perda de la realidad en la neurosis y en la psicosis. *Op. cit.*,v.III.

________. (1925a) Algumas consequencias psíquicas de la diferencia sexual anatomica. *Op. cit.*,v.III.

________. (1925b) La negación. *Op. cit.*,v.III.

FREUD, S. (1927a) El fetichismo. *Op. cit.*, v.III.

________. (1927b) El humor. *Op. cit.*, v. III.

________. (1929) El malestar en la cultura. *Op. cit.*,v.III.

________. (1931)Sobre la sexualidad femenina. *Op. cit.*, v.III.

________. (1932a) Nuevas lecciones introductorias al psicoanalisis (Disección de la personalidad psiquica). *Op. cit.*, v.III.

________. (1932b) Nuevas lecciones introductorias al psicoanalisis (La feminidad). *Op. cit.*, v.III.

________. (1938a) La excisión del yo como mecanismo de la defensa. *Op. cit.*,v.III.

________. (1938b) Compendio del psicoanalisis. *Op. cit.*, v.III.

________. (1917) Manuscrito sobre neuroses de transferências, In GAY, P. *Uma vida para nosso tempo*, São Paulo: Companhia das Letras, 1989.

GREEN, A. (1969) A nosografia psicanalítica das psicoses (informe apresentado no colóquio Internacional sobre psicose em Montreal). *Narcisismo de vida, narcisismo de morte*. São Paulo: Escuta, 1988.

________. (1971) Agressividade, feminilidade, paranoia e realidade. In *Sobre a loucura pessoal*. Rio de Janeiro: Imago, 1988.

ISRAEL, L. (1989) *Mancar não é pecado*, São Paulo: Escuta, 1994.

JONES, E. (1961) *Vida e obra de Sigmund Freud*. Rio de Janeiro: Zahar,1979.

KAPLAN, H. e SADOCK, B. *Tratado de psiquiatria compreensiva*, v.1,2,3. Porto Alegre: Artes Médicas,1993.

KATZ, C.S. *Freud e as psicoses*. Rio de Janeiro: Xenon, 1994.

KATZ, C. S. *Psicose: uma leitura psicanalítica*. Belo Horizonte: Interlivros,1979.

KLEIN, M., (1930) A importância da formação de símbolos no

desenvolvimento do eu. In *Contribuições à psicanálise.* São Paulo: Mestre Jou, 1981.

________. (1930) A psicoterapia das psicoses. *Op. cit.*

________. (1931) Uma contribuição à teoria da inibição intelectual. *Op. cit.*

________. (1934) Sobre a criminalidade. *Op. cit.*

________. (1934) Uma contribuição à psicogênese dos estados maníaco-depressivos. *Op. cit.*

________. (1940) O luto e sua relação com os estados maníaco-depressivos. *Op. cit.*

________. (1932) Primeiros estádios do conflito edípico e da formação do superego. In *Psicanálise da Criança*, São Paulo: Mestre Jou, 1969.

________. (1932) As relações entre a neurose obsessiva e os primeiros estádios do superego. *Op. cit.*

________. (1946) Notas sobre alguns mecanismos esquizoides. *Os progressos da psicanálise.* Rio de Janeiro: Zahar, 1969.

________. (1952) Algumas conclusões teóricas sobre a vida emocional do bebê. *Op.cit.*

LAPLANCHE, J. e PONTALIS, *Vocabulário de psicanálise.* Lisboa, Moraes, 1970. Vida e morte em psicanálise. Porto Alegre: Artes Médicas,1985.

LECLAIRE, S. (1958) A propósito do episódio psicótico apresentado pelo "Homem dos Lobos". In *Psicose: uma leitura psicanalítica.* Belo Horizonte: Interlivros,1979.

LEITE, M. P. S. *Psicanálise lacaniana — Cinco seminários para analistas kleinianos.* São Paulo: Iluminuras, 2000.

MACK BRUNSWICK, R. (1928) *Suplemento a la "História de una neurosis infantil de Freud"* [publicado originalmente em The International Journal of Psycho-Analysis, IX, 1928, p. 439]; xerox em castelhano de publicação em coletânea ignorada.

MELMAN, C. (1980) A aventura paranoica. In *Pontuações.* São Paulo: 1983.

MENEZES, L. C. Além do princípio do prazer: a técnica em questão. In *Freud: um ciclo de leituras.* São Paulo: Escuta, 1997.

MEZAN, R. *Freud, pensador da cultura*, São Paulo: Brasiliense,1985.

PEREIRA, M.E.C. O DSM-IV e o objeto da psicopatologia: um estudo crítico. In *Psicanálise e Universidade/ Temas conexos*. Belo Horizonte: Passos, 1999.

ROUDINESCO, E., *Jacques Lacan, esboço de uma vida, história de um sistema de pensamento*. São Paulo: Companhia das Letras, 1993.

SCHREBER, D. P. (1903) *Memórias de um doente dos nervos*. Rio de Janeiro: Graal, 1984.

SEGAL, H. (1964) *Introdução à obra de Melanie Klein*. Rio de Janeiro: Imago, 1975.

WINNICOTT, D. W. (1954) *Natureza humana*. Rio de Janeiro: Imago, 1990.

________. (1952) Psicose e cuidados maternos. In *Da pediatria à psicanálise*. Rio de Janeiro: Francisco Alves, 1988.

________. (1945) Desenvolvimento emocional primitivo. *Op. cit.*

________. (1951) Objetos transicionais e fenômenos transicionais. *Op. cit.*

WINNICOTT, D. W. (1950-5) Agressão e sua relação com o desenvolvimento emocional. *Op. cit.*

________. (1956) Preocupação materna primária. *Op. cit.*

________. (1947) O ódio na contratransferência. *Op. cit.*

________. (1954-1955) Aspectos clínicos e metapsicológicos da regressão dentro do *setting* analítico. *Op. cit.*

________. (1955-1956) Variedades clínicas da transferência. *Op. cit.*

Coleção Clínica Psicanalítica
Títulos publicados

A cena hospitalar: psicologia médica e psicanálise
Alfredo Simonetti

Acompanhamento terapêutico
Maurício Porto

Acontecimento e linguagem
Alcimar Alves de Souza Lima

Adicções
Decio Gurfinkel

Adoção
Gina Khafif Levinzon

Adolescência
Tiago Corbisier Matheus

Amor e fidelidade
Gisela Haddad

Anomia
Marilucia Melo Meireles

Autismo
Ana Elizabeth Cavalcanti, Paulina Schmidtbauer Rocha

Autorização e angústia de influência em Winnicott
Wilson Franco

Borderline
Mauro Hegenberg

Cena incestuosa
Renata Udler Cromberg

Cidade e subjetividade
Flávio Carvalho Ferraz

Clínica da exclusão
Maria Cristina Poli

Clínica do continente
Beatriz Chacur Mano

Clínica do trabalho
Soraya Rodrigues Martins

Clinicar na atualidade
Vera Lúcia Silva Prazeres

Complexo de Édipo hoje?
Nora B. Susmanscky de Miguelez

Consultas terapêuticas
Maria Ivone Accioly Lins

Corpo
Maria Helena Fernandes

Crise pseudoepiléptica
Berta Hoffmann Azevedo

Crítica à normalização da psicanálise
Mara Caffé

Demências
Delia Catullo Goldfarb

Depressão
Daniel Delouya

Desafios para a técnica psicanalítica
José Carlos Garcia

Desamparo
Lucianne Sant'Anna de Menezes

Disfunções sexuais
Cassandra Pereira França

Distúrbios do sono
Nayra Cesaro Penha Ganhito

Ecos da clínica
Isabel Mainetti de Vilutis

Emergências psiquiátricas
Alexandra Sterian

Ensaios psicanalíticos
Flávio Carvalho Ferraz

Entrevistas preliminares em psicanálise
Fernando Rocha

Epistemopatia
Daniel Delouya

Escritos metapsicológicos e clínicos
Ana Maria Sigal

Esquizofrenia
Alexandra Sterian

Estresse
Maria Auxiliadora de A. C. Arantes, Maria José Femenias Vieira

Fairbairn
Teo Weingrill Araujo

Famílias monoparentais
Lisette Weissmann

Ferenczi
Teresa Pinheiro

Fobia
Aline Camargo Gurfinkel

Hipocondria
Rubens Marcelo Volich

Histeria
Silvia Leonor Alonso, Mario Pablo Fuks

Idealcoolismo
Antonio Alves Xavier, Emir Tomazelli

Imitação
Paulo de Carvalho Ribeiro e colaboradores

Incestualidade
Sonia Thorstensen

Inconsciente social
Carla Penna

Infertilidade e reprodução assistida
Marina Ribeiro

Linguagens e pensamento
Nelson da Silva Junior

Morte
Maria Elisa Pessoa Labaki

Narcisismo e vínculos
Lucía Barbero Fuks

Neurose e não neurose
Marion Minerbo

Neurose obsessiva
Rubia Delorenzo

Neuroses atuais e patologias da atualidade
Paulo Ritter

Neurose traumática
Myriam Uchitel

Normopatia
Flávio Carvalho Ferraz

Orientação profissional
Maria Stella Sampaio Leite

O tempo, a escuta, o feminino
Silvia Leonor Alonso

Paranoia
Renata Udler Cromberg

Perversão
Flávio Carvalho Ferraz

Pós-análise
Yeda Alcide Saigh

Problemas de linguagem
Maria Laura Wey Märtz

Problemáticas da identidade sexual
José Carlos Garcia

Psicanálise da família
Belinda Mandelbaum

Psicanálise e educação
Maria Regina Maciel

Psicanálise e música
Maria de Fátima Vicente

Psicopatia
Sidney Kiyoshi Shine

Psicossomática
Rubens Marcelo Volich

Psicoterapia breve psicanalítica
Mauro Hegenberg

Psicoterapia breve psicanalítica de casal
Mauro Hegenberg

Psicoterapia de casal
Purificacion Barcia Gomes, Ieda Porchat

Ressentimento
Maria Rita Kehl

Saúde do trabalhador
Carla Júlia Segre Faiman

Sintoma
Maria Cristina Ocariz

Sublimação e *unheimliche*
Alessandra Martins Parente

Tatuagem e marcas corporais
Ana Costa

Tempo e ato na perversão
Flávio Carvalho Ferraz

Término de análise
Yeda Alcide Saigh

Tortura
Maria Auxiliadora de Almeida Cunha Arantes

Trabalho do negativo
Vera Lamanno-Adamo

Trama do olhar
Edilene Freire de Queiroz

Transexualidades
Paulo Roberto Ceccarelli

Transferência e contratransferência
Marion Minerbo

Transtornos alimentares
Maria Helena Fernandes

Transtornos da excreção
Marcia Porto Ferreira

Transtornos de pânico
Luciana Oliveira dos Santos

Vertentes da psicanálise
Maria Laurinda Ribeiro de Souza

Violência
Maria Laurinda Ribeiro de Souza

Violência e masculinidade
Susana Muszkat

Construindo ideias
e conectando mentes

Este livro foi composto com tipografia Freight Text Pro
e impresso em papel Pólen Soft 80g.

Impressão e Acabamento | Gráfica Viena
Todo papel desta obra possui certificação FSC® do fabricante.
Produzido conforme melhores práticas de gestão ambiental (ISO 14001)
www.graficaviena.com.br